# 청년발달과 이해

김선애 지음



창지사

국립중앙도서관 출판시도서목록(CIP)

청년발달과 이해 / 지은이: 김선애. — 서울 : 창지사, 2014
p. ; cm

ISBN 978-89-426-0757-0 93370 : ₩16000

청년 심리학[靑年心理學]

183.3-KDC5
155.5-DDC21 CIP2014005709

# 머리말

청년(youth)은 청소년과 구별하기 어렵다. 그럼에도 불구하고 우리가 청소년 후기에 속하는 청소년을 아동기로부터 막 벗어난 청소년 초기와 동일하게 인식하는 것은 무리이다.

이 책은 생애발달 과정에서 갖는 청년과 청년기의 특성을 논의하고 있다. 그동안 '청년발달'이라는 이름의 책이 적지 않게 출간되었지만 청소년기와 중복해서 설명하였으며, 청년기에 해당하는 특징과 발달과업 및 과정에 대한 기술은 쉽게 찾아볼 수 없었다. 물론 청소년과 청년을 구분하는 데에는 많은 어려움이 있다. 법적으로도 청년이라는 용어를 찾아보기 어려우며 우리나라뿐만 아니라 다른 나라에서도 청년의 개념은 청소년과 중복해서 사용되기도 한다.

그렇지만 생애과정에 있어서 젊은 시절에 교육기간이 길어지고 점차 취업 등 성인으로 진입하는 준비가 많이 요구된다고 볼 때 청년기는 또 다른 의미에서 조명되어야 한다. 또한 청소년에 대한 사회적 관심과 조명은 적지 않은 데 비해 청년기 일부는 청소년 후기로, 다른 일부는 성인으로 취급되어 청년이 갖는 고민과 어려움을 제한적으로 인식하고 있다. 예를 들어 청년 취업은 우리 사회의 큰 관심사가 되지만 그것이 과연 청년이 갖고 있는 속성과 위치를 고려한 접근인지에 대해 의심하지 않을 수 없다. 왜냐하면 청년실업과 취업의 문제는 어떤 면에서는 사회적 안정과 경제발전에 위해가 된다는 측면에서 접근을 하기 때문이다. 따라서 이제는 청년에 대한 심리 · 사회 · 정치 · 문화 · 경제적 관점에서의 조망이 필요하다.

이 책은 청년기를 독자적 발달과정으로 인식해야 한다는 당위성에서 출발하였지만 실제 많은 자료가 청소년기와 중첩되고 청년기의 특성을 뚜렷하게 조명하지는 못했다. 다만 이를 계기로 청년발달과 청년에 대한 사회적 시각과 학문적 입장이 정리되기를 바라는 마음이다.

많은 자료가 있음에도 불구하고 청년에 초점을 두고 종합적으로 정리하고 논리적으로 구성하는 데 역량의 한계를 느낀다. 다만 앞서 언급했듯이 청년의 독자적 발달에 따른 다양한 특성과 환경 그리고 지원 등을 모색하는 출발점으로서 큰 의의를 가진다 할 수 있겠다.

이 책에서 나오는 분명하지 못한 문장과 인용 문장의 누락, 오해로 인해 잘못 표기된 부분, 오탈자가 있다면 모두 저자의 책임이다. 앞으로도 지속적으로 수정하고 개정할 예정이다. 청년과 관련한 공부를 하는 선후배 학자와 학생들의 격려와 지도를 부탁한다.

끝으로 이 책의 출간을 맡아 도와주신 창지사에 감사의 인사를 드린다.

2014년

저자

# 차 례

## 제1장 청년발달 개관

## 제2장 인간발달과 청년

# 제4장 청년발달과 환경

# 1

# 청년발달 개관

# I 청년과 청년기

## 1. 청년의 개념

### 1) 청년연령의 범위

청년(youth)은 청소년기에서 성인기로 이행하는 생애(life-span)의 한 과정이다. 청년은 영어로 youth라고 하는데, youth는 juvenile이나 junior와 같은 어원을 가진 '젊음'이라는 뜻을 갖고 있다. 그런데 youth는 일반적으로 생애발달을 강조하기보다는 청년에 대한 사회적 관심을 나타내는 용어라 볼 수 있다. 또한 youth는 청소년과 청년을 모두 포괄하여 말하는 용어이며 청년은 청소년과 비슷한 개념으로도 사용한다. 따라서 청년과 청년기를 명확히 구분하여 나타내기는 쉽지 않다. 청년에 대한 사전적 의미는 나이가 20대 정도인 남성과 때로는 여성을 포함한다고 한다.

이렇듯 청년에 대한 특별히 합의된 연령규정은 없다. 다만 우리나라 고용노동부에서는 청년기를 18~29세로 구분한다. 한편 청년고용촉진특별법 시행령에서

는 청년의 나이를 만 15세 이상 29세 이하로 규정한다.[1]

청년과 관련한 연령범위를 보면, 우리나라 한 정당의 청년비례대표와 세계청년대회의 대상자 나이는 35세까지이다. 또한 한국청년회의소 회원의 상한 연령은 40세까지다. 비록 명시적인 규정은 아니지만 국제노동기구(ILO)에서는 관련 통계 및 보고서에서 15~24세를 따로 분류하여 통계를 내며, 일반적으로 이들을 청년층으로 이해하고 있다. 우리나라에서는 청소년에 대해서는 청소년기본법에 따라 9~24세로 규정하고 있지만 청년연령을 포괄하는 명시적인 규정은 없다. 다만 통계청에서는 대체로 15~29세를 청년층으로 인식하여 통계를 작성 공표하고 있다. 15세를 하한 연령으로 삼은 것은 최저근로연령으로 법적 기준이 명확하지만, 29세를 상한 연령으로 한 이유는 분명하지 않다. 그러나 사회통념상 30세 이상은 대부분 가정을 이루면서 자녀는 갖는 장년층으로 이행하는 시기이므로 30세 이상을 청년으로 포함하기는 부담스럽지 않나 싶다. 따라서 청년은 보통 20대 연령에 속한 사람을 지칭한다고도 볼 수 있다.

**youth**
아동기와 성인기 사이의 시기를 생애 독특한 발달단계로 이해하여 이 시기의 청년(청소년)의 자율성과 책임성 그리고 사회적 권리와 참여 등의 강조하는 사회적 관점의 용어

**adolescent**
라틴어의 adolecere(성장하다)라는 말에서 유래한 용어로 인간의 발달단계에서 신체적으로 급격히 성장하고 자아에 대한 개념이 성숙하는 아동기에서 성인기로 이행하는 발달단계를 지칭하는 발달적 관점의 용어

### 2) 청년 연령의 모호성과 조작적 정의

최근 청년이 하나의 발달단계로 주목받기 시작하고 있다. 그 까닭은 여러 가지 있겠지만 산업시대보다 더 많은 창의적 지식과 기술을 사회와 직업이 요구하면

[1] 아울러 최근 발표에 의하면 고용노동부는 2014~2016년 공공기관이 매년 의무적으로 채용해야 하는 청년의 나이를 현행 만 29세에서 34세로 확대 조정해 조만간 입법예고할 예정이다.

서 사회와 경제적으로 독립할 수 있는 환경이 어려워진 데 있다. 이와 함께 인간의 수명이 길어지면서 자연스럽게 성인기의 발달 특징에 관심을 기울이기 시작했다. 즉 노년기가 연장되면서 노인에 대한 연구 못지않게 청소년과 성인의 중간 시기인 청년기가 새로운 발달시기로 관심을 받기 시작하였다. 앞으로도 청년 연령의 폭이 넓어지며 그 개념과 특징 또한 다양해질 것이다.

동서고금을 막론하고 청년기는 공통적 특징을 가져왔다. 환경에 민감하고 새로운 개념을 형성하며, 사회화의 과정을 거쳐 신체적·정신적으로 성장하거나 무르익는 시기라는 것이다. 사실 청년은 청소년의 연장으로 청소년 후기와 밀접하게 연결되어 있다. 다시 말해 넓은 의미의 청년은 사춘기와 성인 초기를 지칭하는 말이다.

청소년기를 포함한 청년의 출발점은 사춘기로서 비교적 신체·심리적으로 명확하다. 그러나 청년기의 끝을 명확하게 하는 것은 어렵다. 현대사회에서는 그 기준이 가정을 새롭게 형성하기 전까지로 볼 수도 있고, 명확한 직업을 갖고 안정된 생활을 하기 전까지로 구분할 수도 있다. 일반적으로 청년기는 남녀의 차이는 있지만 사춘기부터 대학졸업 이후 3~4년까지를 규정하는 것이 옳다. 그 이유는 개인차가 있겠지만, 우리 상황에서 대학에 재학하는 연령은 아직 완전한 경제·사회적 독립을 실현하지 못했다고 볼 수 있다. 따라서 하나의 사회적 역할을 충실히 할 수 있는 성인기로 보기 어렵다. 아울러 결혼 연령이 늦춰짐에 따라 적어도 청년기의 끝은 27~30세 정도로 이해하는 것이 좋겠다. 한편 심리학이나 교육학 등 생애발달과 관련한 많은 문헌이나 연구에서는 청소년과 청년을 특별히 구분하지 않고 동일한 특징을 갖는 시기로 보기도 한다.

이 책에서는 청년을 주로 다룬다. 일반적으로 청소년과 청년을 구분하지 않는 것이 원칙이지만 청소년 후기 또는 성인 전기는 청소년과는 또 다른 심리·사회적 갈등과 고민을 안고 사는 시기이기 때문에 별도로 설명하고자 한다. 즉 이 책에서 핵심적으로 설명할 청년기를 청소년 중기에 속하는 13~18세를 청소년으로 하고, 청소년 후기에 해당하는 19~29세를 청년으로 구분하여 설명하겠다.

## 2. 청년의 역사적 의미

### 1) 청년의 시작

근대 초기 최남선은 '소년'에 많은 관심을 가졌다. 이때 소년은 20세 미만의 학생 신분을 갖는 사회계층을 가리키는 것이었다. 이 용어는 어린이와도 통했다. 이보다 높은 연령층을 일컫는 말이 '젊은이'이다. '젊은이'는 일반적으로 18~30세 전후의 연령층을 의미한다. 1920년대 청년단체 가운데 '젊은이 모듬'이란 명칭을 사용한 경우가 있었다. 이는 곧 '청년회(靑年會)'를 순 우리말로 표현한 것이다. 근대 우리나라에서 '청년'이란 용어를 사용하기 시작한 것은 19세기 후반부터이다. 우리말 고유의 표현인 '젊은이'가 '청년'으로 바뀐 것은 일본의 영향인 듯싶다. 일본에서는 우리보다 빠른 1880년에 YMCA가 설립되었는데 이를 기독교청년회로 번역하였다(독립기념관 편, 2013).

이처럼 우리 사회에서 청년은 서구의 근대화 과정 속에서 나타난 산물이라 볼 수 있다. 계몽주의를 비롯한 근대교육의 등장과 함께 1920년대에 소년운동과 근대 아동문학운동을 통해 서구적 아동관이 구체적으로 일반에게 널리 전파되었고, 청년운동과 계몽소설 등을 통해 '청년'이 부각되었다(김현철, 1999). 동시대에 새로운 근대 주체로 부각된 '소년'과 '청년'은 언론과 일제에 의해 동일한 범주로 묶이면서 신문이나 통치문건에서 보호받고 개량되어야 할 젊은이를 칭하는 용어로서 청년이라는 개념이 사용되었다.

### 2) 청년과 청년문화의 특징

청년의 개념에 대한 논의를 위해서는 청년문화에 대한 언급이 선행되어야 한다. 왜냐하면 근대 이후에 청년의 개념이 떠오르게 된 결정적 계기 중에 하나가 청년이 갖고 있는 시대문화의 표현에서부터 비롯되었다 해도 지나치지 않기 때문이다. 청년문화의 등장은 청년을 사회의 중심세력으로 등장시킨다. 대표적인 것이 미국사회를 중심으로 한 반전운동으로부터 시작된 청년문화를 들 수 있다.

기성세대에 저항하는 강력한 저항문화로서 평화운동 등의 이념이 표출되었고, 대중문화와 결합하면서 엄청난 파급효과를 이끌었다. 우리나라에서도 1960년대부터 대중문화와 함께 결합하여 등장한 청년문화는 이제는 하나의 하위문화(sub-culture) 형태로 자리잡았다. 이러한 청년문화의 특징을 살펴보면 다음과 같다.

### (1) 반문화 성격을 갖고 있다

청년문화는 기성세대 문화에 대한 반문화(counter-culture) 형태로 나타났다. 특히 전쟁에 반대하는 반전문화로 시작되었다. 특히 미국에서 일어난 반전문화는 1960~1970년대 미국의 헤이트 애슈베리 지역은 모여 살던 소위 '히피'로 알려진 청년들을 중심으로 일어난 반전운동은 이후 평화운동 등으로 확대되었다. 기성세대의 문화에 대한 반문화 형태로 나타났고 이에 따라 히피 등의 저항문화가 하나의 문화적 형태로 자리매김했다.

### (2) 대중문화적 성향을 지닌다

조선 말기 이후에 우리의 정치, 사회, 문화 등의 영역은 40년 가까운 일제 강점기 동안에 거의 말살되다시피 하였고 근대 일본의 제도와 문화 등으로 대체되었다. 1945년 독립이 되자마자 얼마 지나지 않아서 일어난 전쟁으로 인해 우리 문화의 전통은 다시 수면 아래로 가라앉고 미국의 강력한 정치, 사회, 문화에 영향을 받는다. 이후 우리 사회는 1960년대 이후부터 미국과 서구의 영향을 받은 새로운 청년문화가 형성된다. 이러한 청년문화는 일제의 문화 잔재를 없애는 긍정적 효과가 함께 미국 중심의 강력한 문화 형태로 나타난다. 또한 청년문화는 대중문화의 중심에 서게 된다. 소위 청바지와 통기타 그리고 생맥주로 대변되는 청년문화는 대중예술의 선도적 역할을 하였다. 이전까지는 우리나라에서는 성인문화만이 존재했지 청년문화는 없었다. 즉 일제강점기부터 내려오던 성인 중심의 문화를 새로운 문화로 바꾸는 것은 근대화와 현대화 과정과 맞물린 시대적 요청이고 필연적 흐름이었다. 1960년대 후반부터 미술계, 문학계, 영화계 등 우리 문화 전반에서 변화가 시작되었고 그 핵심적 키워드는 청년이었다. 물론 당시에 청년문화는 하나의 저급한 대중문화로 취급되기도 하였다.

### (3) 정치적 성향을 강하게 띠고 있다

청년문화는 자의든 타의든 우리나라의 정치사회의 혼란과 역동성을 반영하면서 자리매김했다. 1960년도 4.19를 출발점으로 청년은 우리나라의 역사적 물줄기를 바꾸어 놓는 촉매제 이상의 역할을 해왔다. 1961년 군사정권이 들어서고 엄혹한 정치적 압박 아래서 젊은이들은 늘 민주적 정치를 몸으로 열망해 왔고 지속적으로 표현하였다. 1968년의 3선 개헌과 1972년 유신체제로 들어선 이후 젊은이들은 억압된 정치 문화를 돌파하려고 부단히 노력하였고, 그 결과 문민정부가 들어서고 새로운 민주화가 이루어지는 계기를 만들었다.

### (4) 상향식 문화이다

청년문화는 탄생 당시 새로운 문화현상이었다. 정치·사회적으로 속박받는 시대에 살고 있다는 느낌 속에서 새로운 돌파구를 간절히 염원하면서 청년은 하나의 문화 현상으로서 대중문화를 선택했고 그 속에서 억압된 열정을 풀어놓았으며 이것이 새로운 문화를 형성했다. 즉 서구 자유주의 문화를 수용하는 과정에서 서구에 대한 동경은 새로운 움직임을 가져왔고 문화에 처음으로 세대분리가 일어난 현상이라고 볼 수 있다. 이후 청년문화는 급변하는 유행의 물결과 산업화에 따른 경제적 풍요로 인해 압도적인 힘을 가진 주류문화로 등장하였다.

사실 대중문화로서의 청년문화는 1970년도 최인호의 소설 '별들의 고향'을 거론하지 않을 수 없다. 그는 약관 26세에 신문소설을 연재하면서 문학의 상업화를 이루고 청년의 생활과 사고를 대변하였다. 이러한 현상에 대해서 당연히 기성세대는 청년문화에 대해서 곱지 않은 시선을 보내면서 청년문화에 대한 논쟁이 일어난다. 최인호는 1974년 4월 24일자 모 일간지에 '청년문화 선언'이라는 글을 기고한다. 이는 그 전에 모 대학의 교수가 청년문화는 실체가 없으며 대학생으로 대표되는 대학문화 혹은 엘리트 문화, 생맥주, 고고를 즐기는 대중문화, 통기타 가수들에게 심취하는 '공돌이, 공순이'의 근로자문화로 구분되고 이러한 세 가지 문화는 서로 상통하는 의미도 없으며 오직 이들의 문화는 대학생인 엘리트 문화에 의해 선도될 것이라고 말한 데 대한 반박의 성격을 띠고 있다. 여기서 최인호는 오늘날의 청년문화는 소수 엘리트 사고방식과 대중의 사고방식의 간격을 좁히는 것에서 시작된다고 말하며 오늘날의 젊은이에겐 고전이나 권위나 위선, 남녀 간의 차별 따위를 인정치 않으려는 집요한 노력이 있고 그 노력의 갈등으로 아직 확실치는 않지만 청년문화가 생성되고 있다고 하였다. 이전의 문화가 소수의 엘리트를 보고 다수의 대중을 예견할 수 있는 하향식 문화였다면, 청년문화는 침묵의 다수로부터 위로 올라가는 상향식의 문화라고 청년문화 선언을 한다. 또한 젊은이에게 허위와 위선과 권위, 훈장, 격식을 보이지 말고, 변명을 하지 말고, 오직 진실만을 얘기하라며 젊은이를 비난만 할 것이 아니라 솔직하고 정직한 침묵의 대중을 정확히 이해하는 사제가 나타나 분연한 이론으로 우리들을 빠르고 신속하게 눈뜨게 해주기를 바랄 뿐이라고 일갈한다.

청년문화의 이러한 특징에도 불구하고 청년문화는 명확한 실체를 갖고 있는 것은 아니다. 일부에서는 청년문화를 상업주의와 대중주의가 그럴 듯하게 포장된 빈 껍데기의 문화라고 하는 반면, 다른 한쪽은 기존의 문화현상에 새로운 자극과 방향을 제시하는 선도적 문화라고 부르기도 한다. 어느 쪽이든 청년문화는 1980년대를 접어들면서 어느새 부인할 수 없는 문화의 한 주류가 되어 오늘까지 이어지고 있다.

### 3) 청년과 청소년문화

1990년대에 들어서면서 비약적 경제발전과 민주화 과정을 거치면서 청년문화와 더불어 청소년문화도 형성된다. 이미 소비가 미덕인 사회가 형성되고 한 가정의 자녀의 수가 적어지면서 부모의 관심을 통해 사회의 대리적 역할을 수행하는 청소년은 소비의 한 축이 되었다. 또한 21세기에 접어들면서 획기적인 통신기술과 과학혁명으로 인해 청소년의 감각과 창의적 사고가 있는 그대로 반영되는 문화현상이 일어났다.

우리나라에서 '청소년'이라는 말이 오늘날의 용어로 보편화된 것은 1990년대에 접어들면서부터이다. 1990년대 이후 다차원적 정보교류와 문화양식 습득을 가능케 하는 테크놀로지가 적극 조응하면서 10대들은 자기정체성을 형성할 수 있는 다양한 통로를 가지게 되었다. 현실 존재로서 삶의 질을 높이려는 10대들은 학칙 개정과 두발 자유를 주장하면서 학교 안에서의 인권을 요구하거나 자기 삶의 근거지는 학교 밖에 있음을 드러내기 위해 "어느 학교 누구입니다" 식의 자기소개를 거부하는 등의 새로운 움직임을 만들었다. 이러한 흐름 속에서 체육과 문화 관련 정부부처가 중심이 되어 '학생'의 활동 공간을 넓히기 위해 부각시킨 '청소년'이라는 단어가 보편적인 용어로써 자리잡기 시작하였다(조한혜정, 2000).

이와 같이 청년과 청소년이 갖는 개념적 정의는 청년과 청소년문화와 사회적 현상에서 찾아볼 수 있으며, 이것은 과학적 탐구와 이론적 가설을 통한 시기 구분이 아닌 하나의 사회문화의 세력 집단으로서 구성된 경험적 범주로 이해하는 것도 청년과 청소년을 이해하는 접근방식 중의 하나이다.

## 3. 청년과 사회

### 1) 청년의 사회적 위치

청년은 단순히 청소년과 성인 사이의 과도기적 존재가 아니다. 청년기는 한 개인의 생애주기에서 거치는 단계에 그치지 않고 독특한 사회적 범주로서 구분되어야 한다. 청년들은 사회적 책임으로부터 자유로운 청소년과 다르며 기존의 가치와 질서에 길들어져 있는 기성세대와 다르다.

청년은 적당히 사회와 불협화음을 내면서 새로운 창조적 동력을 창출하는 힘을 갖고 있다. 청년은 자유로운 이상과 꿈과 상상을 구현한다. 청소년기에 가졌던 막연한 공상을 거대한 이상으로 전환하고 구체적 실현방안까지 꿈꾸는 존재이다. 그렇기 때문에 청년에게 방황과 사회의 벽에 부딪치는 좌절은 모두 그들 삶의 중요한 재산이고 삶의 원동력이다.

청년은 불가능을 상상하는 존재이다. 이처럼 청년이 갖고 있는 부정(否定)의 권리를 사회가 인정할 때 그 사회는 건강성이 유지되는 것이다.

그런데 어떻게 본다면 청년은 나이가 젊다고 해서 되는 것이 아니다. 청년다운 삶을 영위할 때 청년이 된다. 오늘 우리 사회가 청년다움을 잃어가고 있음은 단순히 청년의 숫자가 줄어드는 데 대한 염려가 아닐지도 모른다. 청년다움을 잃어가는 사회에서 청년은 힘없이 죽어가고 있는지도 모른다. 청년다운 청년은 없고 청년의 사회적 참여의 벽은 높아지고 청년에 대한 사회적 담론도 그리 보이지 않는다.

청년은 청소년에 흡수되거나 '1318' 또는 중딩, 고딩, '2030'이나 '88만 원 세대' 등으로 불린다. 그렇다고 해서 청년의 존재가 아주 폄훼되는 것은 아니다. 오늘날 청년들이 자본주의의 가속화로 인해 노동의 가치혼란에 처해 있지만, 여전히 현대사회의 상당부분과 미래는 청년들의 몫이다. 비록 선언적인 말로 보이지만, 사회와 역사는 뒤로 가는 것이 아니기 때문이다. 따라서 청년이 갖는 사회적 위치는 청소년과는 달리 매우 현실적인 요인과 관련성을 갖는다. 정치적으로는 선거권을 행사하는 사회적 권리를 담보 받는 개인이며, 경제적으로는 생산적 노동현장에 가장 신선하게 영향을 끼치는 세력이다. 동시에 문화적으로는 한 세대의 추세와 경향을 알 수 있는 가늠자의 역할을 하고 있는 것이다.

### 2) 청년과 가상공간

청년에게 가상공간은 새로운 사회이다. 이러한 가상공간은 청년에게 두 가지 의미를 갖는다. 하나는 새로운 상상력이 자유자재로 실현될 수 있는 좋은 환경을 제공하는 것이다. 청년들은 가상공간에서 의견을 나누고 소통한다. 그들의 소통은 하나의 새로운 아이디어를 공유하는 공간이 되고 이를 통해서 청년들은 새로운 관계망을 형성하는 한편, 자신의 이상이 현실화되기 전에 충분한 검증과정을 거친다.

다른 하나는 가상공간이 현실화되지 않기 때문에 갖는 위험성이다. 비록 사회적 문제에 관한 청년들의 토론이 진행되더라도 실제 구체적 프로그램으로 전환되는 데는 많은 제약과 장애가 있다. 또한 부정적 사회현상에 대한 예기치 않은 파급력을 가상공간이 가져다준다는 데 있다. 자살충동과 죽음의 유혹으로부터 벗어나지 못하고 인터넷을 통해서 동반자살을 감행하는 사례는 적지 않게 볼 수 있다.

이렇듯 청년에게 가상공간은 필요악인 동시에 필요선의 이중적인 모습을 지닌다. 그럼에도 불구하고 급격히 변하는 세태에서 청년 집단 또는 개개인이 이러한 가상공간을 어떻게 활용하느냐에 따라서 삶의 질에 영향을 줄 것이며, 나아가 사회 발전의 기반이 된다. 왜냐하면 청소년에 비해서 청년은 훨씬 더 사회현실에 구체적인 모습으로 투영되기 때문이다.

### 3) 청년과 미래사회

청년은 과거를 회상하는 세대가 아니다. 그렇다고 단순히 미래를 꿈꾸기만 하는 시기도 아니다. 청년은 미래를 만들어가는 중심 세대이다. 즉 청년기에 경험하는 삶은 고스란히 청년의 미래에 투영되고 나아가 노년 삶의 질에까지 영향을 미친다. 청소년기에 경험하는 문화적 소양은 하나의 잠재적 자질이 될 수 있지만 그것이 현실과 접목되는 좋은 개인의 문화적 습관이 되기는 어렵다. 왜냐하면 사회경제적 자유로움이 청년에 비해서 훨씬 부족하며 청소년이라는 지위에 따른 제한이 많기 때문이다. 하지만 청년은 청소년의 신선함을 유지하면서 사회에 자신의 속성을 적절히 보일 수 있는 기회를 갖는다. 예를 들면 청소년은 예술작품을 접할 때 교과서 또는 사회 선배로부터 전수받은 경험에 더하여 자신의 느낌을 담아내지만, 청년은 동일한 예술작품을 감상할 때도 좀 더 넓은 시야를 갖고 자기화할 수 있다. 즉 예술작품에 공감하고 이입하는 몰입도는 청소년에 비해 떨어질지 모르나 예술작품이 현재와 미래에 자신에게 미치는 영향과 경험을 가늠하는 역량이 더 클 수 있다. 청소년이 미래를 먼 세계라고 인식해서 현재에 충실한 삶을 산다면 청년은 좀 더 미래를 현실로 인지하는 경향과 비슷한 말이라고 볼 수 있다.

자칫 우리는 이러한 청년을 여전히 청소년으로 취급하거나 아니면 성인으로 기대해서 사회가 요구하는 역할을 하지 못하면 미숙한 어른으로 폄훼한다. 그것은 청년의 책임만이 아니다. 사회의 책임도 깊숙이 연결되어 있다. 우리는 언제까지 여전히 청년에게도 한국문학의 사조에 대해서 묻고, 사회참여적 시위를 하는 청년에게 왜 꼭 촛불을 들고 시위를 하는지 따지지 말아야 한다. 우리는 이미 익숙하게 이어온 것에 대해서는 현재의 모습으로 표현해야 한다. 더 이상 독재적 정신과 민주화의 경험을 새롭게 부각시키기보다는 삶의 일상적 부분으로 누리면서 새로운 청년상을 만들어 내야 한다. 적어도 지속가능한 삶을 위한 새로운 담론을 제공하지 않는다면 사회는 겉만 발전하는 결과를 가져올 것이다. 즉 시대를 넘어서도 유효한 청년의 저항과 도전의 구체적 생각과 착상을 성인의 잣대로 보기에 앞서 그들 삶에 건강한 발전적 요소로 승화해야 한다. 이를 위해서는 좀 더 따뜻하지만 냉정하게 청년들이 보여주는 행동과 양식에서 사회가 받아들일 수 있는 것과 그렇지 못한 것을 구분해야 한다. 궁극적으로 미래사회에 여전히 청년들이 장년으로, 새로운 청년으로서 사회적 생명력을 가지기 위해서는 과거의 성취와 아픔은 사회가 끌어안고 새삼 청년을 그 현장으로 끌고 들어가는 일은 지양해야 할 것이다.

이에 대해 강대근(2009)의 다음 글은 시사하는 바가 있다.

"우리 모두의 삶에 대한 성찰을 위하여 그리고 새로운 청년의 탄생을 위하여 청년의 죽음을 기억해야 합니다. 한국의 근대사가 기록하는 고귀한 청년의 죽음을 극복하고 성적표를 받아 들고 혹은 실업의 늪에서 학생들과 청년들이 경험하는 죽음의 유혹을 극복해야 합니다. 어제의 죽음이 오늘의 삶에 의미를 갖는다면 진혼은 두려운 것이 아니라 오히려 아름다운 것입니다."

청년은 탄생하고 늘 새로워지는 것이지 시대의 구색을 맞추는 발달 시기는 아니다.

# II 청년기의 특징과 발달과업

## 1. 청년기의 특성

청년은 청소년과 다르다. 청년은 성인으로 인정받기 때문이다. 그렇지만 청년은 이름에서 보듯이 여전히 청소년(후기청소년)이 가진 심리와 사회적 성격을 그대로 보여준다.

청년은 19~29세에 속한 남성과 여성을 말한다. 이렇게 청년의 연령을 설정한다면 청소년 전기와 후기에 속하는 청소년의 차이가 큰 것처럼 19세와 29세를 동일한 청년으로 부를 수 있는가의 어려움도 있다. 하지만 청년을 다른 시각에서 이해한다면 조금은 이러한 설정에 이해가 될 수 있을 것이다.

우리 사회에서 인간발달의 연령 구분은 아동, 청년, 성인, 노인으로 구분해 왔다. 실제 성인과 청년의 구분은 결혼을 했느냐 그렇지 않느냐의 차이였다. 즉 결혼을 했으면 연령에 상관없이 성인으로 대접했지만, 아직 혼령기가 지났는데도 여전히 나이가 들었지 결혼을 하지 못한 사람을 아동과 구분해서 청년으로 불렀다고 볼 수 있다.

실제 우리사회에서 청년이란 용어는 조선 후기에 나타났다. 이때 새로운 문물을 받아들인 젊은층을 청년이라 불렀다. 하지만 청년은 연령적 의미보다는 젊은이들 중에서 뜨거운 열정을 가진 젊은 사람을 특정해서 부르는 말이기도 하다. 사실 근대사회에서 청소년이라는 개념보다는 청년이라는 용어가 먼저 등장했다. 하지만 청소년은 사회문제와 관련해서 문제를 일으키거나 문제적 상황에 부딪치는 대상으로 보는데 반해서 청년층에 대해서는 그리 큰 관심을 갖지 않는다.

그 이유는 청년기의 특성상 스스로 성인이라고 여기며 사회에서도 책임감을 갖는 존재라는 인식이 강하기 때문이다. 또한 사춘기를 겪으면서 자신만의 정체성을 확립한 시기이며, 독립을 하고 결혼을 준비하며 생활과 일 등 현실인식이 강할 수밖에 없기 때문이다. 이와 같은 사회의 인식이 청년이 하나의 사회세력 또는 강력한 집단으로 부각되기 어려운 면이기도 하다. 그래서 청소년은 있지만 청년은 없다. 다시 말해서 청소년은 문제적 시각으로 사회에서 관심을 갖지만, 청년은 청년 스스로도 성인이라고 여겨서 발달적 문제를 안고 있는 존재로 인식하지 않는다.

표 1-1과 같이 청소년 후기와 청년기의 시작은 동일할 수 있다. 사춘기가 끝나는 동시에 생리적·신체적 성숙이 이루어지고 자아개념이 자리잡기 시작하는 과정이 학교로 보면 고등학교 과정과 대학 초반이다. 즉 19세부터 20세 초반까지라고 할 수 있다. 19세가 넘어서면 법적으로도 선거권을 가져 성인으로서의 지위를 사회로부터 부여받는다. 그리고 이러한 청년기의 끝에서 가장 결정적인 사건은 혼인이다. 한 가정을 구성하고 새로운 가족의 책임 있는 성원으로서 다른 가족과 교류하면서 본격적인 성인기로 들어선다. 이제는 사회의 독립적 일원으로서 생애 전체를 스스로 조정하고 계획하며 이끄는 데 필요한 교육과정을 이어간다. 특히 오늘날 평생 다양한 학습을 요구하는 사회에서 스스로 평생의 교육과정을 계획하고 실행하는 일은 매우 중요하다.

[ 표 1-1 ] 청소년기과 청년기의 결정기준

| 결정기준 | 청소년기 시작 | 청년기 시작 | 청년기의 끝 |
|---|---|---|---|
| 생물학적 | 사춘기 시작 | 생리 신체적 성숙 | 혼인 |
| 정서적 | 부모로부터 정서적 분리 시작 | 자아정체감 확립, 정서적 독립 | 자아와 사회와의 연관성 모색 |
| 인지적 | 논리적 추론 개념적 사고 | 개념적 사고 | 개념적 사고와 자율적 의사결정과 책임 |
| 대인관계 | 또래집단 중심 | 타인과의 친밀감 | 새로운 가족과 사회성원과의 관계성 |
| 사회적 | 가족에서 관계로 | 관계에서 범위로 | 사회적 일원 |
| 교육적 | 중등과정 | 고등과정 | 평생교육의 시작 |
| 종교적 | 종교적 이해 | 종교적 갈등과 조정 | 종교적 수용 |
| 연령 | 13~18세 | 19~20세 | 21~29세 |
| 법적 | 청소년의 지위 | 성인으로서의 지위 | 선거권과 피선거권 |
| 문화적 | 통과의례 | 통과의례 완성 | 통과의례 완성 |

※ Atwater(1996). Adolescence에 내용을 확대 재구성한 것임.

## 2. 청년기의 위치와 발달과업

### 1) 청년기의 위치

청년기는 생애주기 전체를 보면 매우 가변적이면서도 모호한 위치에 있다. 다시 말하면 매우 불명확한 연령 개념을 갖고 있으며 어정쩡한 위치를 차지한다. 어른도 아니고 아이도 아닌 존재이다. 청년기에 대한 명확한 이해에 앞서 청년기와 중첩된 시기인 청소년기를 알아본다.

19세기 이후~20세기 초 Hall이 청소년기(adolescence)라는 용어를 처음 사용하면서부터 청소년에 대한 개념은 발달적 개념으로 어느 정도 자리를 차지하였다. Hall(1904)은 청소년기를 '질풍노도'의 혼란스러운 시기로 간주하였는데, 이 시기는 아동도 성인도 아닌 애매모호한 과도기적 단계에서의 자아의식과 현실적응 사이에서 발생하는 혼돈의 감정과 긴장이 지배적인 시기로서 인간 진화단계에서의 과도기적 단계의 특성을 반영한다고 생각하였다. Hall은 인간의 성장과 발달을 설명하는 데 생물학적 요인을 강조하였고, 유아가 성인이 되는 과정을 인류가 야만사회의 원시인에서 문명사회의 문명인으로 변화하는 것과 같다는 반복이론을 주장하였다.

Hall의 청소년의 갈등과 방황, 반항적 현상을 모든 인류에 보편적으로 나타나는 현상이라고 보는 견해는 이후 청소년들이 반드시 질풍노도 시기를 겪는 것도 아니며 그럴 필요도 없다는 견해에 의해 부정되기도 한다(Bandura, 1964). 이러한 견해는 성인들이 청소년이 보이는 반항적인 행동에 지나치게 관심을 가지고 과장할 뿐이라 주장하며, 이 시기를 무리 없이 평온하게 보내는 사람도 많다는 것이 그 근거로 제시된다. 또한 가족 내에서 10대 청소년기와 20대 청년기를 혼란과 반항, 갈등으로 보내는 청년들은 이미 10대에 진입하기 이전 시기에 부모-자녀 관계의 긍정적 상호작용에 문제가 있었던 경우라는 연구결과들이 이 견해를 뒷받침하고 있다.

이와 같은 청년에 대한 생물학적 관점과 사회적 관점의 상반된 견해는 차제하고, Hall은 청년심리학의 아버지로 불릴 만큼 청소년에 대해 깊은 관심을 갖고 청소년기에 대한 과학적 연구를 실시하였다. 그는 청년기를 인생의 특별한 시기로 본 첫 번째 시도인 기념비적인 《청소년기*Adolescence*》라는 저서를 출간하여 청소년에 대한 개념을 발달적 개념으로 자리잡게 하였다.

반면 청년이라는 개념은 앞서 언급한 바와 같이 발달적 특징과 과업을 제시하는 생애주기의 한 존재로서보다는 문화적 용어로 등장하였다. 일부에서는 청소년기를 전기(12~18세)와 후기(19~24세)로 구분하여 후기를 청년기로 부르기도 한다(김종서, 1982).

한편 1970년대에 들어서 성인 발달에 대한 관심의 증가하였으며, Levinson (1978)은《인생의 사계절*The Seasons of a Man's Life*》에서 성인의 심리사회적 발달 단계를 성인 이전기, 성인 초기, 성인 중기, 성인 후기 네 시대로 구분하고 각 시대 사이의 전환기를 상정하였다. 각각의 시기는 서로 질적으로 다른 시기의 연속이며 생물학적 힘과 사회적 힘이 각 시기마다 새로운 심리적 과제를 요구한다. 각 시기는 한 시기를 종료하고 다음 시기를 준비시키는 역할을 하는 전환기로 시작되어 5년여의 지속기간을 가진 후, 전환기의 중간 단계에서 내적인 개인의 요구와 외적인 사회적 요구를 조화시키기 위한 인생구조를 성립하는 안정기로 이양된다. 이후 사람들은 현재의 구조에 의문을 가지며 새로운 전환기로 넘어간다. Levinson의《인생의 사계절》중 성인 초기 전환기는 성인 이전기와 성인 초기 사이를 잇는 전환기로서 성인 초기를 준비하는 과도기라는 의미가 있다(김애순 역, 1996). 아마도 전환기 후반에서 성인 초기에 입문하는 과정을 청년기라고 부를 수 있을 것이다. 성인 초기는 에너지와 풍요로움, 모순과 스트레스가 최고인 시기이기도 하다.

이러한 청년기는 정치사회적으로 강력한 영향력을 끼칠 수 있음에도 불구하고 그다지 많은 주목을 받지는 못한다. 청년은 사회변혁 시기에 새로운 변화의 욕구를 젊음에 실어서 변화의 강한 촉매 역할을 할 수는 있지만 사회 안정기에는 그렇지 못하기 때문이다. 즉 청년은 자신과 가족 및 사회가 원하는 안정된 사

[ 표 1-2 ] Levinson의 성인의 심리사회적 발달 단계

| 발달시기 | 인생과정 | 연령 |
|---|---|---|
| 성인 초기(20~40세) | 성인 초기 전환기 | 17~22세 |
| | 성인 초기 인생구조로의 진입 | 22~28세 |
| | 30대 전환기 | 28~33세 |
| | 성인 초기 인생구조의 절정기 | 33~40세 |
| 성인 중기(40~60세) | 성인 중기 전환기 | 40~45세 |
| | 성인 중기 인생구조로의 진입 | 45~50세 |
| | 50대 전환기 | 50~55세 |
| | 성인 중기 인생구조의 절정기 | 55~60세 |
| 성인 후기(60세 이후) | 성인 후기 전환기 | 60~65세 |
| | 성인 후기 | 65세~사망 |

회계층의 구성원을 지향하는 목표 달성에 더 힘쓰기 때문에 사회적으로 볼 때 약자인 측면이 강하다. 그러나 연령적 모호함에도 불구하고 청년에 대한 관심은 더 강조되어야 할 것이다. 저출산의 지속화로 인해 점차 생산 노동인력이 줄어들고 이에 따라 창조적인 인적 자원을 개발해야 하는 사회 흐름에서 청년의 역할과 책임 그리고 지위에 대한 재탐색은 다시 조명되어야 하기 때문이다.

### 2) 발달 과업

발달과업의 용어는 미국의 심리학자인 Havighurst가 창안한 개념이다. 그가 말하는 발달과업은 사람이 사회에서 타고난 성숙과 학습의 가능성을 가지고 발달하는 과정에서 반드시 배우고 성취해야 할 일, 다시 말해서 특정한 발달 시기에 기대되는 과업을 말한다. 발달과업이 잘 진행되어야 그 다음의 성장 단계에서의 과업도 잘할 수 있다. 만약 한 단계에서 발달과업을 성취하지 못하면 다음 단계의 발달과업을 수행하는 데도 어려움을 가져다준다.

### (1) 신체발달과 과업

청년기는 신체적으로 가장 왕성하고 활력 있는 시기이다. 사람의 근육은 25~30세에 최고조로 발달한다. 그리고 감각기관이 최고로 민감한 시기로서 시력이나 청력 등이 가장 좋다. 즉 신체적으로 생애 최고의 수준에 도달하는 시기이다. 민첩성, 근력 등 모든 신체능력이 탁월하지만 유연성은 감소할 수 있다. 따라서 스트레칭 등의 운동을 같이 함으로써 신체의 균형적 발전을 꾀해야 한다. 또한 이 시기의 신체 능력은 생애 후반을 지탱하는 잠재적 힘이 된다. 이 시기 발달과업은 청소년기부터 성장 발달한 건강한 심신을 확대하고 어른으로서 생애 전 과정에 버팀목이 될 수 있도록 고른 영양섭취와 다양한 운동을 통하여 최적의 신체 상태를 유지하도록 노력해야 한다.

### (2) 정서 및 사회성 발달과 과업

청소년기에 부모로부터 독립을 시작하면서 청년기에 들어서면 독립과 자율성에 대한 갈망과 부모로부터 정서적 분리에 대한 불안감이 정리되면서 자아정체성이 좀 더 확고해진다. 또한 더욱 구체적으로 직업선택과 진로발달을 경험하며 자신이 중심인 가정을 꾸리기 위한 준비, 즉 결혼에 대한 관심과 행동에 들어선다.

따라서 이 시기에는 부모로부터 정서적 독립뿐만 아니라 사회의 한 성원으로서 자신의 생각과 행동이 사회 전반에 일정 부분 반영된다는 인식아래 성인으로서 생애에 대한 구체적이고 현실적인 설계를 하는 마음가짐을 준비해야 한다. 또한 자신의 감정을 적절히 통제하고 사회와 바람직한 관계를 맺을 수 있도록 확고한 자아존중감과 정체감을 바탕으로 다른 사람을 존중하고 대인관계에서 자신을 조절하고 사회성을 향상시키도록 노력해야 한다.

### (3) 인지발달과 과업

청소년기를 거치면서 사람은 아동의 사고체계와는 다른 사고를 갖는다. 즉 논리적이고 추상적이며 개념적 사고가 가능해진다. Piaget에 따르면 청소년은 형식적 조작기에 접어들면서 점점 더 성인 수준의 인지적 사고가 가능하다. 청소년은 가설적 사고가 가능하며 자아에 대한 관심도 증가한다. 예를 들면 신과 가치, 논리 등 추상적인 어휘에 대한 이해력이 생긴다는 뜻이다.

이 시기에 자신의 미래 모습을 상상하기도 하고 이를 향해 구체적인 계획을 세우기도 한다. 한편으로는 자신의 존재에 대한 의문을 갖기도 하며, 자신이 처한 환경이나 자신의 역할을 통해 자아를 발견하기도 한다(허혜경, 김혜수, 2010).

따라서 이 시기에는 추상적 사고와 체계적이고 조합적 사고능력을 통하여 지적 과정을 성취하는 데 힘써야 한다. 또한 다양한 언어발달을 위해서 노력해야 한다. Vygosky의 지적대로 아동기의 언어는 의사소통을 위해서뿐만 아니라 사고과정의 명료화를 위해서도 필요하다. 청년기에 언어의 발달은 자신에 대한 사고의 조절능력을 행사하는 것뿐만 아니라 풍부하고 정확한 언어적 표현을 통하여 바람직한 사고능력과 체계를 갖추는 데 초점을 맞춰야 한다. 더욱이 청년기에는 청소년기에 가졌던 사회에 대한 비판적 사고를 현실화할 수 있는 힘을 갖게 될 수 있다. 왜냐하면 청년은 사회에서 이미 성인으로서의 권리와 책임을 부여받았기 때문이다. 다시 말해서 비판의식을 넘어서 사회참여의 행동으로 이상을 구현하기도 한다.

또한 청소년기에 가졌던 자기중심적 사고와 독특한 존재로서의 자신(Elkind, 1967)을 넘어서 사회 속에서 자신을 발견하고 위치시키려 한다. 사회적 상호작용은 자신과 타인의 관점이 다를 수 있다는 것을 깨닫고, 가상의 청중을 갖는 것 대신 타인의 반응을 더욱 현실적으로 느끼도록 하는 역할을 한다. 특별한 사람과 갖는 정서적 친밀 관계는 자신의 경험이 다른 이의 경험과 크게 다를 바 없다는 것을 이해하며 개인적 우화에서 벗어나게 한다. 이러한 과정을 통해서 청년은 점차 성숙한 성인으로서의 신념과 인지체계에 들어선다. 청년기에는 사회구성원으로서의 책임과 권리 향상을 통해서 사회발전에 기여해야 할 과업 또한 강조되어야 할 것이다.

### 청소년의 자의식과 자기에 집중하기

청소년기에는 자기가 타인이 생각하고 있다고 믿는 것이 실제로 타인의 생각이라고 확신하고, 타인이 무엇을 생각하는지를 자기가 알고 있다고 믿는 자기중심성이 출현한다.
자신의 사고에 대해 숙고하는 능력이 커지면서 자신의 관점과 타인의 관점 구별이 다시 어려워지는 새로운 형태의 자아중심성이 생겨나고, 더불어 타인이 생각하는 것에 더 많은 관심을 갖는 조망 수용이 가능해지면서 발생하는 현상이다.

**●● 가상적 청중**

유아기의 자아중심성 경향이 청소년기에 다시금 출현하면서 자의식이 강해져 자신을 둘러싼 모든 사람의 온갖 관심과 주의가 자신에게 주어진다고 생각하는 현상을 말한다. 늘 타인이 자신을 지켜보는 것처럼 느끼며 상상적인 청중을 의식하여 마치 무대 위의 주인공처럼 행동한다. 가상적 청중의 시선을 느끼기 때문에 행동이나 반응이 과장되고 때로는 유치한 행동이 나타난다(예: 교실이나 지하철, 미팅에서 모두 나를 주목한다).

**●● 개인적 우화**

자신의 독특성에 주목하며 나타나는 현상을 말한다. 스스로 자신에게 주목하기 시작하면서 타인들도 자신을 예의주시하고 자신에 대해 많은 생각을 하고 있다고 확신하기 때문에 자신의 중요성을 과장한다. 자신이 특별하고 독특하다고 느끼기 시작하므로 자신의 감정이나 경험, 사고 등은 독특하여 남과 구분되며 타인은 이해할 수조차 없다고 생각한다.

청소년은 자신의 관심사와 타인의 관심사를 잘 구별하지 못하면서도(가상적 청중), 동시에 자신의 감정은 지나치게 구별하는 특성을 보인다(개인적 우화). 연령 증가에 따라 타인의 반응에 대해 더 현실적으로 감각할 수 있다.

### (4) 직업발달에 따른 과업

청년에게 직업은 하나의 현실인 동시에 청소년기에 꿈꾸어왔던 자아실현을 하는 데 있어 합리적이고 이성적 수단이다. 그만큼 우리가 사는 사회에서 직업은 소득 확보라는 개인의 경제적 측면뿐만 아니라 사회발전의 주요 요소이며, 개인적으로는 개인의 성취감과 행복감을 느낄 수 있는 중요한 수단인 동시에 때로는 목표가 되기도 한다.

청년기의 직업은 청소년기의 진로과정과 연결된다. 청년기 또는 구체적 직업의 선택과 훈련 못지않게 생애 진로의 한 형태로서 직업을 고려해야 한다. 따라서 청년기에는 진로교육, 기술훈련과 함께 구체적 직업선택의 노력이 병행되어야 한다. 청년기에는 자신의 개인적 능력, 직업이 요구하는 전문기술, 직무에 따르는 지위와 의사결정과정 등의 권위관계 그리고 동료와의 인간관계 등이 직업을 선택할 때 고려해야 할 것이다.

**Havighurst의 직업과 관련한 청년기 발달과업 요소**

- 경제적 독립의 필요성을 느낀다.
- 직업을 준비한다.
- 유능한 시민으로서 갖추어야 할 지적 기능과 개념을 획득한다.
- 사회적으로 책임 있는 행동을 원하고 실천한다.

### (5) 결혼과 배우자 선택을 위한 준비 과업

생애에 있어 배우자를 선택하는 일은 매우 중요하다. 논어에서는 배우자를 선택함에 있어 '어짐(仁)'을 중히 여기고 용모를 가볍게 여기라고 하였다. 그만큼 배우자는 외모뿐만 아니라 자신의 성격과 환경 그리고 문화에 적합해야 행복한 결혼생활을 할 수 있다.

농경사회에 있어 한 남성에게 배우자 선택은 가정을 꾸리는 일인 동시에 한 가계에 새로운 노동력을 영입하는 일이었다. 이후 남성중심의 사회문화 속에서 일은 남성이 '살림은 여성'이라는 등식 속에서 질적으로 높은 수준의 혼인생활보다는 결혼의 안정성을 중요시 하였다. 따라서 이혼은 사회로부터 비난받고 도덕적으로 나쁜 행위로까지 인식되어 남녀 모두 결혼제도를 계율로 받아들였다. 하지만 현대사회에 들어서면서 여성의 사회적 지위가 높아짐에 따라서 결혼의 안정성보다는 질적으로 높은 결혼생활을 하는 데 대한 관심이 더 높아졌다. 그만큼 배우자 선택은 자율적이면서도 신중하게 진행되는 개인의 책임으로 다가왔다.

결혼은 다음과 같은 이점을 갖는다. 첫째, 나를 중심으로 한 가족을 형성하여 심리사회적으로 안정감을 준다. 둘째, 합법적인 성행위의 출구가 된다. 셋째, 배우자를 통해 정서적 욕구를 만족한다. 넷째, 건강한 삶을 지지한다. 다섯째, 개인의 성장을 지지한다.

**결혼의 긍정적 동기**(Turner & Helms, 1994)

- 사랑의 실현
- 성의 합법성 부여
- 경제적 안정
- 정서적 안정
- 자녀 출산
- 성인으로서의 신분 획득
- 사회적 기대의 부합

**결혼의 부정적 동기**(서병숙, 1998)

- 순간적인 열정
- 자기도피적 선택
- 외로움을 피하기 위한 방편
- 신분상승의 수단
- 혼전 임신으로 인한 결혼
- 상대에 대한 동정심에 의한 선택
- 연애에 실패한 후 상처 치유를 받기 위한 결혼
- 불행한 가정에서 탈출하기 위한 결혼

# III 청년과 자아 그리고 사회

청소년기와 마찬가지로 청년에게 중요한 발달과업 중 하나가 자아정체성의 확립이다. 특히 청년기는 청소년기를 벗어나면서 확립되는 자아정체성을 토대로 사회와의 관계를 통해 개인의 심리적 성숙과 함께 사회적 인간으로서 자립하는 시기이다. 이를 토대로 인간으로서 생애를 설계하며 생활한다. 그만큼 자아개념은 중요하며 이와 함께 사회와의 관계를 타인과 더불어 자아개념을 상호 존중하고 조절하는 일은 성숙한 한 인간 개체로서의 책임인 동시에 권리라고 본다.

## 1. 청년과 자아개념

### 1) 자아개념의 정의

자아개념(self-concept)은 인간이 하나의 개체로서 자신에 대해서 갖는 이미지이다. 이러한 자아개념은 자신이 어떤 사람이며 어떻게 행동하고 생활 주변에 어떻게 반응하는지 알려준다. 자아란 단순히 한 사람이 수행하는 다양한 역할의 총합이 아니라 자신이 수행해야 할 역할들에 대해서 아는 능력으로, 보통 사람이 볼 수 있는 측면과 함께 자신의 또 다른 측면을 아는 것을 포함한다(May, 1967). 즉 자아개념이란 나를 놓고 내가 나를 객체로 생각하는 나의 느낌과 생각이다. 하지만 이와 같은 자신의 생각조차 주관적일 수밖에 없다. 그러나 최대한으로 나를 일반화해서 보는 관점이 자아개념이라고 볼 수 있겠다.

개인의 자아는 일생동안 인간 행동에 연속적 영향을 미치며, 자아에 대한 자기지각이 개인의 성취적 행동에는 물론 정서적 행동에까지 광범위하게 영향을 주고, 인간의 사회성·인성 발달의 기초가 되기 때문에 인간 행동의 결정요인으로 다룬다.

생후 2년 무렵에 유아는 자신이 타인과는 구별된 존재이며 타인 간에도 다른 점이 있다는 것을 인지하는 대상영속성을 획득한다. 한 개인이 자신의 자아에

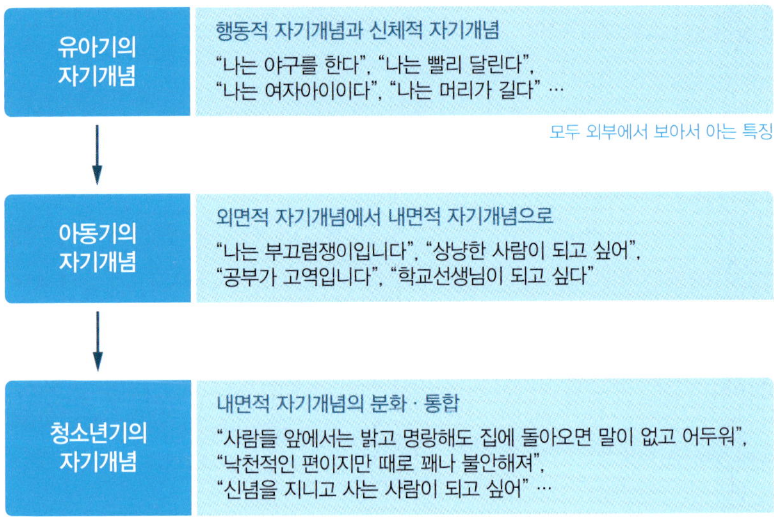


[그림 1-1] 연령에 따른 자기개념의 변천

자료: 신정길 외 역, 2005

대한 지식을 갖기 위해서는 먼저 자신과 타인을 구별할 수 있는 대상영속성의 획득이 선행되어야 한다. 대상영속성의 획득을 기점으로 하여 연령 증가에 따라 자신에 대한 지식은 인지적 진보와 병행하여 발달한다. 발달적이며 역동적 체계인 자아에 대한 지식은 전조작기에 증가하며, 구체적 조작기에 들어서면서 자기지식(self-knowledge)의 총제라 할 수 있는 자아개념(self-concept)으로 형성되고, 형식적 조작기에 이르러 자아체계(self-system)가 구축된다.

자아개념 형성에는 첫째, 타인의 평가가 영향을 미친다. 타인이 자신을 어떻게 보느냐에 따라 자아개념이 달라질 수 있다. 부모를 비롯한 의미 있는 타인, 또래, 교사, 주변인이 많은 영향을 줄 수 있다. 특히 가까운 사람들로부터의 평가와 그들이 자신을 대하는 태도를 통해 '나는 누구이다'라는 개념이 만들어진다. 둘째, 주위 사람과 자신을 비교하는 사회적 비교에 의해 자아개념은 달라진다. 주위 사람과의 비교를 통해 상대적으로 자신을 우월하게도 열등하게도 평가한다. 자신이 속한 환경 내에서의 자신의 위치는 한 사람의 자아개념에 막대한 영향을 미친다. 셋째, 대인관계 역시 자아개념에 영향을 미친다. James(1890)는 인간은 관계하는 사람의 수만큼의 자기 이미지를 갖는다고 보았다. 인간은 다른 이의 눈을 거울삼아 자신의 모습을 본다. 타인에게 들은 것에서부터 자신이 다른 사람들과의 관계 속에서 느껴 받아들인 것까지 모두 자아개념을 만드는 요소가 된다. 관계 속에서의 '내'가 자아개념으로 나타나므로 성장하면서 어떤 사람을 만나는가는 한 사람의 인생에 큰 영향을 미친다.

'나'의 진정한 모습은 무엇일까? 나는 누구인가? 어쩌면 진짜 나라는 존재는 없는지도 모른다. 그리고 나를 찾아 헤매는 것은 실패할 확률이 높다. 다른 사람들과 함께 살아가면서 영향을 받는 인간은 매우 가변적이며 복잡한 존재이다. 집에서의 나와 학교에서 보여지는 나 그리고 직장에서 행동하는 나는 같지 않다. 이처럼 사람들은 여러 개의 자아개념을 갖고 있다(김명혜 역, 1996).

**다음은 OO이의 자아개념이다.**

1. 내성적이다(성격).
2. 온화하다(감정).
3. 문화에 관심이 많다(사회적 성향).
4. 키가 작다(신체).
5. 이해력이 빠르다(지적 능력).
6. 다른 사람들이 나를 싫어한다(걱정거리).
7. 사진 찍기를 좋아한다(관심사).
8. S기업 사원이다(사회적 역할).
9. 소형차를 몰고 다닌다(경제).
10. 멋진 여성의 애인이다(이성관계).

위의 ○○이의 예처럼 사람들은 다양한 자아개념을 갖고 있다. 이 자아개념은 무한대로 확장될 수 있다. 이와 관련하여 James는 자아를 묘사하는 데 도움이 되는 분류체계 중 하나를 제시하고 있다. 이 분류는 물질적 자아(material self), 사회적 자아(social self), 영적 자아(spiritual self) 등이다. 물질적 자아는 육체, 의복 그리고 우리가 자신의 일부분으로 여기는 소유물이나 장신구 등이다. 사회적 자아는 타인이 우리 자신을 인정하는 것으로서 대인관계 등의 교환을 통하여 생긴다. 영적 자아는 영혼, 내면적 성찰과정, 사고와 같은 행동들을 포함한다. 영적 자아는 그 사람의 지적·도덕적·종교적 열망으로 이루어져 있고 이로부터 도덕적·정신적 우월감이나 열등감 또는 죄책감이 형성된다(김명혜, 1996).

자아개념은 하나로 이루어져 있지 않다. 즉 우리가 스스로 선택할 수 있는 여러 개의 자아개념이 존재할 수 있다. 자아개념은 성장과정에서 현실과 이상 사이의 나의 개념을 점차적으로 지각하면서 형성된다. Strang(1957)은 자아개념을 전체적 자아개념, 일시적 자아개념, 사회적 자아개념, 이상적 자아개념으로 분류하였다. 첫째, 전체적 자아개념은 자신의 능력, 신분, 역할에 대한 전반적 인식을 말한다. 둘째, 일시적 자아개념은 순간적 기분에 영향을 받아 나타나는 것으로 상황에 따라 어떨 때는 자신을 가치 있게, 어떨 때는 자신을 가치 없는 인물도 생각하는 가변적 자아개념이다. 셋째, 사회적 자아개념은 다른 사람이 자신을 어떻게 보느냐에 따라 자신을 평가하는 자아개념을 뜻한다. 넷째, 이상적 자아개념은 자신이 그렇게 되었으면 하고 바라는 자신을 나타낸다.

이와 같이 다른 사람이 자신을 어떻게 보느냐에 따라서 자아개념은 달라질 수 있다. 때로 자아개념은 나뿐만 아니라 내가 소유하고 범주화하고 있는 모든 것으로 확대되기도 한다. 예를 들어서 영화를 볼 때 몰입하면서 자신을 영화의 상황과 주인공에 동일시하는 것이나 자신의 물건에 대해서 애착을 갖는 것도 자기의 개념을 확립하는 요소이다. 하지만 청소년기를 거치면서 이러한 이상적 나와 현실적 나의 차이는 좁혀지고 더 실제적이고 확고한 자아개념을 정립하는 것이 일반적이다.

### (1) 긍정적 자아개념

긍정적 자아개념은 한 개인이 어린 시절에 부딪치는 환경과 자신의 특성이 상호작용하면서 형성되고 발달한다. 이러한 긍정적 자아개념은 소속감, 능력, 가치 등이 발달한 결과라고 한다. 소속감은 사회적 관계 속에서 자신의 삶이 구성되고 집단의식이 발달함으로써 집단 내에서 자신이 가치 있는 존재로 인정되는 것을 말한다. 능력은 스스로 설정한 목표에 대한 효율적 달성 여부를 평가하는 것이다. 이러한 능력은 객관적으로 관찰하고 평가하더라도 실제 개인의 느끼는 능력이 있다 없다는 생각은 매우 주관적이라고 볼 수 있다. 그리고 가치는 자기 스스로에 대한 가치를 나타내는 것이다. "나는 쓸 만한 사람이다", "나는 가치 있는 존재이다"라는 것처럼 자신이 이 사회에 필요한 존재라는 인식을 갖는 것이다(김애순, 2005).

#### (2) 부정적 자아개념

부정적 자아개념은 스스로 자신감을 잃고 열등의식을 갖는 것이다. 이러한 부정적 자아개념은 긍정적 인간관계를 형성하는 데 장애가 되며 늘 패배감과 소극적인 생활태도를 갖는다. 따라서 적극적 삶을 살아가도록 긍정적 자아개념을 향상시킬 필요가 있다.

### 2) 자아개념의 향상

사람들은 자아개념을 향상하려고 노력한다. 즉 사람들은 자존의 욕구가 있다. 자신에 대해서 긍정적인 개념을 유지하고 발전시키려는 욕구를 말한다. 이와 같이 긍정적 자아개념을 발전하는 데 중요한 요소 중 하나가 선택성이다. 이를 위해서는 다음의 세 가지를 고려해야 한다.

첫째, 자아개념의 향상을 위해서는 자신의 자아개념을 지지하는 사람에게 자신을 선별적으로 노출시킨다. 굳이 자신을 싫다는 사람을 설득하기보다는 나를 좋게 생각하는 사람들과 어울린다. 이것은 안정적 자아개념을 유지하는 데 큰 도움이 된다.

둘째, 사람들은 자신의 행동 또는 다른 사람의 행동을 선별적으로 해석한다. 우리가 하는 행동 중 어떤 부분이라도 긍정적인 면이 있다. 따라서 나와 다른 사람의 행동을 선택적으로 해석하는 것이 필요하다. 이와 관련하여 자존감이 높은 사람들은 실패를 겪었을 때 자신을 더 높이 평가하는 경향이 있다.

셋째, 달성하려는 목표를 선택해서 고른다. 사람들은 전형적으로 자신감을 지닌 성격을 높이 평가하고 그 반대의 성격은 낮게 평가한다. 따라서 하지 못하는 일에 집중하기보다는 할 수 있는 일에 적극적일 필요가 있다. 내성적이고 사교성이 떨어지는 사람은 모임에 나가기보다는 혼자서 수학문제를 푸는 데 집중하는 것이 더 나을 수도 있다. 이처럼 사람마다 자신이 주어진 신체·심리·사회적 여건 속에서 자신이 잘할 수 있는 목표를 설정하는 것이 자아개념 향상에 도움이 된다(김명혜 역, 1996 참고).

### 3) 청년과 자아개념

실제 자아개념은 청소년기에 중요하게 형성된다. 연령이 증가에 따라 자아개념은 다음과 같은 변화를 겪는다. 첫째, 자기지식이 증가하며 다양화된다. 청소년기에 속하는 사람은 아동기의 어린 아동보다 자기를 묘사하는 데 더 다양한 범주를 사용한다. 이는 연령의 증가에 따른 어휘력의 증가 및 다양한 경험의 결과라 할 수 있다. 둘째, 아동의 인지가 진보를 거듭하면서 형식적 추론을 할 수 있게 되는 청소년기에 도달하면 청소년은 좀 더 조직화되고 복잡해진 자기지식을 갖게 되고 스스로를 더 추상적 관심을 갖고 표현할 수 있다. 따라서 자기의지, 심리 유형, 이념과 신념 체제, 개인의 실존과 같은 추상적인 용어로 자신을 묘사한다. 또한 청소년은 자신의 동기, 느낌, 사고를 묘사하려는 방편으로 통합된 인성 이론을 구축하기 위해 노력하는데 이러한 노력은 자아정체감의 확립으로 귀결된다.

James(1890)가 제시한 물질적 자아, 사회적 자아 그리고 영적 자아 세 가지 모두 전 생애에 걸쳐서 개인을 나타내는 자아표식으로 모두 중요하다. 사람에 따라서 이 세 가지 자아 중 하나에 집착하는 경우도 있지만 대체로 물질적 자아는 아동이나 청소년에게 매우 중요한 요소로 부각된다. 그런데 청소년기를 거쳐 청년기로 접어들면 사회적 자아의 중요성이 부각된다. 물론 사람에 따라서는 성인이 되어서도 물질적 자아를 통해서 자신의 가치와 느낌을 나타내는 경우도 있다. 고가의 스포츠카를 통해서 자신의 위치를 평가받으려는 사람이나 명품 가방과 옷을 통해서 자신을 뽐내려는 사람들이 그 예일 것이다.

청년기의 사회적 자아는 청년에게 자신의 사회적 위치와 역할을 통해 가치 있는 인간으로서 자립할 수 있다는 자존감을 심어주는 데 중요한 기능을 한다. 이러한 사회적 자아가 확장되면서 자신에게 더 집중할 수 있는 영적 자아로 관심이 옮겨간다.

자아의 발달은 형식적 조작이 가능한 청소년기에 끝이 나는 것이 아니다. 최근 자아의 발달을 고찰하는 데 전 생애 관점을 갖고 연구하는 학자가 증가하고 있다. 즉 청소년기에 자아정체감이 형성되었다고 하여 자아발달이 정지하거나 종결되는 것이 아니라 청년기에도 계속 변화를 거치면서 발달한다고 본다. 청소년기에는 청소년의 자아중심성과 자기신화라는 인지적 특성에 따라 완전한 추론체계가 형성될 수 없으므로 이후 청년기와 성인기에서도 자아 역시 변화를 겪는 것으로 보인다. 따라서 청년에게 자아개념이란 청소년기를 통해서 형성된 자아정체감을 토대로 하며, 청소년기의 자아중심성에서 벗어나 사회적 역할 속에서의 자아에 관심을 쏟는 시작점이라고 볼 수 있겠다.

**Self-knowledge의 분류**

① 신체적 자기: 소유나 신체상과 같은 개인의 일차원적 속성
② 활동적 자기: 개인의 모든 활동
③ 사회적 자기: 개인의 사회적 정체감, 대인관계 유형
④ 심리적 자기: 이념 체제, 추상적 범주 내의 소속감

### 4) 바람직한 자아개념 형성 및 유지

청년기에 긍정적 자아개념을 유지하기 위해서는 청소년기에 올바른 자아정체감이 형성되는 것이 선결조건이다. 만일 자아정체성을 유예한 경험이 있다면 청년기에 새롭게 자신의 가치를 사회 속에서 발견하도록 노력하는 것도 방법이다. 즉 사회의 다양한 사람들과 접촉하고 경험하면서 인생목표, 직업, 종교적·정치적 신념, 성역할, 이념 등에 대해서 다양한 대안을 찾고 신중히 평가하면서 자신만의 고유한 가치를 발견하는 것이다.

이를 통해서 자신의 긍정적 자아개념이 나를 넘어서 가정, 사회, 국가 그리고 전 인류로 확산될 수 있는 보편적 가치와 신념체계로 발전하는 일도 고려해야 한다.

## 2. 청년과 자아정체성, 사회

### 1) 현대사회의 특징

현대사회에서 가상공간은 점차 확대되고 있다. 이러한 공간은 이전 사회에서 경험하지 못했던 사태이다. 가상공간은 물리적 제한이 없으며, 신체를 뛰어넘은 새로운 신체를 조성할 수 있다. 이와 같은 가상공간은 개인에게 긍정적 효과도 가져올 수 있다. 익명성이 보장된 가운데 안전하게 자신의 개성을 자유롭게 표현함으로써 자아개념을 더욱 풍부하게 할 수 있으며, 다양한 사람들의 견해와 느낌을 공유하여 자기의 것으로 만들기도 한다. 반면 가상공간은 익명성이 보장되기 때문에 무책임한 행동을 할 가능성이 높고 작위적이며 허위의 자신을 만들 수도 있다. 또한 현실과는 달리 자기 통제력이 엄격히 유지되기 어려우며, 현실도피의 빌미도 주어서 자아정체성에 부정적 영향을 미치기도 한다.

### 2) 자아정체감의 형성 경로

자아정체감과 친밀감의 형성은 청소년기와 청년기의 주요 발달과업에 해당한다. Erikson의 자아정체감은 점성적인 순서에 따라 발달이 이루어진다는 Erikson의 단계 이론의 소산이라 할 수 있다(김선애, 1997).

Erikson의 이론을 종합하면 정체감은 심리사회적 정체감(psycho-social identity)과 개별적 정체감(individual identity)감으로 구분된다. 심리사회적 정체감은 개인이 속해 있는 집단에 대한 귀속감이나 일체감을 의미하는 정체감의 객관적 측면이고, 개별적 정체감이란 집단적 정체의식 속에서 남들과 다른 고유한 존재라고 의식하는 주관적 측면의 정체감이다(이춘재 외, 1988). 개별적 정체감은 개인적 정체감과 자아정체감으로 세분된다. 개인적 정체감은 어떠한 변화에도 불구하고 근본적으로는 변함이 없는 자기동질성과 자기연속성에 대한 자각을 의미하고, 자아정체감은 이보다 더 포괄적인 개념으로 자기존재의 동일성과 독특성을 지속하고 고양시켜 나가는 자아의 자질을 의미한다.

자아정체감은 개인이 자신의 신념, 가치, 역할에서 지각하는 안정성과 통일성, 독특성 및 타인과의 관계에서 느끼는 연속성과 동질성, 또한 타인과 독립된 고유한 존재로서의 자기존재 의식에 대해 일관성을 유지하려는 일련의 노력의 집합체이다.

Erikson(1968)은 자아정체감이란 성취와 같이 완성되는 것이 아니며, 고정적이거나 불변하는 것이 아니라 사회적 현실 속에서 끊임없이 개정되는 자신에 대한 현실감이라 했다. 자아정체감은 유아기에 그 효시를 찾아볼 수 있으며, 동일시의 유용성이 사라지는 청소년기에 형성되어 노년기까지 그 발달이 지속되는 전 생애적 발달을 한다고 주장하였다.

성공적 자아정체감의 형성은 청년기의 직업적 정체감 추구 및 장기적 목표 확립에 필연적으로 획득하는 요인이 되며 친밀감 형성을 위한 기초가 된다. 정체감 형성이 전 생애에 걸친 과정임에도 불구하고 청소년기에 시작하여 청년기에 이르기까지 정체감 위기를 경험하는 것은 이 시기가 내부의 수많은 변화와 외부

변화를 경험하고, 미래를 위한 요구와 수많은 중대한 결정권을 갖게 되는 시기이기 때문이다. 현대로 올수록 청년은 자아정체감 성취 상태보다는 정체감 유예 상태에 머무른다. 원시사회에서는 급격한 사회변화가 거의 없었고 성인의 역할이 한정되어 있었기 때문에 자아정체감이 비교적 단순한 과업에 속하였고 성취하기도 비교적 쉬운 편이었다. 그러나 현대사회의 극심한 변화와 복잡성은 선택의 폭이 확대되었고 선택의 여지 또한 많아 정체감의 형성은 어렵고도 장기간을 필요로 하는 과업이 되었다.

Marcia(1980)는 탐색(위기)과 문제해결을 위한 시도(수행)를 근거로 하여 자아정체감 발달 상태를 정체감 성취, 정체감 유예, 정체감 혼미, 정체감 폐쇄의 네 가지 상태로 분류하였다. 탐색은 여러 가지 기회와 정체감 문제를 적극적으로 받아들여 생각하고 부모가 정한 목표와 가치에 의문을 제기하며, 직업, 목표, 가치, 신념과 관련하여 개인적으로 적절한 대안을 찾는 일정기간을 말한다. 문제해결 시도란 자신이 선택한 포부, 목표, 가치, 신념 및 직업에 개인적으로 관여된 정도와 충실도와 관련된다.

정체감 성취는 위기와 문제를 성공적으로 극복하여 신념, 직업, 정치적 견해 등에 대해 자기 스스로 의사결정이 가능한 상태를 의미한다. 정체감 유예는 현재 문제에 직면하여 역할이나 신념, 행동을 실험하고는 있으나 아직 의사결정을 하지 못한 상태이다. 정체감 폐쇄는 대안을 탐색하지 않고 부모나 다른 역할 모델의 가치, 기대 등을 그대로 수용하여 그들과 비슷한 선택을 하는 경우이다. 외

[표 1-3] 탐색과 문제해결 시도를 축으로 하는 자아정체감의 상태

| | | 탐색 | |
|---|---|---|---|
| | | O | X |
| 문제해결 시도 | O | • 정체감 성취(위기 해결)<br>• 가치, 믿음, 목표를 탐색한 다음 갈등 해결을 시도하는 상태 | • 정체감 폐쇄(위기 경험 없음)<br>• 충분히 탐색하지 않고 결론을 내리는 상태 |
| | X | • 정체감 유예(위기 진행 중)<br>• 해결 시도를 하지 않고 탐색만 하는 상태 | • 정체감 혼미(위기 경험 없음)<br>• 탐색도, 해결을 위한 시도도 하지 않는 상태 |

적 상황의 변화나 충격이 발생될 때 외견상 유지되던 정체감이 붕괴될 위험 요소를 안고 있다. 정체감 혼미는 자아에 대해 안정되고 통합적 견해를 갖는 데 실패한 상태로, 위기나 탐색 경험이 없으며 문제를 해결하기 위한 의사결정도, 관심도 없는 상태이다. 사고과정이 비조직화되고 대상관계가 혼란된 상태이다.

### 3) 청년과 자아정체성

청소년기 자아정체성의 의미를 강조한 Erikson은 자아정체성은 자연적으로 형성되는 것이 아니며 본인은 노력에 따라서 성공할 수도 실패할 수도 있다고 하였다.

따라서 청소년기 자아정체성을 성공적으로 확립하는 일은 청년기에도 밀접한 영향을 미친다. 자아정체성이 잘 형성된 청년은 미래에 대한 불안감이 별로 없고 목표의식이 뚜렷하며 타인과 사회에 대해서도 긍정적 생각을 지닌다. 반면 자아정체성이 혼미한 청년들은 자신이 확고하지 못함으로써 타인에 의해서 조정될 가능성이 높고 의존적인 성향을 띤다. 자신 스스로 인생의 목표를 설정하기보다는 다른 사람들의 요구에 의해서 신념을 만듦으로 자신의 인생이 아닌 다른 사람의 인생을 사는 경우도 있다.

교육기간의 연장과 직업세계로의 진입이 늦어지고 있는 현대사회에서는 정체감 형성 과업이 청소년기에서 청년기로 연장되고 있다. 과거에는 급격한 사회 변화가 없었고 성인의 역할이 한정되어 있었기 때문에 자아정체감 형성이 비교적 단순한 과업에 속했고 또 성취하기도 비교적 쉬운 편이었다. 그러나 모든 것이 극심한 변화를 겪고 복잡화된 사회에서는 선택의 폭이 너무 넓고 선택의 여지 또한 많아 정체감 형성은 어렵고도 장기간을 필요로 하는 과업이 되었다. 따라서 지나치게 많은 선택에 가로 놓인 청년은 자기가 누구이며 어떤 사람이 되어야 할지를 결정하지 못한 채 정체감 혼미를 경험한다. 정체감 확립의 극 개념인 정체감 혼미가 위기로 인식되기는 하나, 이 위기는 전 생애 발달과정 중 극히 자연스러운 것으로 더 나은 상태를 향한 하나의 디딤돌이 된다.

사회적 책임이나 의무를 유예 받은 청년은 여러 가능성에 대한 탐색을 시도하고, 삶의 방향 선택을 내리기 전에 폭넓은 경험을 한다. 이 시기를 건설적이고 적극적으로 보내어 주체성을 확립하는 시행착오가 허락되는 시간으로 활용하는 청년은 진정한 의미에서의 친밀감을 형성하며 심리적으로 건강한 상태를 유지한다. 그러나 정체감 형성보다는 친밀감 발달에만 초점을 맞추려는 경향이 증가하고 있으며, 정체감 형성을 위한 적극적인 시도보다는 모라토리엄적 상태에 머물러 있고자 하는 현실 참여 기피가 문제되고 있다. 과거의 모라토리엄 상태는 의무는 면제되나 권리가 주어지지 않은 어정쩡한 상황을 의미했지만, 현대로 넘어오면서 의무는 없고 권리가 있는 자유롭고 편한 시기로서의 새로운 형태의 유예 시기가 등장하고, 성인기로의 진입을 늦추고 현실 참여를 기피하는 청년이 증가하고 있는 실정이다.

정체감 위기는 기존에 한 개인이 통합하던 가치의 붕괴이며 그에 수반되는 자기이미지의 해체라고 볼 수 있다. 이러한 위기는 쉽게 병적인 세계로 옮겨갈지도 모르는 위기인 동시에 진정한 자기를 발견하고 더욱 풍부한 현실성을 가진 자기상을 키우고 변화하고 발전하면서도 일관성을 가진 정체감을 확립하는 출발점이 되기도 한다. 그러므로 청년들이 위기에 부딪치게 될 때 회피하거나 도피하지 말고 그것에 맞서 새로운 자기를 통합하려는 의지를 보이는 것이 참다운 자아정체감을 형성하는 지름길이 될 것이다.

## 3. 청년기 새로운 문제와 도전

### 1) 청년기의 연장

청년기가 연장되고 있다. 청년기의 연장은 청년의 독립하고 밀접한 관련이 있다. 생애 어느 시기보다도 고통과 긴장 그리고 갈등을 경험했던 청소년기와 맞물려 청년기가 연장되고 있다. 즉 신체적이나 심리·정서적으로 독립했다 해도 여전히 경제·사회적으로 가족에 의존하고 있다. 아울러 후기 산업사회에서 지식정보화사회로 전환되면서 숙련된 기술을 요구하는 산업화시대보다 더 많은 교육과 훈련을 필요로 한다. 이와 같이 빠른 사회변화는 청년들에게 더 많은 교육과 훈련기간을 요구하는 한편, 경제·사회적 자립과 새로운 가정을 꾸려야 하는 욕구를 청년 스스로 또는 환경의 열악함으로 인해 유보함으로써 청년기는 더욱 길어지고 그 속에서 청년의 방황은 더 늘어날 수밖에 없는 현실이다.

### 2) 새로운 윤리 환경 조성

사회윤리를 상대적인 입장에서 보아야 하는지 아니면 절대적 윤리가 존재하는지에 대한 논란은 이론적 틀의 문제이다. 청년이 생활하는 오늘날 사회에서 윤리는 때로는 그 개념 자체의 혼란을 갖는다. 의료와 과학기술의 발달로 인해 나타나는 줄기세포 논쟁 등 생명윤리 문제로부터 시작해서 인터넷 등 가상공간이 주는 새로운 윤리적 환경과 관계 정립의 필요성 등이 제기된다. 이러한 현상은 기존에 우리가 갖고 있던 윤리 체계의 일부를 무력화할 수 있다. 즉 대면적 인간관계에서 적용되었던 윤리가 가상공간 및 인간을 위해 인간을 활용하는 문제 등 이전에 볼 수 없었던 윤리 문제로 대체되고 있다. 더욱이 인간과 인간간의 윤리적 문제 못지않게 인간과 환경 그리고 다른 동물 등과의 관계 설정도 새로운 윤리적 도전이라고 할 수 있다. 이와 함께 대중문화의 확산으로 인한 윤리적 기준이 되는 모델이 부모나 스승에서 대중문화에서 찾은 우상으로 바뀌는 현상 등도 새로운 윤리적 문제라고 볼 수 있다. 이제 청소년기를 벗어나 사회적 책임 있는 역할을 수행해야 하는 청년에게 새로운 윤리의식을 형성해야 하는 큰 도전이 직면해 있다.

### 3) 경제적 압력의 증가

전 세계적 현상은 아닐지라도 우리나라를 비롯한 선진국과 중진국에서 발생하는 심각한 문제 중에 하나가 저출산·고령화이다. 사회적으로 볼 때 저출산·

고령화는 다양한 문제를 일으킨다. 점차 생산노동인구가 노동력 향상이나 기술 발전 등의 방법을 통해서 노인 등 비생산적인 인구를 보살펴야 하는 비율이 크게 늘어날 전망이다. 가장 왕성한 노동력을 갖고 있는 청년과 장년층이 짊어져야 하는 부담이 시간이 흐를수록 점차 증가한다는 뜻이다. 그럼에도 불구하고 역설적이게도 가정을 가진 청년층은 경제적 안정과 한층 풍요로운 생활을 하기 위해서 맞벌이를 한다. 이로 인해 육아 시간을 갖기 어려워졌다. 가정에서 보내는 시간 자체가 밖에서 소비하는 시간보다 극히 적기 때문에 구조적으로 힘들어졌다. 실제 미국의 경우에는 지난 30년간 부모가 가정에서 자녀와 함께 하는 시간을 갖는 비율이 35%나 감소하였다고 보고되었다. 이러한 현상은 경제적 압력이 심리사회적 부담으로 작용하고 있음을 반증한다.

앞으로도 사회는 청년들에게 더 많은 생산성과 효율성 그리고 경제 발전을 위한 창의성을 요구하지만 아이를 돌보고 노인을 보살펴야 할 시간과 여력은 점차 없어지고 있는 것이다.

### 4) 다양한 가족형태의 등장과 청년의 선택

이미 핵가족 형태가 보편적 가족형태로 자리잡고 있지만 이러한 가족형태는 이제 이혼가정, 결손가정, 한부모가정, 재결합가정, 복혼가정 등 복잡한 여러 형태의 가족으로 바뀌고 있다. 가족구조의 변화는 청년에게 더 많은 결혼과 가족형성과 관련한 선택을 줄 수 있지만, 자칫 가족의 원래 의미를 상실하고 새로운 가족에 대한 경영 및 사회적 위치에 대한 고민은 커질 수밖에 없다. 아울러 현실적으로 우리 사회에서 증가하는 다문화가정과 새터민가정 등은 비록 새로운 가족형태는 아니지만 기존의 우리 인식을 변화시켜 함께 관심을 가져야 하는 가족형태이다. 이와 함께 독신가정과 비혼가정 등의 문제도 단순한 사회적 문제가 아닌 새로운 도전으로 받아들여서 다양하게 변화하는 가족형태에 대해 청년이 진지한 관점에서 고민하고 사회적으로 공감하며 살아갈 수 있는 방향을 모색해야 한다(노혁, 2007; Siegler, 1997 참고).

# 2

# 인간발달과 청년

개요

신체발달

정서·사회성 발달

인지발달

도덕성 발달

진로발달

정치사회적 사고발달

# I 개요

## 1. 인간발달의 원리

모든 발달은 기본 형태를 가지고 있으며, 이러한 기본 형태에서 부분이 생기고 부분이 기능의 총체를 형성하기 위하여 모든 부분이 생길 때까지 각 부분은 독특한 시기를 갖는다. 인간은 어머니의 자궁에서 기본 형태를 갖고 태어난다. 이와 같은 기본 형태가 변하는 것은 아니지만 사회(부모, 형제자매, 이웃 등)와 상호작용하면서 각기의 능력은 사회문화 안에서 새로운 기회와 한계에 부딪친다. 물론 새로운 부분을 개발할 수는 없지만 가진 부분의 '기능'을 갖고 운동역량, 감각발달, 사회적 능력, 정신역량 등을 갖는 정도에 따라서 자아발달을 이어간다. 따라서 발달(development)은 심신의 구조, 형태, 기능이 변하는 과정을 의미한다.

예를 들면 정상 뇌는 각자 갖고 있는 생물학적 개체의 범위 내에서, 즉 나의 신체적 역량에 적합하게 외형적 모습을 갖고 이 부분은 크게 변하지 않는다. 다만 사회와의 상호작용(학습과 사고 등)의 과정을 통하여 뇌는 '나' 전체를 아우르는 기능을 할 수도 있다.

발달은 인간의 생리적 성숙과 함께 어머니로부터 점차 분리의 끝에서 하나의 성숙한 자아를 만들고 다시 어머니의 품(죽음)으로 돌아가는 과정이다. 이러한 과정에서 하나의 인간은 '적절한 순서와 속도, 방향'을 유지하면서 발달한다.

한편, 인간발달은 전 생애를 통하여 계속적이고 점진적 과정을 거쳐 이루어지며, 일반적이고 보편적 순서와 방향성에 따라 진행된다. 모든 인간의 발달은 유전적 요소와 환경적 요인에 따라 개인적 차이가 나타나며 이러한 발달은 각각 상호간에 밀접히 관련되어 있다. 이전의 전 생애 관점은 발달은 영아기와 아동기를 빠른 발달의 시기로 보고 청소년기에 정점에 다다르며 성인기에는 발달이 정지되고 노년기는 쇠퇴된다고 간주하였다. 그러나 의학의 발달과 영양, 위생 등에 대한 관심의 증대로 인간의 평균수명은 더 증가하고 있으며, 노인은 과거에 비해 더 좋은 상태의 건강을 유지하며 더 적극적인 인구층을 형성하게 되었다. 이로 인해 발달은 역동적인 체계로 이해되기 시작하였으며 수정에서 죽음까지의 영속적으로 진행되는 과정에서 생물학적·심리학적·사회적 영향이 복합적으로 작용하면서 형성되는 것이라는 관점이 생겨났다.

### 발달의 보편적 원리

**●● 순서**

인간의 발달에는 일정한 순서가 있다. 발달은 상체에서 하체의 방향으로, 중심에서 말초의 방향으로, 전체 활동에서부터 특수 활동의 방향으로 진행한다. 이러한 사실은 발달에 일정한 순서가 있음을 증명하는 근거인 동시에 한 단계의 발달은 다음으로 이어지는 더 높은 차원의 발달단계의 발달에 기초가 된다는 것을 의미한다.

**●● 속도와 계속성**

결정적 시기, 즉 어떤 기능이나 신체의 부분이 급속히 발달하는 시기에는 급격하게 발달이 이루어진다. 하지만 발달은 계속적인 과정이며 그 속도는 일정하지 않다.

**개인차**

인간발달에는 일반 원리가 존재하지만 모든 사람이 동일하게 발달하는 것은 아니다. 개인의 유전, 성별과 환경에 따라서 개인차를 보인다.

**상호 관련성**

발달의 각 측면이 밀접히 상호 관련되어, 즉 한 측면의 발달은 다른 여려 측면의 발달과 서로 밀접히 관련되어 영향을 주고받는다.

**분화와 통합**

발달은 분화와 통합의 과정을 거친다. 즉 전체적 측면에서부터 부분적 측면으로 분화되는 동시에 분화된 각 측면들이 통합되어 하나의 체제를 형성한다.

**환경과의 상호작용**

인간발달은 인간(유전적 요인)과 환경(환경적 요인)과의 역동적인 상호작용을 통하여 이루어진다.

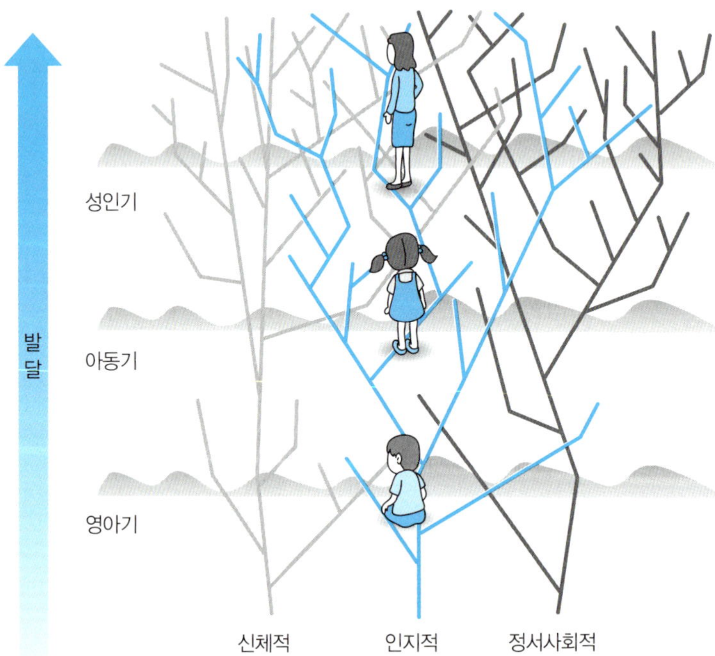


[그림 2-1] **발달에 대한 전 생애 관점**

자료: 이옥경 외 역, 2009

학문으로서의 인간발달은 전 생애 동안 변하지 않고 유지되는 특성과 또한 변화하는 특성을 이해하고자 하는 연구영역이다. 전 생애이론가들은 발달을 다양한 방향으로 뻗어나가는 나뭇가지로 생각한다. 개인의 삶의 과정에 영향을 주는 맥락에 따라 많은 잠재적 경로가 가능하기 때문이다. 인간은 각 발달단계마다 신체적·인지적·정서사회적 영역의 각각의 나무를 갖고 있고, 이 나무들은 각 영역에서 가능한 기술들을 나뭇가지처럼 확장시킨다. 또한 발달과정 중 각 가지들은 크게 뻗어 각 영역 간에 교차되는 나뭇가지들이 생겨난다. 이러한 가지들의 영역 간 교차는 발달영역의 상호작용을 나타낸다(이옥경 외 역, 2009).

## 2. 인간발달의 특성

### (1) 발달의 기초성

어릴 때의 발달이 이후의 모든 발달의 기초가 된다는 원리이다. 아동기는 성인기의 기초가 형성되는 기간이므로 아동기의 발달을 촉진하는 환경을 마련해야 한다.

### (2) 발달의 적기성

어떤 특정한 발달과업을 성취하는 데는 가장 적절한 시기가 있는데 이 시기를 결정적 시기라고 한다. 이 시기를 놓치면 다음 시기에 보충되기가 어렵고 과업 획득의 효율성이 떨어진다.

### (3) 발달의 누적성

인간의 성장발달에 있어 전 단계의 발달에 어떤 결손이 생기면 그 결손은 누적되어 다음 시기의 발달에 장애가 된다.

#### (4) 발달의 불가역성

인간의 특성은 주로 생애 초기에 그 기초가 형성되고 또한 발달이 급속히 이루어지는데, 만약 발달의 최적기를 놓치면 그 시기 이후에 이를 보완하거나 교정하기가 힘들다.

## 3. 생애별 발달 특징과 과제

### 1) 태내기(胎內期)

수정에서 출생까지의 시기이다. 정자와 난자의 결합에 의해 임신이 되면 접합기와 배아기, 태아기를 거쳐 단세포 유기체는 자궁 밖의 삶에 적응할 수 있는 능력을 갖춘 아기로 성장한다.

### 2) 영아기(嬰兒期)

신체와 뇌의 뚜렷한 변화가 이루어지며 사회적 미소(social smile)를 짓는 발달 특징이 나타난다. 또한 낯가림을 하면서 부모와 다른 사람을 구분해서 다르게 반응을 보이며 타인과 처음으로 친밀한 관계를 형성한다. 예를 들어 부모 아닌 타인의 품에 안겼을 때 불안해서 울며, 부모 또는 자신을 돌봐주는 사람에게서 격리될까봐 불안해한다. 또한 걷고 말하기를 시작하는 시기이다.

영아기에는 부모로부터의 충분한 애정과 영양공급을 통해서 신뢰와 안정감을 갖는 일이 중요하다. 또한 사회적 결속과 애착을 심어주는 것도 중요한 일이다. 따라서 적절한 양육과 애정과 사랑은 필수적이라 할 수 있다.

### 3) 유아기(幼兒期)

서서히 부모로부터 신체적 독립을 꾀하는 시기이다. 부모의 간섭에 대해서 암묵적 항의를 하며 스스로 무슨 일이든지 해보고 싶어 하는 시기이다. 또한 배변훈련을 해야 하는 때이며 본격적인 말을 배우는 시기라 볼 수 있다.

이 시기에는 올바른 배변훈련 등을 통해 스스로 창의적 일을 할 수 있는 자율성을 키워야 한다. 만일 그렇지 못하면 Erikson의 표현대로 수치심과 의심이 생길 수 있다.

따라서 충동감정을 통제할 수 있는 놀이와 교육, 자율성을 존중하고 자기주장을 반드시 관철하기보다는 인내할 수 있는 마음을 키워주며 자기조절 활동을 격려해야 한다.

### 4) 학령전기(學齡前期)

이 시기에는 사회에 대해서 이해하고 성역할을 습득하는 한편, 사회적 가치와 신념을 학습한다. 또한 가정에서는 형제 간의 경쟁을 통해서 자신의 위치를 확인하고 도덕심과 양심 등 초자아를 형성하는 시기이다. 운동기술이 정교해지고 사고와 언어가 놀라운 속도로 확장된다. 또한 또래와 관계를 맺기 시작한다.

따라서 소꿉놀이 등을 통해 사회화를 배우고 역할학습을 하는 과업을 수행해야 한다. 이에 가정과 사회는 이 시기의 아동에게 다양한 사회적 역할과 문화적 가치에 대해서 공개하고 적합한 성역할 모델을 제공해야 한다. 그리고 또래와의 상호작용 역량을 학습하도록 도와야 한다.

### 5) 학령기(學齡期)

초등학교에 입학해서 졸업 때까지의 시기로서 또래집단 놀이 등을 통해서 또래와 집단정체성을 형성한다. 그리고 지적(知的) 추구와 기능이 성장하게 된다. 운동능력, 기본적인 문자 해독 능력, 또래집단 구성원에 대한 이해가 증진되고, 자아·도덕성·우정 등의 개념을 발달시킨다.

이 시기에는 학교나 가정에서 다양한 경험을 통해서 자존감이 형성되어야 하며, 생산적 힘과 일에 대해 할 수 있다는 자신감을 갖는 게 필요하다. 또한 소속감과 집단정체성을 갖는 것은 앞으로 함께 살아갈 수 있는 힘이 된다.

따라서 이 시기의 아동에게는 생산과 성공의 경험을 제공하고 지적 자극과 학교에서의 교육이 필요하며, 또래와의 상호작용과 또래집단 활동에 참여를 유도하는 일이 요구된다.

### 6) 청소년기

청소년기는 신체가 급격히 변화하며 이차 성징이 출현하고 성적 행동이 증가한다. 또한 개념적 이해가 가능한 추상적 사고도 발달한다. 또한 이상적 사고가 증가하며 학교에서의 성취는 더욱 중요해진다. 이 시기에는 자아정체성을 올바르게 확립하고 남성과 여성으로서의 바른 성역할을 배워야 하며, 가족으로부터 독립하거나 독립을 준비하고 인격의 통합과 성숙을 지향해야 한다.

이를 위한 적절한 환경적 지원은 일의 융통성을 이해시키며 근면성을 수용하고, 관용을 학습시키며 삶의 기쁨을 이해하도록 하고 개별화 및 자율성 획득을 격려해야 한다.

### 7) 청년기

청년기 발달은 성인기 발달과 중첩되어 있다. 청년기는 심리적 발달에서 사회적 개발로 초점이 옮기면서 현실적인 발달과제에 부딪치는 때이다.

청년은 개인적 가치와 목표를 정의하고 일(직업)을 구하여 스스로 설 뿐만 아니라 가족으로부터 독립하여 자율적이 되며, 새로운 가정을 꾸리는 데 집중해야 하는 시기이다. 이 시기에는 그동안 아동기부터 청소년기까지 이어온 사회화와 자아정체성의 확립 과정을 기반으로 타인과의 주고-받는 인간관계의 본질적 특성을 이해하고, 한 인간으로서 자립할 수 있는 다양한 조건(경제, 사회, 건강, 가정) 등에 대해 관심을 가질 뿐만 아니라 실제로 관계되는 과업을 하나씩 성취해야 한다.

따라서 청년기에는 청소년기까지 습득한 다양한 직업 및 사회적 역량을 펼칠 수 있는 기회를 제공해야 하며, 끊임없이 가정과 사회적 책임에 대한 가치와 윤리적 자세를 갖추어야 한다.

### 8) 성인기

생산성에 입각한 활동에 주력하는 시기이다. 사회에서는 자신의 경력과 지위, 성취, 능력의 발현 등을 위해 몰두하며, 가정적으로는 배우자와의 건설적·동반자적 관계 설정과 자신의 생식가족인 자녀를 양육하고 교육하며 성장·발달시키기 위해 주력하는 시기이다. 성취와 성장, 확장이 중요한 시기이다.

### 9) 중년기

성인기와 중년기는 모두 생산성 대 침체성의 발달과업에 놓인다. 이 중 중년기는 성공의 정점이며 사회에서 리더로서의 지위를 차지하는 시기이다. 또한 자녀들의 독립을 지지하고 준비시키며 본인의 생식가족을 확대가족으로 확장하는 변화를 겪는다. 또한 자신의 부모가 나이 들어가는 것에 적응하도록 도와주는 역할을 담당하며, 본인 또한 은퇴와 자녀의 독립 이후의 진수기에 대한 마음의 준비 및 고령화로 인한 부모세대 부양과 돌봄에 대한 대비 과제를 안게 된다.

### 10) 노년기

사회에서 생산적 노동인구로서의 시기 이후의 삶에 적응해야 하는 과업에 직면한다. 은퇴 이후의 삶과 변화하는 사회적 관계망에 적응해야 한다. 또한 신체나 건강이 약해지는 것에 대한 적응과 배우자의 죽음 등의 문제에 직면하는 시기이다. 자신의 생애를 돌아보며 가치 있고 보람 있었던 시간으로 인식하고 자신에 대한 통합감을 가지거나 지나온 생의 회한에 휩싸이기도 한다.

[ 표 2-1 ] 인간발달 단계의 특징과 과업

| 연령 | | 영아기 (~생후 18개월) | 유아기 (18개월~3세) | 학령전기 (4~6세) | 학령기 (7~12세) | 청소년기 (13~19세) | 청년기 (20~29세) |
|---|---|---|---|---|---|---|---|
| 발달 특징 | | • 사회적 미소<br>• 부모 등 특별한 사람에 대한 다른 반응<br>• 낯선 불안<br>• 분리불안<br>• 걷기, 말하기 시작 | • 말하기<br>• 배변훈련<br>• 자기주장<br>• 신체적 독립 | • 사회와 성역할 습득<br>• 경쟁심<br>• 사회적 가치와 믿음<br>• 초자아 형성 | • 집단 형성<br>• 또래집단 정체감<br>• 지적 추구<br>• 기술의 발전 | • 신체 변화<br>• 성적 행동<br>• 추상적 사고 | • 가치관 확립<br>• 생산 및 사회적 활동<br>• 성인사회로의 통합 |
| 발달과업 | | • 애착, 사회적 결속 수립<br>• 기본 신뢰감과 안전감 제공 | • 개별 분리<br>• 자율성<br>• 대상항상성[2]<br>• 공격성과 충동에 대한 자기조절 | • 사회화<br>• 역할학습<br>• 문화화(문화적응) | • 자아존중감<br>• 생산성<br>• 역량<br>• 집단정체성 | • 자아정체감<br>• 성 역할<br>• 가족으로부터의 독립<br>• 인격적 통합 | • 긍정적 대인관계<br>• 직업선택<br>• 기술훈련<br>• 윤리 |
| 발달단계 | Erikson | 신뢰 대 불신 | 자율성 대 수치심, 의심 | 주도성 대 죄책감 | 근면성 대 열등감 | 자아정체감 대 자아정체감 혼미 | 친밀감 대 고립감 |
| | Freud | 구강기 | 항문기 | 남근기 | 잠복기 | 생식기(청소년기) | 생식기(청년기) |
| | Piaget | 감각운동기 | 전개념기(전조작기) | 직관기(전조작기) | 구체적 조작기 | 형식적 조작기 | 형식적 조작기(고도의 추상적 능력) |
| 적절한 환경 지원 | | • 성인과의 상호작용을 통해 따뜻하고, 사랑하며 민감한 반응과 자극<br>• 적절한 양육 | • 일관성 있는 한계 설정과 환경의 구조<br>• 충동조절 교육<br>• 자아조절 격려<br>• 자율성의 존중<br>• 자기주장에 대한 관용 | • 다양한 사회적 역할과 문화적 가치에 대한 노출<br>• 적절한 성 역할 모델링<br>• 또래 관계 | • 생산과 성공의 경험<br>• 지적인 자극과 학교교육<br>• 또래관계와 집단정체성 활동의 참여 | • 유연성과 일관성에 대한 기대<br>• 관용과 갈등의 수용<br>• 개별화와 자율성의 존중과 격려<br>• 의지력 | • 사회적 관계의 지지 및 직업선택 기회 확대<br>• 배우자 선택 및 가정 형성에 대한 지지 및 격려<br>• 사회적 관계 및 윤리 |

자료: 이정균, 1994 재구성

# II 신체발달

인간은 태어나면서 죽을 때까지 신체 변화를 겪는다. 생노병사(生老病死)라는 말이 있듯이 인간은 태어나서 병들고 늙어서 죽는 과정을 거친다. 이러한 신체는 정신과 상호 관련되어 있다. 그런데 청년기의 시작이라고 볼 수 있는 청소년기에는 제2의 신체적 발육이라고 부를 만큼 급격한 신체적 성장을 겪는다. 이렇듯 급격한 신체 변화라고 말하는 가장 큰 이유는 성(性), 즉 생식능력이 생기는 시점이기 때문이다. 한 인간이 자신과 같은 후세를 만들 수 있는 능력을 갖춘다는 것은 동물로 보아서는 신체적 완성이다. 그런데 인간은 신체적 성장 이외에도 정서, 심리 그리고 인지적 성장을 한다. 또한 이러한 성장은 그 사회의 문화환경 속에서 이루어진다.

특히 청소년기에는 성인 두뇌활동의 주요한 윤곽이 뇌의 신경단위인 뉴런(neuron)에 새겨진다. 호르몬 상태의 변화로 성숙한 두뇌가 자연적으로 떨어져나가 고차원적 두뇌활동이 나타난다. 이때 지능은 그 어느 때보다도 높은 수준에 도달한다.

청소년기 신체 변화는 심리학적 시간과 공간 개념에 큰 변화를 초래한다. 시간과 공간의 개념은 Piaget가 말한 감각운동기에 신체와 환경의 상호작용에서 나온다. 공간지각은 눈과 손, 귀와 손 등의 다양한 도식(schema)을 조절하는 가운데 도달과 접촉으로부터 생긴다. 공간개념은 신체가 환경과 관련해서 활동하는 움직임으로부터 구성된다. 따라서 시간은 밤과 낮의 리듬, 즉 식사, 취침과 기상 등을 통해 시간에 대한 개념을 가지면서 점차 지속성에 대한 기본 감각을 익힌다. 신체는 시간과 공간을 조화롭게 발달시키는 데 처음부터 기초가 되었기 때문에 청소년기의 급격한 신체발달은 시간과 공간 개념 형성에 급격한 변화를 초래한다. 이러한 청소년기 시작을 알 수 있는 핵심 징후가 바로 사춘기이다.

---

[2] 대상항상성(object constancy)은 상대방에게 실망하고 분노하고 상처받더라도 상대에 대해서 긍정적인 애착을 유지하는 능력을 말한다.

## 1. 사춘기

사춘기(puberty)라는 용어는 라틴어의 *pubertas*에서 나온 말로서 어른의 시대라는 뜻이다. 즉 생식능력을 가질 수 있도록 성적 성숙이 뚜렷해지는 첫걸음이다. 이 시기에는 이차 성징이 나타나고 생식기관이 발달한다. 호르몬 분비로 생리적 시계가 리듬에 따라 움직인다. 이 변화는 대략 2~3년 사이에 일어난다. 보통 10세 전후에서 성 호르몬이 서서히 분비된다. 이 시기가 지나면 뇌에서 전달되는 신호에 의해서 성 호르몬의 분비가 증가하고 체모, 가슴의 발달, 음성의 변화(변성)와 같은 신체 변화가 일어난다.

평균적으로 사춘기는 여아의 경우 10세 전후, 남아의 경우 12세 전후에 시작되나 개인차가 있다.

### 1) 여아의 사춘기

여아의 성적 특성 표출은 5개의 발달단계에 따라서 살펴볼 수 있다.

- 1단계: 전 사춘기. 외음부에 음모라고 볼 수 없는 솜털이 난다. 유방의 유두가 돌출한다.
- 2단계: 굵고 길며 솜털 같은 외음부의 음모가 특히 대음순 주변에 난다. 가슴이 넓게 올라온다. 유륜의 지름이 커진다.
- 3단계: 외음부의 음모가 더 굵어지고 길어진다. 유두와 유륜이 확장되고 돌출된다. 유방이 전체적으로 커진다.
- 4단계: 외음부의 음모가 성인의 음모와 비슷해진다. 가슴이 발달하고 유두가 돌기하며 윤곽이 뚜렷해진다.
- 5단계: 음모가 삼각 외음부를 형성한다. 유방은 성인의 것과 같은 형태를 갖춘다. 성장이 멈춘다.

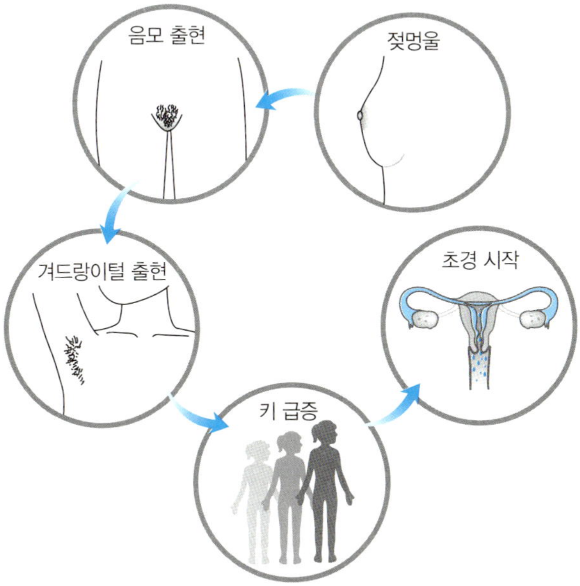


[그림 2-2] 여아의 사춘기 진행순서

## 2) 남아의 사춘기

남아도 5개의 발달단계를 거친다.

- 1단계: 외성기에 솜털이 나는 전 청소년기. 고환과 음경이 어린아이의 것과 거의 같은 크기이다.
- 2단계: 고환이 커지나 음경의 크기는 변하지 않는다.
- 3단계: 외성기의 음모가 짙어지고 분포가 확산된다. 고환이 점점 커진다. 음경의 크기(길이)도 커진다.
- 4단계: 외성기의 음모가 성인의 음모와 거의 같아진다. 음경의 지름이 커진다. 고환이 계속 커진다. 음낭의 표피색이 더욱 짙어진다.
- 5단계: 외음부의 음모가 성인의 것과 같아지며 생식기의 크기도 성인의 것과 같아진다. 코 밑 주변의 솜털이 평균적으로 13세 무렵부터 나고 구레나룻은 15세 정도부터 돋는다. 변성이 성장의 촉진과 동시에 일어난다. 여아

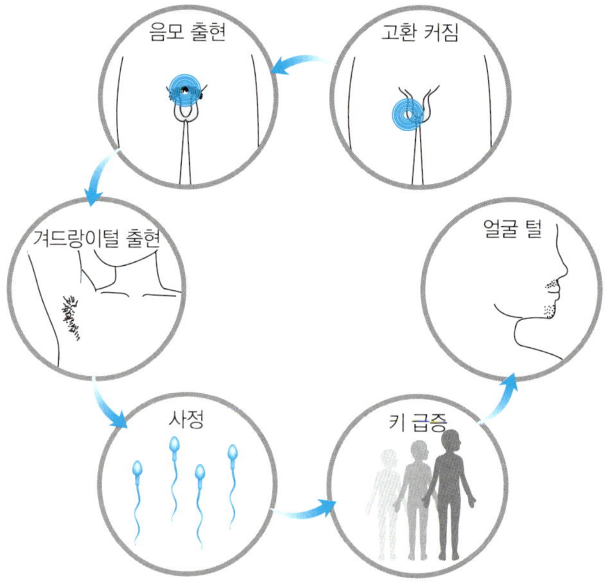


[ 그림 2-3 ] 남아의 사춘기 진행순서

에게서처럼 남아에게도 겨드랑이 털이 외성기의 음모가 돋은 후 18~20개월 사이에 난다.

## 3) 사춘기의 문제

### (1) 여아

#### ① 늦은 사춘기

남아나 여아 모두 중학생 연령이 지났는데도 사춘기의 특성이 나타나지 않을 때 사춘기가 늦다고 말한다. 이러한 상황에서는 의사로부터 다음의 간단한 검사를 거쳐 대책을 세울 수 있다.

일반적으로는 골성장 연령을 규정하는 손목 X선 검사, 불확실한 호르몬의 원인을 찾기 위한 혈액 속의 호르몬 용량 검사 등 검사결과 유아의 생식기를 그대로 갖고 있고 음모가 없는 것으로 나타나면 의사는 충분한 시간을 갖고 성장 발달을 측정하기 위해 3~6개월마다 대상 아동을 진찰한다. 대부분의 경우에는 단순히 호르몬 기능이 정상이지만 전체적 성숙이 더딘 것이다. 시간이 얼마큼 걸리든 사춘기는 정상적으로 맞을 것이고 신장과 성적 발달은 조화롭게 이루어진다.

흔치 않은 경우로는 염색체 이상으로 나타나는 사춘기 지체현상이 있다. 여아의 경우 터너증후군(Turner Syndrome)이 있는데 이 경우는 독특한 용모를 보인다. 잘 접혀지지 않고 낮게 처진 귀, 처지고 간격이 넓은 유두, 신장과 심장의 기형이 나타나며, 남아의 경우 클라인네펠터 증후군(Klinefelter Syndrome)은 고환의 위축, 유방의 돌출, 미약한 지적 발달이 나타난다.

### ② 이른 사춘기

여아는 7세 이전, 남아는 9세 이전에 이차 성징이 나타나는 경우이다. 대부분 지나치게 이른 사춘기는 심각한 건강의 위험신호가 될 수 있다. 따라서 반드시 의사의 진찰과 검사를 받아야 한다.

**성조숙증**

예상보다 사춘기가 빨리 시작되는 것을 말하며, 이차 성징이 남아는 9세, 여아는 7세 이전에 나타나면 성조숙으로 간주한다. 성호르몬의 분비로 생식샘이 조기 발달하고 이차 성징이 나타나며, 성숙한 정자 또는 난자가 생산되는 완전 성조숙과 생식샘의 성숙은 없지만 이차 성징이 빨리 나타나는 불완전 성조숙이 있다.

성조숙증은 유전적 요인, 인스턴트 식품의 섭취, 과도한 스트레스, 전자기기 사용 등이 원인이 되어 나타난다.

성조숙증은 다음과 같은 부작용을 낳는다. 첫째, 키 성장에 방해가 된다. 빠른 시기에 분비된 성 호르몬의 영향으로 성장판이 일찍 닫혀버려 최종 성인 키가 작을 확률이 높다. 둘째, 정서적 문제가 발생한다. 신체는 성인이며 정신연령은 어리기 때문에 자기조절 능력이 떨어진다. 셋째, 적응 문제에 직면한다. 또래 관계에서 남과 다름으로 인한 부적응 현상이 나타날 수 있다.

### ③ 월경통

월경할 때 하복부의 통증을 말한다. 사춘기의 여아에게 흔히 생기며 첫 생리 후 1~2년에 시작된다. 월경기간 중 24~48시간 여성들은 경련성의 통증을 느끼는데, 이 통증은 골반을 기준으로 해서 자궁의 급작스런 수축으로 인해 등이나 엉덩이 끝으로 옮아간다. 여기에는 여러 원인이 있을 수 있다. 즉 기계적으로 수축된 가능성(실제적 증거는 없다)과 심리적 원인(여성스러움을 거부하는 한 형태, 생리 현상에 대한 부정적 반작용)에 의한 것이다. 현재 그 원인은 프로스타글란딘(prostaglandin)이라는 물질 때문이라는 것으로 알려지고 있다. 자궁에서 분비되는 이 물질은 자궁근육을 수축시키는 강력한 힘을 갖고 있다. 월경통으로 고통을 받는 여성들은 이 물질이 정상적인 사람보다 2~10배 더 분비되는 것으로 보고되었다. 그래서 자궁 수축을 억제함으로써 통증을 사라지게 하는 약품인 항프로스타글란딘이 생겨났다.

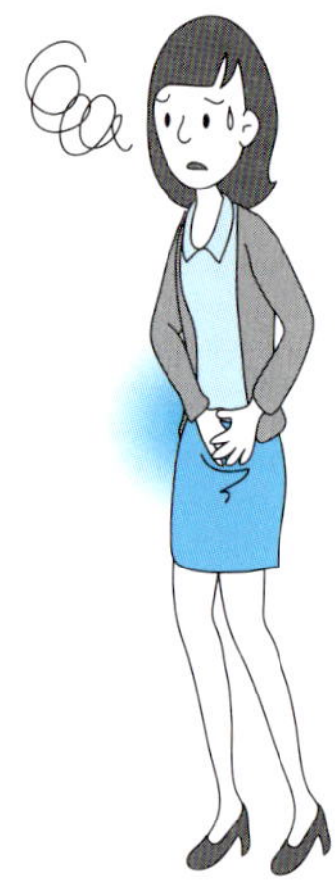
[그림 2-4] 월경통

#### ④ 월경불순

불규칙한 월경주기, 월경기간 중에 보이는 출혈, 5일 이상의 월경기간 등을 말한다. 이런 현상은 식생활의 문제, 불규칙한 생활패턴, 과로, 극심한 스트레스 등이 원인이 되어 10~20대의 젊은층에 흔히 나타난다. 청년기는 심신이 극심한 스트레스에 노출되기 쉬워 월경불순을 경험하는 경우가 많다. 원인이 되는 생활습관을 바로 잡는 게 필요하다. 또한 배란이 여의치 않다거나(1년에 5~6회), 질(質)이 좋지 않을 경우에도 생리가 불완전하다. 이때는 의사의 진료를 통해 대부분 호르몬 처방으로 치료할 수 있다. 월경불순은 월경통을 유발하고 불임으로 이어질 수 있으므로 치료를 요한다.

#### ⑤ 월경의 부재 또는 무월경

사춘기 여아에게 흔히 일어난다. 월경이 없는 경우도 있는데 이럴 때는 사춘기가 늦어지는 것으로 볼 수 있다. 또는 처음 몇 번은 월경을 하다가 갑자기 수개월 동안 월경을 하지 않기도 한다. 물론 일시적이라도 성관계를 가졌다면 임신의 가능성을 생각해야 한다. 그러나 다른 이유로도 월경이 중단될 수 있다. 즉 심리적 충격(생활의 변화, 감정의 급변)이나 만성 질병 등에 의해서이다. 다낭성 난소증후군(난소 안에 배란이 되지 못한 난포가 10개 이상 보이는 경우)이나 호르몬 이상 또는 자궁내막의 염증이나 유착 등이 원인이 되어 기능성 무월경이 나타날 수 있다. 어찌되었든 수개월 동안 월경이 없으면 산부인과 진료를 받아야 한다. 무월경의 지속은 불임, 골다공증, 자궁암이나 난소암, 유방암 등이 발병될 수 있으므로 주의해야 한다.

**무월경**
이차 성징 발현이 없는 상태에서 14세까지 초경이 없거나 이차 성징 발현 후 16세까지 초경이 없는 경우를 원발성 무월경이라 하고, 생리를 하던 여성이 6개월 이상 생리를 하지 않거나 정상 생리주기의 세 배에 해당하는 동안 생리가 없는 경우를 속발성 무월경이라 한다.

### (2) 남아

#### ① 사정

남아의 경우 잠자는 동안 사정을 자주 한다. 몽정은 정상적인 것으로 수면 상태에서 무의식적으로 음경이 발기되어 사정하는 현상이다. 사정은 8세부터 나타날 수 있다. 사춘기 이전의 사정은 진정한 수태능력을 가진 정자가 아니고 정액일 뿐이다.

#### ② 성기와 발기

남아의 큰 관심사는 성기의 크기이다. 성기의 크기와 두께는 성교행위와 생식능력과는 아무런 상관관계가 없다. 성적인 기쁨은 무엇보다도 상상 속의 기쁨이 고조되는 것이지 신체구조에만 의존하지는 않는다.

한편 발기 시 고통스러운 청소년이 있다. 귀두에 간혹 어린 시절 알지 못했던 해부학적 이상이 있는 경우 발기 시에 고통스러운 불편함을 준다. 포피의 섬유질이나 염증이 있는 협착 부분인 음경이나 또는 귀두에서 포피까지의 점막을 이어주는 섬유질이 피부가 자연스럽게 이어지는 것을 막아 발기 시나 자위행위 시에 고통을 유발할 수 있다. 거기에다 비뇨관과 포피 소대 사이에 팽팽한 힘을 주는 성기의 소대가 짧아짐으로써 발기의 순간에 포피가 늘어날 때 고통을 받을 수 있다.

이러한 어려움은 비뇨기과 의사의 국부마취로 거북함을 없애주어 포피의 자유로운 움직임이 이루어지게 할 수 있다.

**함몰음경**
평균음경 크기에 비하여 체외 밖으로 나와 있는 음경의 크기가 작은 상태를 말한다. 하복부 지방과다나 복부 비만으로 인한 경우, 유상인대가 강한 경우나 포피가 짧은 경우도 함몰음경의 원인이 된다. 함몰음경은 그 원인에 따라 교정 수술법이 달라지며 교정 여부는 성기의 발육이 완성되는 시기에 결정하는 것이 좋다.

## 2. 신체 변화

인간발달 단계 중 성장발달이 가장 눈부시게 나타나는 시기는 출생 후 첫 2년간이다. 출생 시 몸무게는 출생 후 3~4개월이 되면 2배가 되고, 1년이 되면 3배, 2년이 되면 성인의 1/5에서 1/6이 된다. 키는 4세가 됐을 때 출생 시의 두 배 가량이 된다. 이 시기를 1차 성장급등기라 부른다.

청소년기와 청년기를 거치면서 남녀 모두 신체구조상 뚜렷한 변화를 나타내는 2차 성장급등기를 맞는다. 사실 머리와 손발은 어릴 때부터 거의 성인 크기를 갖춘다. 이어서 팔과 다리 길이가 몸통이 커지기 전에 완전히 커진다. 즉 몸통이 가장 나중에 성인 크기로 커지며 이를 통해서 신장이 길어지고 몸집이 늘어나는 것을 알 수 있다. 골격의 급격한 성장은 청소년에게 당혹감을 주기도 한다. 어느 날 자고 일어났더니 신발이 맞지 않고 멀쩡히 입던 옷에 몸이 들어가지 않는 경험도 하게 된다. 얼굴에 남아 있던 어린아이의 모습이 사라지고 이마는 길고 넓어지며 입도 넓어지고 입술은 도톰해진다. 머리 크기가 크게 변하는 것은 아니지만 어릴 때보다는 전체 신체 크기와 비교했을 때 작아진다. 청소년기의 신장과 체중의 급격한 성장은 유전이나 영양상태, 계절, 기후, 인종에 의해 영향을 받기는 하지만 인류에 보편적으로 일어나는 현상이다(Tanner, 1962).

여아의 경우는 11세, 남아의 경우는 13세 때 성장급등기를 경험한다. 2차 성장

[그림 2-5] 청소년기란

급등기 전까지는 상대적으로 여아가 남아보다 신장이 크다. 남아의 성장급등기에 해당하는 13세 무렵부터 남아가 훨씬 많이 성장하므로 성인 남자의 키는 성인 여자의 키보다 커진다.

### 1) 근육과 지방의 발달

청소년기에는 근육과 지방도 발달한다. 신장의 증가와 함께 근육도 급속도로 발달한다. 일반적으로 남성이 여성보다 근육의 증가속도가 빠르며 그 결과 근육조직의 전반적인 발달량은 여성보다 크다. 이후 청년기 그리고 성인이 되어서도 계속 발달한다. 근육발달의 최고점은 신장의 최고점 바로 직후에 나타난다.

사춘기에 일어나는 근육발달의 가속화는 팔의 미는 힘이나 끌어당기는 힘과 같이 수치로 측정되는 힘의 증가를 수반한다. 힘이 가장 크게 증가하는 것은 신장과 체중의 최고점의 약 1년 후이다. 사춘기 전의 남자와 여자는 힘이 비슷하지만 사춘기 이후에는 남자의 힘이 훨씬 더 강하다.

이와는 반대로 지방은 성장기간에는 발달률이 감소한다. 여성에게 있어서 지방의 성장속도 감소는 이 시기에 필요한 지방의 절대량을 감소시킬 정도는 아니다. 이때문에 많은 이 시기에 많은 여성들이 고민한다. 하지만 남성에게 있어서는 지방의 감소율이 여성보다는 크다.

근육은 남아의 체중 증가를 가속화시키고, 피하지방은 여아의 체중 증가를 가속화시킨다. 남아는 어깨가 넓어지고 근육이 발달하며, 여아는 골반이 넓어지고 피하지방의 축적이 일어난다.

### 2) 내부기관의 발달

사춘기에는 소화기, 폐, 심장과 같은 내부기관도 급속히 성장한다. 또한 힘의 대부분은 근육발달의 기능 때문이지만 심장과 폐 그리고 혈액의 심장수축력과도 관계가 있다.

### 3) 뇌의 발달

휴튼로처(Huttenlocher)는 시각 피질의 시냅스[3] 연구를 통해 시냅스의 생성과 소멸을 통해서 청소년기의 뇌 발달 양상을 밝혀냈다. 이 시냅스는 생후 1~2세 무렵까지는 계속 증가하다가 11세 전후부터 가지치기를 시작하여 16세 정도에는 성인의 시냅스 수준까지 감소한다. 이와 같이 시냅스의 선택적 소멸과정을 거쳐 성인 수준에 도달하는 뇌 발달과정은 청소년 초기부터 중기 무렵까지 진행된다.

여러 뇌 사이의 연결이 강화되어 의사소통이 확대되며 빨라진다. 뉴런의 민감성 변화도 일어나 사춘기 동안에는 흥분성 신경전달물질에 대해 더 반응적이 된다. 따라서 청소년은 스트레스 상황에 더 강하게 반응하고, 즐거운 자극을 더 강하게 경험한다.

청소년 중기인 10대 중후반 무렵에 이르면 뇌의 포도당대사율이 성인 수준에 도달한다. 이것은 뇌의 발달이 10대 중·후반 무렵까지 활발하게 진행된다는 것을 뜻한다(허혜경, 김혜수, 2010 재인용).

한편 청소년기는 다른 신체 부위와는 달리 뇌는 거의 성장하지 않는다. 정상적인 사람의 뇌의 무게는 10세 때까지 성인의 약 50%에 이르며 청소년기에는 95%에 달한다(Scammon, 1930).

### 4) 사춘기와 호르몬

청소년기와 청년기에는 내분비샘 자체도 급격히 성장한다. 사춘기와 관련되는 내분비샘은 뇌하수체(pituitary gland)와 성샘(sex gland)이다. 뇌하수체 전엽과 생식샘 분비의 변화가 사춘기에 일어나는 신체변화에 영향을 주기 때문에 관심을 끈다. 뇌하수체는 매우 중요한 내분비샘으로 후배엽, 중배엽, 전배엽 등으로 나뉜다. 이러한 세 가지는 생식샘의 활동을 자극하기 때문에 향생식샘 호르몬(gonadotropic hormone)이라고 부른다. 이러한 향생식샘 호르몬에 의해 자극을 받으면 성샘, 즉 생식샘은 자체 호르몬을 분비하기 시작한다. 남성 호르몬인 안드로겐(androgen)은 음경의 발달, 정액과 이차 성징을 담당한다. 한편 남성 호르몬인 안드로겐 중 특히 테스토스테론은 남성의 이차 성징의 발현을 촉진하고 남

[3] 뇌는 뉴런(neuron)이라고 부르는 신경세포의 집합체인데 이 뉴런은 세포체(soma), 수상돌기(dendrite), 축색(axon)의 세 부분으로 구성되어 있다. 수상돌기는 뉴런과 뉴런이 의사소통할 때 다른 뉴런으로부터 정보를 받아들이는 수용부의 역할을 하며, 축색은 받아들인 정보를 다음 뉴런에게 전달하는 역할을 한다. 축색의 끝부분은 다른 뉴런의 수상돌기와 서로 접해 있는데 이를 시냅스(synapse)라 하고 이것은 새로운 지식이나 기능을 습득하는 것과 관계를 갖고 있다(허혜경, 김혜수, 2010).

성 생식기의 발달을 촉진한다.

여성 생식 호르몬인 에스트로겐(estrogen)은 자궁, 질, 유방 그리고 여성의 이차 성징의 발달과 관련되어 있다. 에스트로겐은 월경주기와 정상적인 자궁수축과 같은 여러 기능에 영향을 주고 유선조직의 성장을 조절한다.

여성과 남성 호르몬은 태어날 때부터 발견되지만 미미한 수준이다. 그런데 사춘기에 이르면 그 양이 극적으로 증가되며 여성의 경우에는 월경기간의 주기성을 띠게 된다. 즉 생식능력이 발생하는 것이고 남성과 여성의 특징을 나타낸다.

**일차 성징과 이차 성징**
- 일차 성징: 출생 시 생식기에 의한 신체의 형태상의 성차 특징
- 이차 성징: 청소년기 들어 성 호르몬의 분비에 의해 나타나는 신체상의 형태적·기능적 성차 특징

### 5) 기타 발달

청소년기에 일어나는 변화의 하나는 기초대사의 급격한 감소이다. 남녀 모두 감소하지만 남성이 그 비율이 더 높다. 그 이유는 더욱 많은 산소를 필요로 하는 근육의 발달과 남녀의 호르몬 차이때문이다. 또한 식욕도 증가한다. 그리고 일반적으로 남성의 발달이 여성을 앞지른다.

## 3. 청년기 신체발달의 특징

사춘기가 지난 청년기는 신체적으로 완벽하게 성숙해지는 시기이다. 신체적 성숙은 일반적으로 청소년기와 청년기에 걸쳐 최고의 수준을 보인다. 즉 신체적 절정기라고 할 수 있다. 근육과 내부기관의 기능도 20~26세 정도에 최고 수준에 달한다(Turner & Helms, 1983). 시각과 청각 등의 감각기관도 20세 전후에 가장 예민하다. 이러한 청년기는 외모에 대한 관심이 클 수밖에 없고 중년기와 노년기로 이행하는 데 있어 신체와 심리의 균형을 맞추어가는 때이다.

한편, 사춘기를 지나서 청소년기의 끝에는 신체적 성숙이 대부분의 경우에는 마무리된다. 흥미롭지만 자연스러운 현상은 신체적 성장이 끝나는 시점이 바로 노화의 시작이라고 볼 수 있다. 그런 의미에서 청년기는 신체적으로 가장 왕성하면서, 역설적으로 성인으로서의 시작인 동시에 점진적으로 노화가 진행되는 시기라고 하겠다. 하지만 청년기에 노화는 개인이 스스로 자각하지 못할 정도로

[ 표 2-2 ] **연령별 평균 신장과 몸무게**

| 나이 | 남 | | | 여 | | |
|---|---|---|---|---|---|---|
| | 평균신장 | 1년 성장기 | 몸무게(kg) | 평균신장 | 1년 성장기 | 몸무게(kg) |
| 출생시 | 50.1 | 25.9 | 3.4 | 49.4 | 25.4 | 3.3 |
| 11~12개월 | 76.0 | 10.2 | 9.9 | 74.8 | 10.2 | 9.4 |
| 1.5~2세 | 86.2 | 6.9 | 12.3 | 85 | 6.9 | 11.7 |
| 2.5~3세 | 93.1 | 7.2 | 14 | 91.9 | 6.8 | 13.4 |
| 3.5~4세 | 100.3 | 6.9 | 15.9 | 98.7 | 7.4 | 15.3 |
| 4.5~5세 | 107.2 | 6.4 | 18.1 | 106.1 | 6.4 | 17.4 |
| 5.5~6세 | 113.6 | 5.9 | 20.4 | 112.5 | 5.8 | 19.6 |
| 6.5~7세 | 119.5 | 4.2 | 22.9 | 118.3 | 4.1 | 22 |
| 7~8세(초1) | 123.7 | 5.4 | 24.8 | 122.4 | 5.4 | 23.9 |
| 8~9세(초2) | 129.1 | 5.1 | 27.8 | 127.8 | 5.7 | 26.9 |
| 9~10세(초3) | 134.2 | 5.2 | 31.3 | 133.5 | 6.4 | 30.5 |
| 10~11세(초4) | 139.4 | 5.9 | 35.5 | 139.9 | 6.8 | 34.7 |
| 11~12세(초5) | 145.3 | 6.5 | 40.3 | 146.7 | 6.0 | 39.2 |
| 12~13세(초6) | 151.8 | 7.2 | 45.5 | 152.7 | 3.9 | 43.8 |
| 13~14세(중1) | 159.0 | 6.5 | 50.7 | 156.6 | 1.9 | 47.8 |
| 14~15세(중2) | 165.5 | 4.2 | 55.4 | 158.5 | 0.5 | 50.9 |
| 15~16세(중3) | 169.7 | 2.1 | 59.4 | 159 | 1.0 | 52.8 |
| 16~17세(고1) | 171.8 | 1.0 | 62.4 | 160 | 0.4 | 53.6 |
| 17~18세(고2) | 172.8 | 0.6 | 64.5 | 160.4 | 0.1 | 53.9 |
| 18~19세(고3) | 173.4 | | 65.8 | 160.5 | | 54.1 |

자료: 질병관리본부, 2007

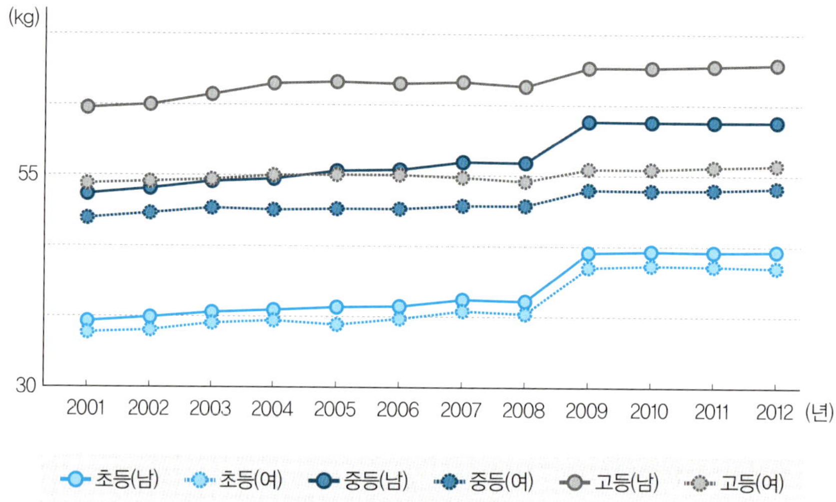


[그림 2-6] 학생 신체발달 상황: 키

자료: 한국교육개발원, 2012

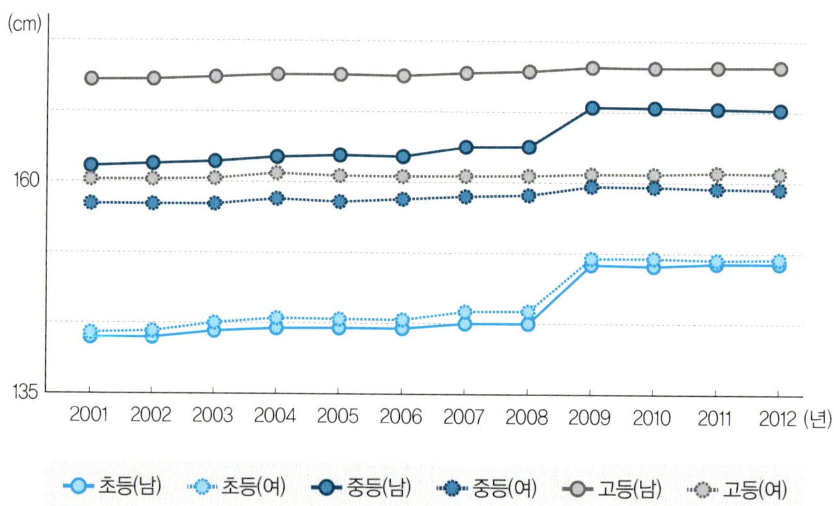


[그림 2-7] 학생 신체발달 상황: 몸무게

자료: 한국교육개발원, 2012

서서히 진행되며, 아울러 개인에 따라서는 지속적인 성장을 동반하기 때문에 일반화하기 매우 어렵다.

결국 청년기의 신체발달은 성장이 끝나는 시기와 함께 새로운 성숙이 이어지고 실제적으로 생식적 능력이 현실화될 수 있는 때라고 볼 수 있다.

## III 정서 · 사회성 발달

흔히 청소년기를 '질풍노도의 시기', '주변인' 등으로 지칭하면서 매우 정서적으로 불안정하고 충동성이 강한 시기로 표현한다. 반면 무한한 가능성과 꿈을 갖고 정서적으로 풍부한 감성과 표현을 하는 시기로도 본다.

한편, 청년기는 청소년기에 갖고 있는 내면의 갈등과 불안을 더욱 건설적으로 사회에 풀어내고 실제적인 독립을 추구하는 시기이다. 청소년기는 신체발달은 성숙했지만 심리정서 그리고 사회적으로 미숙했다면, 청년기는 성인에 비해서 여전히 미숙한 사회적 기술과 관계를 자신만의 정서와 문화로 풀어내는 경향이 강하다. 비록 오늘날 청년들이 취업과 사회에서의 적응 문제로 20세기처럼 집단적 문화양상을 띠는 경향은 현저히 줄었지만 개별적이고 독립적 자신과 소수집단만의 다양한 문화를 창조하고 공유하면서 자신들의 심리사회적 발달을 도모하고 있다. 즉 주어진 발달과업이 아닌 스스로 발달과업을 만들고 그러한 과업을 수행하기 위해 고민하고 행동하는 시기이다.

## 1. Freud

### 1) 성격발달 개요

#### (1) 기본 원칙

Freud에 의하면, 정신(마음)은 무의식에 근원을 두고 있으며 성격의 구조와 발달에 관여한다고 하였다. Freud 이론의 기본원칙 중 주요한 가정은 다음과 같다(Freud, 1961; 1965).

**① 정신적 결정론(psychic determinism)**

인간의 모든 정신적 활동은 신체적 증상과 같이 원인-결과의 인과법칙에 의하여 일어난다. 즉 이전의 행동이나 사건에 의해 현재의 행동이 결정된다.

**② 무의식에 관한 가설**

우리가 평범한 일상생활에서 생각하고 느낄 때는 우리가 인식할 수 없는 무의식에 의해 동기유발이 된다.

**③ 리비도(libido)**

리비도는 성적 충동으로 이해하고 있지만 Freud는 나중에는 삶의 본능을 위해서 움직이는 강력한 에너지로 표현하고 있다. 이 리비도는 사고와 행동의 기초가 되며 사람에 따라서 그 양은 다르다. 또한 사용하는 방식도 그 사람의 성격과 행동에 따라서 달라진다.

#### (2) 성격의 지형

Freud는 인간의 성격을 이해하는 방법으로 의식과 전의식 그리고 무의식으로 구분하여 제시하였다. 이 중에서 개인의 무의식은 그의 행동과 사고를 결정한다.

**① 의식(conscious)**

사람이 사고와 행동하는 순간 스스로 알아차릴 수 있는 정신생활의 한 부분을 말한다. 전부는 아니지만 대부분의 자아가 여기에 포함된다. 예를 들면, 책을 읽으면서 그 내용을 흐름을 알고, 지금 배가 고프고 졸리는 것을 느끼는 일 등이다.

### ② 전의식(preconscious)

조금만 노력해서 주의를 집중하고 노력하면 쉽게 의식이 될 수 있는 의식 표면에 있는 부분이다. 여기에서 나타나는 생각과 행동을 통해서 무의식에 관한 실마리도 찾을 수 있다. 주로 자아에 있다. 예를 들면, 어제 친구와 만나서 먹은 음식의 종류라든지, 어머니와 대화한 내용 등이다.

### ③ 무의식(unconscious)

의식 밖에 있기 때문에 전혀 자각하지 못하는 심리의 한 부분이다. 때로는 그 내용이 영원히 알려지지 않을 수도 있다. 이러한 무의식에는 인간의 마음(정신)을 구성하는 사고, 감정, 본능, 욕구, 동기, 갈등 등의 자료들이 저장되어 있으며 대부분이 의식되지 못한 채 인간의 행동을 결정한다. 무의식 중 일부가 가끔 전의식으로 넘어가 거기서 의식이 되는 경우도 있다. 주로 원초아와 초자아로 구성된 무의식의 내용은 행동과 사고의 결정에 아주 중요하다. 또한 방어기제와 증상형성에 관하여는 정신기제도 자아의 무의식 부분이다.

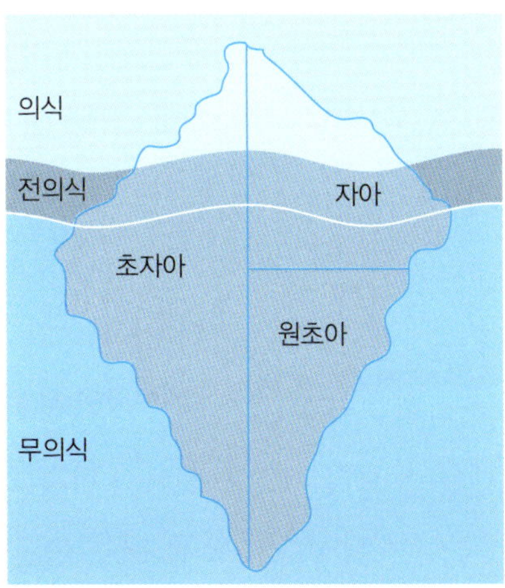


[그림 2-8] 성격의 지형

### (3) 성격의 구조

성격발달에서 정신의 구조는 원초아(id), 자아(ego), 초자아(superego) 등 세 부분으로 구성되어 있다. 이 세 부분은 밀접한 상호작용을 하면서 인간의 행동을 나타낸다.

#### ① 원초아

원초아는 본능적인 삶의 에너지로서 리비도(libido)의 원천인 동시에 성격의 기본 체계 중 하나로 태어날 때부터 존재하고 있는 본능을 비롯한 모든 심리적 구성요소로 이루어져 있다. 원초아는 정신에너지의 원천적 저장고로서 이로부터 나중에 자아와 초자아가 분화되고 자아와 초자아의 작동에 필요한 에너지도 여기서 제공된다. 현실 상황을 고려하지 않고 즉각적인 만족을 목표로 하는 '쾌락의 원리'에 의해 작용하는 부분으로, 본능적 충동에 의해 지배되는 성격의 부분이다. 사실 원초아는 이드라는 표현이 더 익숙하기도 하다. 이드(id)는 Freud가 사용한 독일어 에스(das es= it)를 라틴어 이드(id = it)로 바꾼 것이다. 즉 id는 '그것'을 뜻하는 라틴어이다.

#### ② 자아

성격을 집행하는 부분으로서 성격의 의식에 해당되는 부분이 포함된다. 자아는 원초아의 충동 중에서 비합리적이고 반사회적인 것을 억압하고 현실적으로 타당한 방법으로 만족을 얻는 성격의 부분이다. 그렇기 때문에 자아는 '현실의 원리'에 의해 지배된다.

#### ③ 초자아

초자아는 부모와 주위 사람으로부터 물려받은 사회의 가치와 도덕이 내면화된 표상이다. 초자아는 자신의 행동이 옳은지 그른지를 가늠하면서 완벽함을 추구한다. 초자아는 부모가 주는 보상과 벌을 통해서 점차 발달한다.

초자아는 두 측면이 있는데 하나는 양심이고, 다른 하나는 자아이상이다. 초자아의 양심은 잘못된 행위에 대해서 처벌을 받거나 비난을 받은 현실경험에서 생기는 죄책감과 결부된 것으로 외부의 제재, 대개는 부모의 제재가 내면화된 것이고, 자아이상은 잘한 행위에 대해서 보상을 받은 경험이 이상적 자아상을 형성하고 이를 추구하는 것이다. 초자아는 '이상(理想) 또는 도덕의 원리'에 의해 지배되는데 인간행동의 도덕적 규제를 맡는 성격의 부분이 된다.

### (4) 심리성적 발달의 단계

Freud는 성격의 발달과정을 5단계로 구분하였다. 그는 정신에너지인 리비도가 신체 부위의 어디에 집중되느냐에 따라 나누어진다고 하였다.

#### ① 구강기(oral stage)

태어나서부터 1세까지의 연령에 해당하는 시기이다. 이 시기에는 리비도가 입에 집중, 주로 빨기를 통해 쾌락을 얻는다. 입, 입술, 혀 등을 자극하는 데서 만족을 느끼기 때문에 빨고 삼키고 깨물면서 만족을 얻는다. 전적으로 어머니의 보살핌을 받으며 생활하기 때문에 의존적이고 다른 사람으로부터 분화되지 않는 상태이다. 이때 구강 욕구가 지나치게 만족되면 성인이 되어 지나친 낙관론에 빠지고 의존적 성향을 가질 가능성이 높으며, 구강 욕구가 고착되면 지나친 비관론이나 공격적인 성향을 띨 수 있다.

#### ② 항문기(anal stage)

1~3세에 해당하는 연령이다. 이 단계에서는 리비도가 항문에 집중되어 있다. 이 단계에서는 특히 본능적인 충동으로서 배설과 배변훈련을 통하여 성격 형성에 영향을 준다. 배변훈련의 시작과 함께 쾌락을 지연시키는 방법을 배운다. 또한 배변훈련이 순조롭게 진행되지 않으면 두 가지 방식으로 반응한다. 공격적 성격으로 부모가 하지 말라고 한 시간과 장소에 배변함으로써 부모의 요구를 거절한다. 반면 항문 보유 성격을 갖기도 하는데 이때는 아이가 변을 보유하면서 만족을 느끼고 부모를 조작하려 한다. 이러한 성격에 고착되면 고집이 세고 인색한 성격으로 나타난다.

### ③ 남근기(phallic stage)

3~6세에 해당하는 단계로 리비도가 성기에 집중해 있다. 특히 남아는 자신의 성기를 만지고 자극하는 데서 쾌감을 느낀다. 이 시기의 아동은 이성의 부모에게 성적 관심을 가지면서 남아는 남성답게 굴며 여아는 여성답게 행동하려고 노력한다. 남아가 어머니의 사랑을 갈구하고 아버지를 싫어하고 미워하는 경향을 오이디푸스 콤플렉스(Oedipus complex)라고 한다. 그 반대로 여아가 아버지를 좋아하고 어머니를 싫어하는 경향을 엘렉트라 콤플렉스(Electra complex)라고 부른다.

### ④ 잠복기(latency stage)

6세 이후 사춘기 이전까지의 시기이다. 성적 에너지가 직접적으로 표출되지 않고 잠재되어 있다. 또한 리비도가 신체부위 한 곳에 한정되어 있지 않다. 원초아는 약해진 반면에 자아와 초자아는 강해진다. 아동은 운동, 친구와의 우정 등에 집중함으로써 성적 충동을 승화시킨다. 또한 지적 활동에 열중하며 이후 사회생활에 필요한 여러 기술을 습득한다. 놀이나 게임을 통해 사회의 규칙과 규범에 대해 알아간다. 잠복기에는 이성 부모에 대한 성적 관심에 의해 나타나는 콤플렉스를 해소하기 위해 성에 대한 표현이 억제되면서 이성에 대해서는 배타적이며 동성에 대해서는 호의적인 경향이 출현한다.

### ⑤ 생식기(genital stage)

철저하게 잠복된 성적 에너지가 무의식에서 의식 세계로 표출되는 시기이다. 성적 충동을 현실에서 수행할 수 있는 신체적·생리적 능력을 갖추며 성적 관심이 높아진다. 잠복기 동안 동성과 어울리며 심리적 지지를 얻었으나 생식기에는 이성과의 접촉이 최대 관심사로 떠오른다. 이성에 대한 거부가 이성에 대한 관심으로 전이되는 일종의 심리적 도전을 받고 성공적 전이를 통해 이성에 대한 건전한 애정을 발달시킨다. 이 시기의 순조로운 발달은 청소년을 타인에 대한 관심과 이타적인 사람으로 성숙되며, 부모로부터 벗어나 독립된 개체로서의 자신의 인생을 살아갈 수 있게 한다. 표출되는 성적 에너지는 심미적 활동을 통해

**고착과 퇴행**

●● 고착(固着, fixation)

이전 단계의 문제점이나 쾌락에 계속 집착하는 것을 의미한다. 어린 시절 사랑의 대상에 대하여 특히 강한 집착을 나타내거나 초기 특정 단계의 구조에 무의식적으로 머물러 있는 상태를 말한다. 성장과정 중 많은 갈등과 어려움을 겪으면 그 시기에 고착(fixation)하게 된다. 이렇게 되면 많은 에너지가 그 시기의 문제를 해결하는 데 투입되어 다음 성장기의 발전에 사용될 에너지의 양이 부족하게 된다.

고착은 다음의 이유에서 생긴다.

- 지나친 좌절을 경험하는 것(예: 구강기에 지나치게 빠른 이유(離乳)를 하는 것)
- 지나친 만족을 갖는 것(예: 오랜 기간 수유(授乳)하는 것)
- 아이에 대한 부모의 태도가 일관성이 없는 경우(예: 항문기에서 한동안 엄격한 대소변 가리기를 시키다가 한동안은 무관심한 것)

●● 퇴행(退行, regression)

사람이 스트레스를 받을 때 현재의 발달단계보다 어린 시절 행동으로 후퇴하는 것을 퇴행이라고 한다. 예를 들면 대소변 가리기가 끝난 5살짜리 아이가 동생이 태어나자마자 소변을 가리지 못하고 바지에 실수를 할 때 이것을 항문기로 퇴행했다고 볼 수 있다. 그런데 구강기로까지 물러나지 않고 항문기까지만 퇴행하는 것은 고착이 항문기에 있었기 때문이다. 퇴행은 고착의 강도와 현재의 좌절의 크기에 의해 결정된다.

승화시키며 사회 속의 성인이 된다. 그러나 성적 에너지를 잘 처리하지 못하는 경우에는 권위에 대한 반항과 비행 또는 일탈 행동, 이성 관계 형성의 실패 등으로 에너지가 표출되기도 한다.

## 2) 청소년과 청년의 심리성적 발달

### (1) 사춘기(청소년기의 시작)

Freud는 이 시기를 생식기(genital stage)라고 하였다. 내분비 활동이 갑자기 활발해져서 성기와 성 특징의 급작스런 발달과 함께 사춘기가 오면 청소년기에 접어든 것으로 이해한다. 생리적 요인들로 인해 그동안 잠복되었던 성적 감정이

돌출되고 그동안 억압되었던 성적·공격적 충동이 자아를 압도할 정도로 강력해진다. 또한 성(性)이 지금까지처럼 전신에 퍼져 있지 않고 성기에 집중되며 이성에 대한 관심이 커지고 다시 성적 발달이 급격히 진행된다. 구강, 항문, 생식기적 강렬한 움직임(drive)이 일어난다. 이 시기에는 사춘기 전기의 불안정성이 사라진다. 성적 대상으로서 부모에 대한 관심이 사라져 사춘기 전기까지 있었던 오이디푸스/엘렉트라 콤플렉스적 공상에서 벗어나 가족 이외 다른 이성에게 성적 욕구를 발산하고자 한다. 즉 이성에 대한 관심이 새롭게 생기고 한편 이성과의 성행위 추구를 원하게 된다. 그러면서 자신의 성 역할 정체감을 인식하고 건전한 방식으로 성 및 대인관계 욕구를 충족할 방법을 찾는다.

#### (2) 청년기

Freud는 생식기까지만 발달과정을 기술하였다. 이후에는 생식기로 구분하여 노년까지 범주화하고 있다. 하지만 사춘기 후기의 특징과 연결해서 청년기의 성격발달 과정을 보면 그가 어떤 시기에서 해결을 잘하지 못하고 고착이 있었는가를 이 시기에 관찰할 수 있다. 즉 성격구조, 성적 동일화, 정서적 성숙, 건전한 대인관계 형성, 성욕 추구를 얼마나 성숙한 방법으로 하는지 등을 관찰할 수 있다. 때에 따라서는 미해결과제들이 정신적 어려움으로 발현되기도 한다. 또한 청년기에는 합법적으로 성적 욕구를 충족하고 자신의 성역할을 명확히 함으로써 정체성을 확고히 하는 기회를 찾고자 한다. 즉 배우자를 선택하여 혼인을 통해 자신의 성적 욕구를 현실화하고 사회적으로 용인받으려 한다.

## 방어기제

자아는 원초아와 초자아의 요구와 압력뿐만 아니라 과거의 기억과 외부의 요구 또한 처리해야 한다. 대항해야 하는 모든 일, 압력, 충동을 완전히 알고 객관적이고 합리적으로 할 수 있을 때 자아는 건강한 기능을 할 수 있다. 하지만 강력한 불만과 죄책감을 느끼는 상황에서는 자아는 제대로 기능을 발휘하지 못하고 자아를 향해 다가올 심적 고통으로부터 자아를 보호하기 위해서 신호불안(signal anxiety)이 무의식적으로 방어기제를 작동하게 한다. 이러한 기제들이 얼마나 성공하느냐에 따라 건설적이고 유용한 경우도 있지만, 어떤 경우라도 방어기제의 활용은 정신적 에너지의 소모를 가져오므로 현실을 충분히 인식하고 행하는 객관적이고 자유로운 자아의 기능보다는 만족스럽지 못하다.

### ● ● 억압(repression)

모든 방어기제에 기초가 되는 가장 보편적이고 일차적 자아의 방어이다. 불안에 대한 일차적 방어기전이며, 갈등을 해결하기 위해 가장 흔히 사용되는 무의식적 정신기제이다. 억압을 통해 자아는 위협적인 충동, 감정, 소원, 환상, 기억 등이 의식화되는 것을 막는다. 바람직하지 못한 충동이 의식으로 나오려는 것을 막을 때 자아는 정신적 에너지를 사용한다. 특히 죄책감이나 수치심 또는 자존심을 상하게 하는 경험일수록 억압되기 쉽다. 이러한 괴로운 경험들을 의식세계에서 무의식세계로 밀어내는 것을 억압이라 한다. 억압의 간단한 예로는 알람을 아침에 못 듣고, 귀찮은 과제는 잊어버리는 것을 들 수 있다. 이러한 억압과 혼동하기 쉬운 것으로 억제(suppression)가 있는데 이것은 억압처럼 무의식적이고 자동적인 것이 아니라 잊고 싶은 기억이나 용납되지 않는 욕구나 생각을 잊으려는 의식적 노력이다.

### ● ● 합리화(rationalization)

아주 빈번히 사용되는 정신기제로서 우리가 의식하지 못하는 동기에서 나온 용납할 수 없는 충동이나 행동에 대한 지적으로 그럴듯한 설명이나 이유를 대는 것이다. 일종의 자기기만이다. 어느 정도 가벼운 합리화는 체면 유지 등에 도움을 주지만 심한 합리화는 망상을 형성하는 데 기여한다. 이는 무의식적 과정으로서 본인은 합리화의 의도를 인식하지 못한다. 거짓말은 그 이유가 의식적 허구에서 나온다는 사실을 알고 있다는 점에서 합리화와는 다르다. 예를 들면 동료의 잘못을 상사에게 보고 한 것은 내가 그렇게 해야 하는 직장인으로서의 의무 때문이었다고 '그럴 듯한' 이유를 대지만 실제 이유는 그의 마음속 깊이 숨어 있는 동료와의 경쟁에서 이기기 이한 욕망으로서 동료에 대한 적대감의 표시인 것이다.

### ● ● 승화(sublimation)

방어기제 중 가장 능률적이고 창조적인 것으로 본능의 힘, 특히 성적 에너지와 공격적 에너지를 개인적으로나 사회적으로 유용하게 돌려쓰는 기제이다. 예를 들면 대변으로 장난치고 싶어 하는 유아기의 항문기적 충동이 진흙을 조각하는 것으로 변하는 것이다. 이와 같이 성적 충동이 체육이나 예술활동으로 승화되기도 한다.

### ● ● 투사(projection)

자아가 받아들일 수 없는 원초아의 충동을 인정하지 않고 그것을 다른 사람 때문이라고 남에게 내던지는 것을 말한다. 투사도 전치의 한 형태이나 부정이란 기제와 밀접한 관련이 있다. 자신이 누구를 미워할 때 그가 자기를 몹시 미워하기 때문에 자신도 그를 미워한다고 생각하는 경우이다. 남을 탓하는 경우가 그 흔한 예이다.

● ● 동일시(identification)

충동이 용납될 수 없는 것일 경우 충동 그 자체는 부정되지만 그 충동을 가진 어떤 사람의 인격이나 그 사람의 인격 일면을 자신의 일부로 받아들이는 과정을 말한다. 즉 동일시란 부모, 형, 윗사람 등 주위의 중요 인물들의 태도와 행동을 닮는 것을 말하는데, 이는 단순한 흉내(imitation)와는 다르다. 동일시는 자아와 초자아의 건강한 성장을 결정하는 데 가장 중요한 정신기제이다. 이러한 동일화의 원시적인 형태로 합일화(incorporation)가 있는데, 원하는 대상이나 인물을 상징적으로 삼켜서 자기 몸과 일체가 되게 하는 과정이다. 함입(introjection)은 대개 합일화와 같은 의미로 사용되며 투사의 반대말로서 사용되는 용어이다.

● ● 반동형성(reaction-formation)

용납할 수 없는 감정이나 충동 또는 상황과는 정반대로 행동하는 정신기제이다. 실제로 자기를 학대하는 대상인데도 그 대상을 좋아하는 것처럼 보이는 행동을 하는 것이며(예: 미운 아이 떡 하나 더 준다), 어떤 한 사람에 대해 공격적 증오심이라든지 죽기를 원하는 그런 무의식적 욕구가 있을 때 그 반대로 매우 예의바르게 행동하고 걱정하며 관심을 보이는 태도로 나타날 수 있다.

● ● 대치(substitution)와 전치(displacement)

심리적으로 받아들일 수 없는 대상에 대하여 심리적으로 용납되는 비슷한 그리고 연관이 있는 어떤 다른 대상으로 감정이 옮겨가는 것을 말한다. 즉 목적하던 것을 못가지게 됨에 따라 오는 좌절감에 기인한 긴장을 줄이기 위해 원래의 것과 비슷한 것을 취해 만족을 얻을 때를 말한다. 실제로 있는 어떤 대상에게 향했던 감정이 그대로 곧장 대체물(substitute)에 향하는 것이 전치이다. 즉 정서적 감정이 원래 대상에서 다른 대상으로 향해 표현된다. 전치와 대치는 서로 비슷하나 대치는 그 어떤 대체물이 되는 '대상'에 중점을 두어 말하고, 전치는 '감정'에 중점을 두어 말한다는 차이가 있다.

● ● 부정(denial)

병적 기제의 하나로 인정하기 고통스러운 어떤 일을 전혀 보지 않으려고 하는 것을 말한다. 예를 들면 어머니가 사망했음에도 불구하고 돌아가신 것이 아니라 며칠 다른 곳으로 갔다고 하는 것 등이다.

● ● 전이(transference)

자신의 불안이나 분노의 감정을 그 사람과는 상관없는 다른 대상에게 표출하는 것이다. 부모에게 꾸중을 들은 아이가 분노의 감정을 동생에게 풀어 공격행동을 하는 것과 같은 경우를 말한다.

자료: 이정균, 1994

## 2. Erikson

### 1) 성격발달 개요

Erikson은 1963년 출간한 《아동기와 사회*Childhood and Society*》에서 심리사회적 발달 이론을 소개하였다. Freud가 심리성적 측면에서 인간의 발달을 해석한 것과는 달리, Erikson은 심리성적 발달이 개인의 인생에 중요한 요소임을 인정하지만 전적으로 그것에 의해서만 인성이 지배되는 것은 아니라는 견해를 피력하였다. 무의식적 세계가 내면적 성격구조의 중요 측면이나 무의식이 의식세계를 전적으로 지배한다고 보지 않았으며 자아의 역할에 좀 더 많은 비중을 두고 자아의 의미를 확장하는 이론을 전개했다. Erikson은 또한 개인의 성격이 남근기에 완전히 형성된다는 Freud의 주장과는 달리 인생 초기 경험의 중요성은 인정하나 인성의 발달은 성장과정 동안의 생물학적 차원과 사회문화적 환경의 영향과 개인이 갖고 있는 독특한 측면의 부단한 상호작용에 의해 이루어진다고 보았다. 따라서 인간의 성격발달은 남근기에서 멈추는 것이 아니라 일생을 통해 죽을 때까지 계속되는 과정으로 간주하였다. 그러므로 Erikson의 이론을 심리사회적 발달 이론이라 부른다.

Erikson은 발달은 출생에서 사망에 이르는 생의 전 과정에 걸쳐 일어나는 것을 전제로 하여 인생발달 단계를 8단계로 구분하였다. 각 단계마다 인간은 습득해야 하며 겪을 수밖에 없는 발달의 위기를 경험한다고 보았다. 각 단계별로는 독특하게 설정된 과업을 제시해서 발달과업 습득 여부에 따라 정상과 비정상을 구분하고 이러한 과업성취 여부는 다음 단계에 영향을 미친다고 보았다. 또한 Freud와는 달리 정신결정론에 비중을 두기보다는 일생동안 점진적인 발달을 한다고 보았다.

### (1) 기본원칙

Erikson은 Freud가 고려하지 않은 사회·문화적 요인을 성격발달과 연관시켰으며 정신기능의 중심요소로서 자아를 강조하였다. Freud는 성격발달이 사춘기에 완성된다고 보았으나, Erikson은 노년기에 이르기까지 성격발달이 이루어진다고 보았다.

Erikson은 Freud의 심리사회적 성격 이론과 세 가지 측면에서 구별된다.

#### ① 자아의 강조

인간의 행동과 기능의 기초로 원초아보다는 자아를 강조하였다. 자아를 성격의 자율적 구조로 취급한 것이다.

#### ② 환경의 영향

가족 상황 속에서 개인과 그 부모와의 관계뿐 아니라 그 가족이 위치한 역사적·문화적 상황 속의 사회적 관계에 관심을 가졌다. 즉 자아가 형성되는 심리·역사적 환경을 중요하게 여겨 자아발달이 사회제도와 변화하는 가치체계에 밀접하게 연관된다고 보았다.

#### ③ 인간능력의 가능성

삶의 심리적 위험을 극복할 수 있는 인간능력에 관심을 기울였다. Erikson은 모든 개인적·사회적 위기가 성장으로 이끄는 요소를 제공한다고 보았다.

### (2) 심리사회적 인간발달의 8단계

Erikson은 태어나서부터 노년기에 이르기까지 8단계로 구분하여 각 단계마다 나타나는 문제와 과업 그리고 갈등에 대해 말하고 있다. 각 단계는 고정된 순서로 전개되며, 각 단계에서 나타나는 문제나 갈등은 문화와는 상관없이 공통적이다.

#### ① 제1단계: 신뢰감 대 불신감(출생~생후 1년, 구강기)

부모나 주위 세계의 일관성 있는 지지를 받으면 신뢰감을 얻을 수 있지만, 주위의 보호가 부적절하면 불신감을 갖는다.

#### ② 제2단계: 자율성 대 수치심 및 의심(2~3세, 항문기)

행동의 주체가 자신이라는 것을 깨달으며 반사적 행동에서 의도적 행동을 하는 시기이다. 배변훈련이 이루어지는 시기이기도 하다. 부모(특히 어머니)나 주위의 분별력 있는 도움과 격려는 자율성을 키우지만, 과잉보호나 부적절한 도움은 자신의 능력을 의심한다.

#### ③ 제3단계: 주도성 대 죄책감(4~5세, 남근기)

어휘의 획득이 많아지며 개념을 이해하기 시작하고 주변 환경에 대한 이해가 높아진다. 자신의 행동에 목표와 계획을 세우는 주도성이 발달한다. 주변 세계를 탐색할 수 있는 기회와 자유는 아동의 주도성을 발달시키지만, 그렇지 않으면 자신의 행동에 죄책감을 갖는다.

#### ④ 제4단계: 근면성 대 열등감(6~11세, 잠복기)

인정받고자 하며 가치 있는 뭔가를 하고자 하고 성취를 위해 인내력을 발휘하면서 만족을 얻는 시기이다. 무엇을 성취하도록 기회를 부여받으면 그 결과 근면성을 가지지만 비난이나 좌절감을 경험하면 열등감을 가진다.

#### ⑤ 제5단계: 자아정체감 대 역할혼미(청소년기, 생식기)

자기 존재에 대한 새로운 인식과 자신의 능력과 존재 의미를 탐색하는 시기이다. 정서적 안정과 좋은 성 역할의 모델이 있으면 자신에 대한 통찰과 자아정체감을 가지지만, 그렇지 않으면 직업선택이나 성 역할, 가치관의 확립에 있어 심한 갈등을 일으킨다.

#### ⑥ 제6단계: 친밀감 대 고립감(청년기 또는 성인전기)

타인과 감정이나 가치관을 교류하는 성숙된 인간관계를 형성하는 시기이다. 부모, 배우자, 동료 등과 좋은 인간관계를 발전시키면 친밀감을 가지지만, 그렇지 못하면 타인에 대한 두려움과 고립감이 생긴다.

#### ⑦ 제7단계: 생산성 대 침체감(성인기)

자녀를 양육하거나 사회의 생산적인 일에 기여하는 방식을 통해 다음 세대를 육성하고 사회적 전통을 전수하며 가치관을 전달하는 역할을 담당하는 시기이다. 자신에게 몰두하기보다는 자녀와 직업을 통해 생산적인 활동에 참여하는데, 만일 그렇지 못하면 사회심리적으로 침체된다.

#### ⑧ 제8단계: 통합성 대 절망감(노년기)

자신의 생애를 돌아보며 한 생애의 보람과 가치를 인식하고 축적된 지혜를 누리는 시기이다. 지금까지의 인생에 만족하면 생의 유한성도 수용하지만, 그렇지 않으면 공허함과 초조함, 절망감을 느낀다.

## 2) 청소년과 청년의 심리사회적 발달

### (1) 청소년기

Erikson은 청소년기의 주요 발달과업을 정체성(identity) 확립으로 보았다. Erikson은 정체감을 심리사회적 정체감(psycho-social identity)과 개별적 정체감(individual identity)로 구분하고 있다. 심리사회적 정체감은 개인이 속해 있는 집단에 대한 귀속감이나 일체감을 의미하는 정체감의 객관적 측면이고, 개별적 정체감이란 집단적 정체의식 속에서도 남들과는 다른 고유한 존재라고 의식하는 주관적 측면의 정체감이다(이춘재 외, 1988). 청소년들은 부모로부터 심리적으로 독립하고 신체적 성숙이 이루어짐에 따라서 '나'에 대한 관심이 집중된다. 나는 어떤 사람이고 어떻게 살아야 할지에 대한 고민과 자문(自問)을 한다. 이에 따라서 그동안 부모와의 일체감에서부터 자신을 부모와 중요한 타인과 구분되는 하나의 독특한 존재로서 탐색하고 확립하는 시기이다. 이러한 과정이 잘 이루어지면 자신의 독특한 존재 가치와 양식 및 역할과 책임 그리고 능력을 의식하는 자아정체감을 형성한다.

그런데 이 시기에 청소년이 새로운 자아정체감을 형성하지 못하면 혼란에 빠진다. 자신의 고유한 역할에 대해서 혼미한 상황이 된다. 따라서 인생에 대한 기대나 희망이 없이 되는 대로 살아갈 가능성이 높아 비행이나 문제 등을 일으킬 가능성이 있다. 이 시기의 긍정적 자아정체감 확립은 매우 중요하다. 청소년이 자아를 올바르게 보고 발견하고 수용하여 명확한 자아정체감을 확립하도록 돕는 일이 필요하다.

한편, 일반적으로 청소년집단이 성인의 역할과 책임을 연기하는 것이 허락되는데 이 시기를 심리사회적 유예기간(psychosocial moratorium)이라 부른다. 이 시간은 사회적·직업적 역할을 탐색하는 기회가 된다. 그런데 정체감에 관한 확고한 선택을 할 수 없을 때 이 단계의 위험인 혼란이 발생한다. 신체의 변화, 성욕의 증가, 동료관계가 정체감에 영향을 미치는 중요한 문제들을 낳는다(이인정, 최해경, 2000).

### (2) 청년기

18~25세를 청년기(성인 초기)로 분류한 Erikson은 이 단계를 친밀감 대 고립감이 교차하는 시기로 보았다. 진정한 친밀감은 합리적인 자아정체감이 확립되었을 때만 가능한데 이러한 친밀감은 성적인 것 이상의 의미를 가지며 사회적 친밀감도 포함한다(김태련, 장휘숙, 1996). 이제까지 자신의 문제에 주된 관심을 보이던 청년은 직업의 선택과 배우자의 결정 등 자신과 관련한 문제에 관심을 쏟는다. 이들은 타인과의 친밀한 관계를 형성함으로써 정체감을 공유하고 이러한 과정 속에서 대인관계의 역량과 사랑을 주고받는 방법을 습득한다. 특히 친밀감은 결혼상대와 애정을 나눌 수 있으며 사회생활에서 우정을 나눌 수 있는 관계를 말한다. 결혼생활을 통하여 서로의 욕구를 만족시키고 약점을 수용하면서 친밀감을 형성해가며 친밀감이 형성되면서 인간관계가 점차 성숙해 진다. 특히 청년기 친밀감 형성에는 성별의 차이가 존재할 수 있다. 남성은 친밀하고 상호의존적인 관계형성에 저항하는 경향이 있기 때문에 친밀감의 형성에 어려움이 존재한다. 반면 여성은 친밀감 형성의 요구를 충족시킬 준비가 되어 있으며 자신

의 문제에 관심을 가지고 지지하는 사람들과 친밀한 관계를 형성할 수 있다(이근홍, 2003).

### 확고한 정체감 확립을 위해 극복해야 하는 위기

**시간 전망 대 시간 혼미**
- 시간 전망: 자신의 과거를 인정하고 미래를 숙고하는 것
- 시간 혼미: 과거의 기억과 미래의 기대 및 가능성을 조정하는 과정에 생기는 혼미

**자기확신 대 자의식**
- 자기확신: 인생이 희망적이라는 믿음
- 자의식: 자기반성에 따르는 고통스런 자의식

**역할실험 대 역할고착**
- 역할실험: 가능한 선택에 대해 평가하고 실험하는 것
- 역할고착: 너무 많은 가능성과 선택에 당황하거나 대안을 실험하지 못해 겪는 고착

**견습 대 활동불능**
- 견습: 직업을 선택하기 전에 갖는 기간
- 활동불능: 열등감으로 자신은 어떤 직업에도 적합하지 않다고 생각하게 되는 활동불능

**성의 양극화 대 양성 혼미**
- 성의 양극화: 성 역할에 대한 명확한 묘사, 성에 대한 확신감
- 양성 혼미: 남성, 여성의 유사점과 차이점을 가려내는 과정에서의 혼미 경험, 자신에 대한 확신을 갖지 못함

**리더력과 수행 대 권위 혼미**
- 지도력과 수행: 지도자의 책임과 수행자의 태도를 배우는 것
- 권위 혼미: 부모, 또래, 사회 등의 각각 다른 요구에 따른 충성의무의 다양성에 따른 권위 혼미

**이념수행 대 가치관 혼미**
- 이념수행: 자신의 목표가 사회에서 의미가 있으며 사회 또한 자신의 목표를 인정하고 지지할 거라는 믿음
- 가치관 혼미: 자신의 목표의 의미를 찾지 못하고 사회에서 자신에게 필요한 지지를 제공할 거라는 믿음의 부재

이렇듯 청년기의 자아정체감 확립은 타인과의 친밀감을 형성할 수 있다. 그러나 그렇지 못한 경우에는 자신에 대한 회의나 거절에 대한 두려움 등으로 인해 다른 사람들과의 친밀한 관계를 제대로 형성하지 못하고 심리사회적으로 스스로 고립된다.

## 3. Jung

### 1) 성격발달 개요

인간 정신의 구조와 정신역동을 설명하면서 Freud의 성욕 및 정신생물학적 결정론을 거부한 Jung은 심리적 건강의 이상형은 의식이 무의식을 감독하고 지도하는 것이라고 보았다(이혜성 역, 1982). 성격발달을 의식과 무의식이 서로 융화되어 양쪽이 자유롭게 발달하고 적절한 조화를 이루는 것이라고 보았다. 또한 Jung는 개인적·사회문화적 원형이 갖는 힘의 상호작용을 고려하지 않고서는 정신을 이해하기 어렵다고 믿었다.

Jung의 발달이론은 연령 경계의 모호함 때문에 그리 주목받고 있지는 못하지만 Freud와는 달리 청년기 이후의 발달단계의 특징을 나타내고 있으며, 성격에 관한 몇 가지 의미 있는 개념이 청년발달과 관련하여 시사점이 있다.

#### (1) 성격 구조에 관한 기본 개념

Jung은 무의식의 본질에 주된 관심을 두기는 했지만 성격 기능의 다양한 체계를 포괄하는 성격이론을 발달시켰다.

##### ① 정신

Jung은 인격(personality) 전체를 정신이라고 했으며, 정신을 생리적 충동에 예속되지 않은 독자적인 실체로 보았다(Jung, 1936). 즉 인간이 퍼스낼리티의 전체성을 가지고 태어난다고 본 것이다. 여기서 말하는 정신은 의식적·무의식적 모든 생각, 감정, 행동을 포함한다. 정신적 에너지는 인간 정신에 깊이 근원하는 모든 다른 충동을 만족시키는 여러 형태를 가진다고 가정되었다.

#### ② 원형

원형(archetype)은 표상 불가능한 무의식적이고 선험적 이미지를 의미한다. Jung은 출산, 죽음, 권력, 마법, 영웅, 신, 악마, 대지, 달, 강, 바람, 태양 등 무수히 많은 원형을 설명했다. 이러한 원형은 과거의 기억과 같은 완전한 심상이 아니다. 즉 어머니의 원형은 어떤 어머니의 사진이 아니라 경험에 의해 현상되어야 하는 음화인 것이다. 따라서 잠재적 이미지는 현실 속의 부합되는 대상들과 동일시됨으로써 의식적 실재가 된다.

#### ③ 자아

자아(ego)는 의식의 개성화 과정에서 생긴다. 개성화(individuation)란 개인이 의식이 다른 사람으로부터 분리되는 과정을 말한다(Jung, 1961). 따라서 의식의 시작이 곧 개성화의 시작이며 의식이 증가하면 개성화도 증가하게 된다. 자아는 의식의 견해를 나타내므로 의식적인 지각, 기억, 사고, 감정이 자아를 이룬다. 이때 자아가 의식의 문지기 역할을 하므로 감각이든 관념이든 기억이든 자아에 의해 의식으로 인지되고 받아들여지지 않으면 보이지도 들리지도 생각나지도 않는다. 그러므로 자아는 선택적이다. 무수히 많은 체험을 해도 대부분 의식에 도달하기 전에 자아에 의해 제거된다.

#### ④ 자기

자기(self)는 중심성, 전체성, 의미를 무의식적으로 추구하는 원형이다(Jung, 1961). 의식과 무의식을 포함한 전체 정신의 중심인 자기는 태어날 때부터 존재하는 원형이므로 의식의 중심인 자아는 의식의 영역 밖에 볼 수 없지만 자기는 모든 것을 볼 수 있고 통합시킬 수 있다. 자아는 의식을 전부라고 여기고 의식의 판단에 따라 행동하므로 무의식과는 단절되어 있다. 그러므로 무의식은 끊임없이 꿈, 사건 등을 통해 자아에 무의식이 존재한다는 것을 알리려고 자극한다. 자아의식이 확대되어 무의식을 깨달을 때 자아는 자기에 가까워진다. Jung은 꿈이 상당히 직접적으로 무의식을 드러낸다고 보았다.

#### ⑤ 페르소나

페르소나(persona)는 자아의 가면으로 개인이 외부세계에 내보이는 이미지, 즉 개인이 사회적 요구에 대한 반응으로 내보이는 사회적 모습이다. 사회에 적응하기 위해서는 어느 정도 페르소나가 필요하다. 하지만 자아가 페르소나와 지나치게 동일시되면 자신의 내면세계로부터 유리될 위험이 있다.

#### ⑥ 아니마와 아니무스

Jung은 양육, 감정, 예술 및 자연과의 일치 등에 대한 역량은 여성적 원리이고, 사고 영웅적 주장, 자연의 정복은 남성적 원리로 이해했다. Jung은 남녀가 모두 남성과 여성 호르몬을 일정량 갖고 있어 생물학적 의미로 양성의 성질을 가지며 심리적으로도 양성의 특질을 갖고 있으나 유전적 성 차이와 사회화로 인해 남성에게선 여성적 측면이, 여성에게선 반대로 남싱적 측면이 억압되고 약화된다고 보았다. 이 무시된 측면들은 무의식 속에 존재한다. 무의식 속에 존재하는 남성의 여성적인 면이 아니마(anima)이고, 여성의 남성적인 면이 아니무스(animus)라고 이름 붙였다. 아니마와 아니무스는 꿈, 환상, 문학, 남녀의 상호작용, 신화 속에 나타나는 반대 성의 원형이다. 남성이 그의 여성적 본성을 억압하고 경멸과 소홀로 경시할 때 그는 자신의 창조력과 전체성으로부터 고립된다. 이는 여성이 남성적 본성을 억압할 때도 마찬가지이다.

#### ⑦ 음영

음영(shadow)은 원시적인 동물적 본능을 포함하고 있는 원형인 성격의 어두운 측면이다(Schultz & Schultz, 1994).

#### ⑧ 무의식

Jung은 무의식이 개인 무의식(personal unconscious)과 집단 무의식(collective

unconsciousness)의 두 개의 층으로 구분되어 있다고 보았다. 개인 무의식은 Freud가 말한 전의식과 유사한 개념이다. 사람은 살면서 체험한 것들은 사라지지 않고 무의식에 저장된다. 즉 의식이 억압하고 망각한 모든 상황과 감정은 쌓여 있다는 것이다. 음영의 대부분은 무의식이며, 아니마와 아니무스도 부분적으로는 무의식의 영역에 속해 있다. 한편 개인 무의식에는 하나의 공통된 주제와 관련된 정서, 기억, 사고가 집합을 이루는 경우가 있는데, 이것을 Jung은 콤플렉스(complex)라 불렀다. 콤플렉스는 무의식 속에 존재하는 사고, 감정, 기억의 연합체라고 말할 수 있다(Jung, 1907; 이인정, 최해경, 2000 재인용). 또한 집단 무의식은 Jung의 독창적 개념으로 핵심적 이론이다. 모든 인류에게는 공통적으로 유전된 것으로 정신의 심층에 존재한다. 즉 개인 경험과는 무관하게 인류의 역사와 문화를 통해 함께 한 모든 정신적 자료의 저장소이다. 이러한 집단 무의식은 현재의 모든 행동에 영향을 미친다.

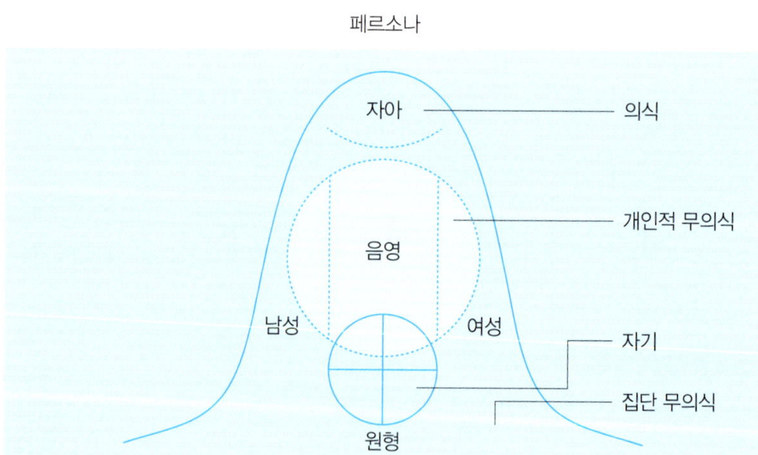


[그림 2-9] Jung의 정신구조

자료: Crain, 1983

이와 같은 Jung의 정신구조 개념을 요약하면 남성 안에 있는 여성적 요소인 아니마와 반대로 여성 속에 있는 남성적 요소인 아니무스, 겉으로 나타난 사회적인 인격을 표현하는 페르소나와 드러나지 않고 어둡지만 가장 강력한 원형이며 삶의 원천인 음영, 의식에 중심에 있는 자아 그리고 성격원 천체의 일관성과 통합성을 이루려는 무의식적 갈망인 모든 원형과 콤플렉스를 통일시키고 평형을 유지하여 정신의 전체를 실현하고자 하는 무의식적인 갈망인 자기 등으로 구분할 수 있다.

#### (2) 성격발달

##### ① 아동기

유아는 생물학적 본능에 의해서 지배되므로 자아가 아직 형성되지 않았다. 자아는 아동기 초반에 발달하지만 부모의 영향에서 벗어나지 못한다. 아동기 후반에 가서 기억이 지속되면서 자아정체감의 감각과 관련한 지각이 축적되면서 자아가 형성된다. 자아는 아동기에 원시적 방식으로 발달하는데 학교에 들어가면서 아동은 부모로부터 점차 분리되기 시작한다(이인정, 최해경, 2000 참고).

##### ② 사춘기와 청년기

사춘기에 일어나는 생리적인 변화로 시작되어 35~40세에 끝난다. Jung는 이 시기를 정신적 탄생(psychic birth)라고 불렀다.

##### ③ 중년기

35~40세를 전후해서 정신적 변화가 오며, 외향적 목표와 야망을 그 의미를 잃기 쉽다. 그동안 외부세계에 쏟았던 에너지를 자신의 내부에 초점을 맞추도록 자극받으며 자신의 잠재력에 대해서 깊은 관심을 갖는다. 이에 따라서 남성은 여성적 측면을, 여성은 남성적 측면을 표현한다. 이것은 성격의 태도 면에서 내향적이 되면서 의식에만 집중하던 경향이 무의식의 세계를 깨달음으로써 변하기 때문이다.

#### ④ 노년기

노인은 자신의 삶이 더 이상 상승할 여력이 없으며 인생을 마감하는 시기로서 이해해야 한다. 노인은 자신에 대해 진지한 관심을 가져야 한다. 그런데 많은 노인은 그렇게 하는 대신 지나치게 건강을 염려하고 인색하며 공리공론과 과거에 대한 찬양만 하면서 인생의 후반부도 전반부와 같이 살려고 하는 환상을 가진다. Jung는 노인이 내세의 이미지를 갖고 있지 않다면 건전하게 죽음에 직면할 수 없다고 믿었다. 나이든 사람에게도 미래를 향한 목표는 필요하며 죽음의 불가피성은 어느 정도 죽음 자체가 하나의 목표로 간주되어야 한다. 죽음에서 인간이 추구할 수 있는 목표를 발견하는 것이 건전하며 죽음으로부터 움츠리는 것은 인생의 후반부의 목적을 빼앗는 불건전하고 비정상적인 의미라는 것이다(이인정, 최해경, 2000 참고).

### 2) 청소년과 청년의 성격발달

청소년기를 알리는 사춘기의 생리적 변화는 심리적 충격을 수반한다. 외부세계의 현실적 요구에 직면하고 자아가 발달하고 대처역량이 생긴다. 이 시기에 직업생활을 시작하고 결혼하여 가정을 이루며, 사회적 성공을 쟁취하기 위해 노력한다. 이때 남성과 여성은 각기 다른 특성과 기술을 발달시킬 필요가 있다(Crain, 1993).

청소년기와 청년기는 자신과 부모 모두에게 어려운 시기이다. 잘 준비되어 있어서 적응할 수 있다면 큰 어려움은 없겠지만, 청년기에 현실과 모순되는 환상에 집착하면 많은 문제에 부딪친다. 예를 들면 어른이 되는 것보다 아동에 머무르기 좋아하는 아동의 원형이 청년기에 문제를 낳을 수 있다.

# 4. Sullivan

## 1) 성격발달 개요

### (1) 기본원칙

Sullivan은 그의 대상관계 이론에서 인간은 타인과의 상호작용을 통해 사회적 관계를 형성하고 유지하려는 욕구를 가지고 있으며, 각 개인이 다른 사람과 어떤 관계를 갖느냐에 따라서 다른 발달을 경험한다고 하였다. 특히 개인은 타인과의 관계에서 제공되는 반영적 평가(reflective appraisal)를 통해 자아를 형성할 뿐 아니라 이 반영적 평가는 대인관계에서 발생하는 불안감이나 위협적인 사건으로부터 자아를 보호하는 여과장치의 기능을 한다(노충래, 2002).

또한 Sullivan은 Freud의 성격구조 중 자아를 강조하였으며 어린 시절 어머니와 자녀의 상호작용이 아이의 자아체계에 결정적인 역할을 한다고 보았다. 어머니가 따뜻하고 애정적일 경우 아이는 세상과 자신에 대한 긍정적 태도를 형성하고, 반면에 어머니가 아이의 욕구를 좌절시키고 아이에게 민감하지 못할 때 아이는 세상에 대한 부정적 사고를 형성하며 자신에 대해 나쁜 감정을 갖는다. 아이가 어머니에 의해 지속적으로 심각한 고통을 당할 경우에는 아이의 불안은 증폭되고 이에 따른 결과로 해방을 추구하고 저항하고자 하는 욕구가 증가된다. 타인과의 상호작용 욕구는 사회적 관계를 맺고 살아가는 유기체가 자신의 안정을 꾀하고 정서적 지지를 제공받기 위한 수단이 된다. Sullivan은 타인과의 상호작용은 연령에 따라 형태와 욕구가 달라진다고 보면서 6단계 발달과정(유아기-아동기-유소년기-전 청소년기-청소년 초기-청소년 후기)에서의 타인과의 상호작용에 대한 욕구를 설명하였다. 연령이 증가할수록 부모-자녀관계의 중요성에 대한 집중보다는 친구관계가 중요한 역할임을 강조하였다.

### (2) 상호작용 욕구 단계

#### ① 1단계: 신체적 접촉을 추구하는 시기(유아기)

생명체와의 따스하고 부드러운 접촉욕구가 증대되는 단계이다. 이 시기의 접촉의 욕구는 어머니의 품에 안김으로 충족된다. 인간의 행동은 자신이 느끼는 긴장과 불안을 해소하기 위해 유발되는 것이며, 인간의 모든 동기는 불안으로부터 벗어나기 위한 욕구이다.

#### ② 2단계: 성인의 인정을 바라는 시기(아동기)

자신의 행동이 어느 경우에 용인되고 어떤 경우에는 인정되지 않는지를 이해하는 단계이다. 성인의 인정은 아동에게 안정감을 주고 인정받지 못할 때 불안해지기 때문에 아동은 불안에서 벗어나기 위해서 인정받는 행동을 추구한다.

#### ③ 3단계: 또래 관계 형성을 필요로 하는 시기(유소년기)

Freud는 이 시기를 잠복기로 명명하며 비교적 조용한 시기로 생각한 반면, Sullivan은 오히려 초등학교 시기를 파란이 많은 시기로 보았다. 또래관계라는 새로운 형태의 관계가 중요하게 대두되며 여러 종류의 다양한 인간행태를 경험하거나 인식한다. 학교라는 공간 안에서 협동심과 경쟁심을 배우고 눈부신 지적 성장이 이루어진다. 또한 사회의 고정관념도 습득하는 시기이다.

#### ④ 4단계: 동성 단짝을 필요로 하는 시기(전 청소년기)

또래집단의 필요성이 한층 더 증가되며 대인 간의 친밀감의 욕구가 특히 높아진다. 이 시기의 친밀감의 욕구는 부모보다는 같은 성을 가진 또래에 의해 충족된다. 이 단계의 친밀감을 동성 간의 우정과 애정이라 한다. 이런 현상은 다양한 문화권에서 보편적으로 나타나는 지극히 정상적인 현상이지 정신병리적 문제가 되는 행동 특성은 아니다.

동성 간의 우정은 각 개인이 자신의 자아정체감을 형성하고 유지하는 데 지원체계로서의 긍정적 역할을 수행한다. 서로 비밀을 공유하고, 거부당함에 대한 불안 없이 동성 또래에 대한 끈끈한 애착을 형성한다. 현재 비슷한 단계에서 비슷한 경험을 하는 집단 내에서 상호지지를 통해 변화와 충동을 극복하며 사회심리적인 지지를 얻는다.

#### ⑤ 5단계: 이성간 친밀감 형성 욕구 증대 시기(청소년 초기)

신체적·생리적 발달에 따라 성적 성숙을 경험하며 성적 욕구가 증대된다. 이러한 욕구의 증대는 현실에 부딪쳐 불안감을 수반하기도 한다. 성적 욕구는 청소년의 정상적 발달과 성숙을 이루도록 돕는 역할을 한다. 청소년 초기에 접어들었다고 해서 동성 친구와의 친밀감이 불필요해지는 것은 아니다. 단짝 동성은 나와 비슷한 시기를 함께 거쳐 나가기 때문에 서로 이성간 친밀감을 추구하면서 자신들의 상태를 비교, 참조할 수 있는 대상이 된다. 따라서 동성 간의 유대감은 여전히 유효하다. 동성 단짝을 필요로 하는 단계에서 이성과의 친밀감으로 이행하는 시기인 청소년 초기는 상충되는 여러 욕구로 인해 혼란을 경험하기도 한다.

#### ⑥ 6단계: 안정된 대인관계를 추구하는 시기(청소년 후기)

이미 완결된 성적 성숙으로 인해 동성 간의 친밀감보다는 이성과의 사귐이 주요 관심사가 된다. 하지만 동시에 다양한 친구를 사귀고 대인관계를 넓힌다. 이 시기에는 자아에 대한 왜곡된 사고를 극복하고 타인에 대한 고정관념에서 벗어나기 위해 다양한 대인관계 형성을 시도하고 경험하는 것이 필요하다.

## 2) 청소년과 청년의 단계별 상호작용 욕구

### (1) 청소년기(청소년 초기)

친밀감의 욕구가 증가하면서 동성친구와 단짝 관계를 형성하고 우정을 쌓는 것을 여전히 필요로 하면서도 이성애적 욕구가 증가하는 시기이다. 많은 친구 중에서 단짝 또는 소수의 친구와 친밀한 관계를 형성하려고 하고, 이후 친밀감이 이성을 향한 욕구로 발전하고 성적 접촉의 욕구도 생긴다. 전 청년기의 '동질애호적 선택'에서 '이질애호적 선택'으로 친밀감의 대상이 변화하며, 공존하기 어려운 세 가지 욕구의 충돌을 경험한다. 성적 만족을 얻으려는 새로운 욕구의 출현과 기존의 친밀감에 대한 전 청년기의 아동적 욕구, 불안에서 탈피해 자유로운 형태를 취하는 개인적 안전에 대한 욕구 간의 충돌은 청소년기를 어색하며 과장된 시기로 만든다.

#### (2) 청년기(청소년 후기)

청소년 후기에 이르면 이성친구와 애정관계를 형성하면서 성적 욕구 충족과 함께 타인과의 친밀감을 유지하려는 욕구도 강해진다. 또한 자신과 가치와 취향이 비슷한 친구를 사귀기를 원하며, 이후 성인사회로의 통합적 욕구와 성적 욕구, 친밀감의 욕구가 통합되어 안정적이고 지속적 관계를 유지하는 것이 정상인 대인관계의 발달이다(김성이 외, 2005). 청년기에는 자신이 선호하는 것이 무엇인지를 탐색하고 그 선호도가 자신의 삶에 적합한지의 여부를 생각한다. 자신을 구성하고 있는 자아체계의 가능한 모든 요소를 시험하기를 원하며 그간의 부분적으로 발달된 성격의 여러 측면이 안정감을 이루고 통합되며 직업 정체감을 형성한다. 성적 욕구 충족에 대한 열망을 넘어서서 사랑에 기초한 지속적 관계 형성을 위한 시도를 하며 자신만큼 타인이 중요해지는 융화된 친밀감을 형성한다. 또한 지적 성장이 완성되며 주변적이고 지엽적인 문제에 한정되어 있던 시각이 정치적이고 사회적 문제로 확장된다.

## IV 인지발달

### 1. 인지발달 개요

인지발달의 대표 학자 Piaget는 인간이 유아기에서 성인기로 성장하는 과정에서 다양한 단계를 거치면서 생각하고 배우는 능력을 갖춘다고 보았다. Piaget의 기본 가정은 첫째, 모든 인간은 똑같은 방법으로 생각하는 방법을 배운다. 둘째, 유아기와 아동기 초기에는 생각하는 것이 매우 기본적이고 구체적이다. 셋째,

성장하면서 사고는 더욱 복잡하고 추상적이 된다. 넷째, 인지발달 단계는 일정한 원칙과 특정한 방식이 있다.

인지능력 또는 사고능력을 발달시키기 위해 반드시 거쳐야 하는 단계가 있는데, Piaget는 연령에 따라 4개의 발달단계를 설정하여 인지발달을 설명하고 있다. 그는 아동기와 청소년기를 거치면서 지속적으로 변화하는 인지적 사고구조가 질적으로 다르다고 하였다.

또한 인지발달은 연령 변화에 따라서 일어나지만 전적으로 내적 성숙에 의해서 이루어지는 것은 아니며 그렇다고 외적 경험이나 교육에 의해서 좌우되지도 않는다고 하였다. 그에 의하면 인지발달은 인지적으로 결정된 구조와 함께 능동적으로 분화되고 통합된 인지구조를 형성하는 적극적인 구성과정으로 보았다.

### 주요개념

**도식(schema)**

인지적 구조로서 환경에 대하여 적합한 반응을 하는 체계. 어떤 동작을 반복하는 가운데 일반화될 수 있는 하나의 행위이며 일종의 범주나 개념과 같은 것

**동화(assimilation)와 조절(accommodation)**

환경과의 상호작용을 통해 이루어지는 적응과정(adaptational process)의 하위과정

- 동화: 기존 도식에 의해 새로운 대상이나 사건을 이해하고 해석하는 인지과정
- 조절: 기존 도식에 의해 새로운 대상이나 사건을 받아들일 수 없을 때 기존 도식을 변용시키는 인지과정

**평형(equilibration)**

인지과정에서 동화와 조절의 균형을 유지하고자 하는 경향

## 2. 단계

### 1) 감각운동기

출생 후 약 2세까지 해당하는 시기이다. 자극은 감각, 반응은 운동을 의미한다. 시기의 유아는 상징적 사고나 언어는 사용하지 못하고 신체적 감각체계, 지각, 운동에 의해서 환경을 이해하고 문제를 해결한다. 하지만 감각운동기 후반으로 가면 유아는 점차 인지 능력이 발달되어 정신적인 표상을 사용할 수 있고 다음 단계인 전조작기로 넘어간다.

### 2) 전조작기

2~7세 정도에 해당하는 시기이다. 이 시기의 아동은 언어 획득에 급격한 진전을 보이며 사물을 묘사하는 능력인 상징적 기능을 발달시킨다. 상징적 기능이란 어떤 사물을 사용하여 존재하지 않는 다른 대상을 내적으로 표상할 수 있는 능력을 말한다. 상징적 기능의 대표적인 예는 아동의 놀이활동에서 찾아볼 수 있다. 인형을 살아있는 생물체로 대하여 함께 논다든지 공상 로봇을 상상할 수 있는 능력을 갖는다. 또한 이러한 상징적 표상능력은 모방행동에서도 나타난다. 사람들의 행동을 관찰해서 어느 정도 시간이 지난 후에도 관찰한 사람의 행동을 머리 속에서 떠올리면 그대로 모방해서 할 수 있는 모방행동이 이루어진다. 그러나 아직은 논리적 사고는 나타나지 않으며 다음 단계인 구체적 조작기에서 이것은 가능하다. 상징놀이, 자기중심적 사고, 물활론, 직관적 사고, 꿈의 실제론 등의 특징을 갖는다.

### 3) 구체적 조작기

7~12세에 해당하는 시기이다. 실제 행동을 통해서 성취했던 것을 머리 속에 내재화된 행동을 통해 문제를 해결할 수 있다. 즉 정신적 행위(사고)를 변형시킬 수 있는 조작(operation)이라는 새로운 구조를 획득한다. 조작의 순서는 전환될

[ 표 2-3 ] Piaget의 인지발달 단계

| 단계 | 연령 | 특징 |
|---|---|---|
| 감각운동기 | 출생 후 약 2세 | 감각체계, 지각, 운동에 의해 환경을 이해하고 문제를 해결함. 후반기에 정신적 표상 사용 가능 |
| 전조작기 | 2~7세 | 언어 획득의 급격한 진전. 상징적 기능 발달. 모방행동 가능. 상징놀이, 자기중심적 사고, 물환론, 직관적 사고, 꿈의 실제론 등 |
| 구체적 조작기 | 7~12(14)세 | 정신적 행위를 변형시킬 수 있는 조작 획득. 가역성 획득. 보존개념, 유목화·분류화·서열화 가능. 단, 직접 경험한 것이나 구체적인 대상에 한해서만 사고가 가능함 |
| 형식적 조작기 | 12~15세 이후 | 정신적 표상을 적용하여 사고 가능. 시간을 초월하여 문제를 다루는 능력 획득. 논리적 사고 가능. 가설 생성, 검증, 조합적 분석 가능. 가설연역적 사고 가능 |

수 있으며 조작 전 상황의 특성들이 회복될 수 있다는 것을 이해하는 가역성이라는 사고의 특징이 생긴다.

이 시기의 아동은 눈앞의 지각적 특성보다는 과정과 관계에 따라서 사고하기 시작한다. 예를 들어서 입이 좁고 긴 물병에 들은 물을 아동이 보는 앞에서 입이 넓고 깊이가 얕은 그릇에 부으면 전조작기 아동은 물의 양이 달라졌다고 말하나, 이 시기의 아동은 물의 양이 변함없이 똑같다는 것을 안다. 즉 이 시기가 되면 물체의 겉모습이 변하여도 그 내용은 변함이 없다는 보존개념(conservation)을 가진다. 이와 같은 논리적 조작이 가능하면서 아동의 사고는 좀 더 융통성 있게 되며 사건들 사이의 관계를 이해할 수 있고 사물을 공통 속성에 근거하여 유목화와 분류화가 가능해진다. 또한 사물과 사물의 관계에서 순서를 이해하는 서열화의 개념도 획득된다. 그러나 이 시기는 현실에서 직접 경험한 것이나 추상적이지 않은 구체적인 대상에 한해서만 사고가 가능하다.

### 4) 형식적 조작기

12~15세에 시작하는 형식적 조작기는 구체적 조작기에서 한걸음 더 나아간 인

지 현상이다. 구체적으로 수행하지 않더라도 잠재적으로 정신적 표상을 적용해서 사고할 수 있고 다양한 역전 가능성들이 협응하여 더 높은 수준의 사고를 가능하도록 한다. 새로운 상황에 직면했을 때 현재의 경험뿐 아니라 과거와 미래의 경험을 이용한다. 즉 시간을 초월하여 문제를 다루는 능력이 생겨난다. 이 시기에 사고의 특성은 가상의 것에 대해 논리적으로 사고가 가능하며 가설을 생성하고 모든 가능성을 체계적으로 검증할 수 있는 조합적인 분석이 가능하고 또한 가설연역적으로 사고할 수 있다.

## 3. 청소년과 청년의 인지발달

### 1) 청소년과 가능지향의 사고 및 조합적 분석

인지발달에서 청소년기부터 발달하는 사고의 가장 큰 특징은 추론적 능력, 즉 개념적 사고가 가능하다는 것이다.

청소년은 실제 사건이나 상상의 사건을 가능한 모든 전체 중의 일부로 다룰 수 있으며 여러 가능성을 생성할 수 있고, 이러한 가능성을 증명함으로써 실세계를 이해한다. 특히 중요한 것은 그들은 이러한 가능성을 다양한 방법으로 체계적으로 변환시킬 수 있다는 점이다. 대상뿐만 아니라 실제의 사건이나 상상의 사건에 대해서 그 원인과 결과를 바꾸어서 생각할 수 있다. 예를 들면 소가 송아지가 아닌 망아지를 낳을 수 있을까 하는 일에 대해서 아동은 있을 수가 없는 일이라고 하지만 청소년은 가상의 일이 일어날 수 있다는 가능성에 근거하여 말과 교미를 하면 가능할 것이라는 등의 다양한 주장이 가능하다.

이러한 가능성 지향의 사고는 어떤 문제에 직면할 때 고정된 사고만으로 해결하는 것이 아니라 여러 측면에서 많은 대안을 가지고 해결할 수 있는 원동력을 제공한다. 이로 인해 청소년기는 그 어느 시기보다도 독창적이며 창의적 발명을 할 수 있는 사고의 터전을 갖춘다. 또한 항상 현실지향적이고 틀에 박힌 사고를 하는 어른들이 청소년의 무한한 가능성을 지닌 독특한 생각을 이해하지 못하기도 한다. 이 시기의 청소년은 불가능한 것은 거의 없으며 열린 가능성의 미래만 존재한다고 생각하고, 이러한 특성에 따라서 미래에 대한 무한한 가능성을 가진 계획과 비전을 갖는다. 이와 맞물려 가능성을 생각할 수 있으면서 청소년의 생각은 완벽한 이상세계로 향하고 기존 세계에 대한 비판의식도 증가한다.

한편 청소년기에 들어서면 조합능력(combinatorial ability)이 생긴다. 이것은 형식적 조작사고의 특징 중의 하나로서 한 가지 해결책이 발견되어도 적절한 요인을 분리하고 그렇지 않은 요인은 제거하면서 가장 효율적이고 적합한 조합을 찾아내는 능력이 생긴다.

### 2) 청년과 3차적 추상 수준

지능검사 개념에 의한 청소년기 인지적 능력은 10대 후반에 최고조에 달한다. 하지만 인지발달은 여러 측면, 즉 기억, 반응시간, 추리, 창의성 등에서 다르게 나타난다. 예를 들어서 기계적인 암기나 지적 과제 수행의 속도와 같은 능력은 10대 후반에 가장 뛰어나다(이인정, 최해경, 2000). 이후 청년기에 들어서면 판단과 추론 그리고 창의성의 발달을 보인다. 물론 이러한 발달은 전 생애를 통해서 일어나지만 3차적 추상 수준과 연결하면 청년기의 판단과 추론 등의 요소가 인지와 현실세계와의 타협을 통해서 조화를 도모한다.

인지발달은 경험을 순서화하는 규칙을 개념(concept)으로 정의하고 아동은 발달에 따라서 순환 반복적인 개념규칙 체계가 출현한다고 하였다(Hofstader, 1980). 감각운동기의 0차 수준에서는 행동은 그 자체로 개인의 행동에 의해 대상이 정의되고 경험이 순서화한다. 전조작기에 해당하는 1차 수준에서는 행동규칙 체계가 상징적으로 되나 여전히 행동 대상에만 제한되어 있으며 논리의 징표가 되는 응집성과 일관성이 결여되어 있다. 2차 수준은 구체적 조작기로서 1차 수준의 상징체계에 근거하지만 응집성과 일관성의 특성을 지닌 규칙체계가 나타난다. 2차적 추상 수준에서는 논리적 사고는 가능하지만 그 대상에만 제한된 것으로 일반적이지 못한다. 따라서 형식적 조작기의 3차적 추상 수준에 도달해야 일반화된 응집성 있고 일관성 있는 규칙체계가 출현하며 이를 통해서 논리적 사고에 대해서 논리적으로 사고하고 사고체계에 대해 체계적으로 사고한다.

이것은 믿음의 논리를 검토한다. 일관성 있는 논리를 가지고 종교, 정치, 도덕 등에 관한 자신의 믿음을 고려하는 경향이 있다. 따라서 하나의 믿음이 도전받으면 일관적으로 다른 모든 믿음도 의심하고 더 심하게 공격한다. 따라서 이전에 받아들였던 여러 생각에서 갑자기 발견되는 비일관성에 대해서 격분하며 또 이에 대해 설명하려는 어른에게 도전한다. 논쟁적이고 반항적이기 쉬운 청소년의 특성이 이러한 논리적 일관성을 고집하는 사고의 특징에서 비롯된다.

물론 3차적 추상 수준의 개념은 청소년기 인지발달의 특징이다. 하지만 청년기에 들어서면서 이러한 속성은 그대로 간직되지만 약간의 인지적 혼란을 가져온다. 여전히 논리적 일관성을 고집하면서도 사회적 책임이라는 기성세대의 현실에 한걸음 다가서며 일관성과 현실의 조화를 모색한다. 그런데 이러한 갈등과 괴리가 커지면 자칫 청소년기와 기성세대의 특성을 모두 외면하거나 부인하고 자신만의 세계를 몰두하기도 한다. 최근 일어나는 히키코모리(은둔형 외톨이)와 젊은이들의 NEET(not in education, employment or training)족의 증가는 다양한 요인에 기인하지만 심리인지적 측면에서의 청년기의 이러한 특징도 함께 고려되어야 한다.

# V 도덕성 발달

## 1. 도덕성 발달 개요

### 1) 도덕의 정의

도덕은 세 가지 측면으로 나누어 설명할 수 있다. 어떤 행동의 옳고 그름을 평가하는 행위인 인지적 요소와 사고나 행동에 대한 정서적 반응인 도덕적 감정인

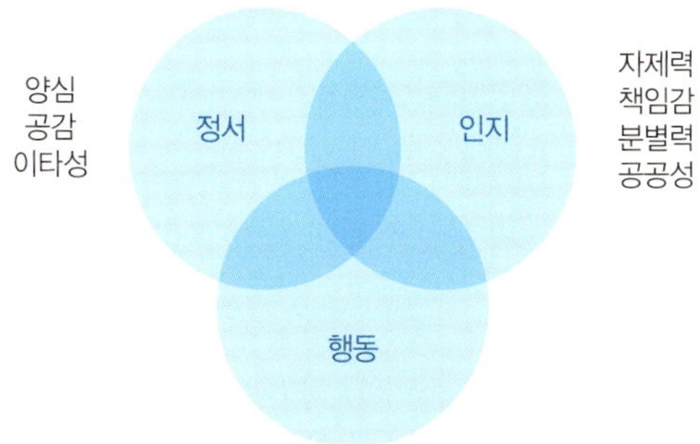


[그림 2-8] 도덕성의 요소

정의적 요소, 옳은 행동을 실행에 옮기는 행동적 요소이다.

이러한 세 가지 요소인 정의적 요소, 인지적 요소, 행동적 요소에 대한 강조에 따라 연구의 중심이 다르다. 학습이론에서는 주로 청년의 도덕적 행동에 영향을 미치는 요인에 관심을 갖고, 정신분석이론은 죄책감이나 후회, 불안들의 도덕적 감정 연구에 초점을 맞추며, 도덕적 판단은 주로 인지발달에서 많이 연구한다.

사회학습 이론은 어떻게 아동이 나쁜 행동을 억제하고 유혹에 저항하면서 도덕적으로 행동하는가에 초점을 두었고, 정신분석 이론가들은 도덕발달의 정서적 측면을 강조한다. Freud에 의하면 자녀가 부모를 얼마나 좋아하는가가 부모의 도덕기준을 내면화하는 데 영향을 주고, 부모의 도덕기준을 내면화한 아동은 그것을 위반했을 때 죄책감이나 수치심 같은 부정적 정서를 경험한다. 인지발달 이론은 도덕의 인지적 측면 또는 도덕적 추론을 강조하였고, 도덕에 대한 아동의 사고방식이 성숙하면서 도덕적 발달이 이루어진다고 주장했다.

### 2) 도덕의 중요성

도덕(morality)과 윤리(ethics)를 구별하기는 어렵다. 도덕과 윤리는 모든 인간 행동의 옳고 그름에 대한 판단이다. 하지만 특별한 경우에서 도덕은 사회에서 수용되는 일반적인 행위기준을 의미한다고 한다면, 윤리는 더욱 특정한 위치나 직업에서 요구되는 도덕적 기준이다.

인간에게 있어서 도덕은 타인지향적이다. 즉 사회에서 살아가는 기본 태도를 말한다. 윤리란 인간의 행동을 통제하거나 규제하는 기준이나 원칙까지 포함하는 개념으로 일반적으로 타인에 대한 책임감에서 우러나오는 인간에 대한 기대를 말한다(문인숙 외 역, 1985).

특히 청년에게 윤리는 새로운 것을 창출하는 기초 역량이 될 수 있다. 가상공간이 발전하면 할수록 오히려 사람들과의 관계성은 더욱 강조된다. 왜냐하면 결국 다 열린 공간(개인, 가족, 국가, 세계)에서 새롭게 인간의 도리에 대한 믿음과 사회적 책임과 타인에 대한 관심과 애정이 없이는 함께 살아가기 힘든 시대이기 때문이다. 더구나 가부장적 전통에서 벗어나 윤리적 기준이 모호한 때에 청들은 전통윤리를 형식적으로 답습하는 것에서 벗어나 새로운 윤리적 기준을 재창조함으로써 자신과 사회를 건강하게 유지하고 발전시키는 동력을 만들 수 있다. 결국 윤리적 발달의 고민은 모두 함께 살아가는 평화와 조화로운 사회질서를 재창조하는 방향에서 이루어져야 한다.

## 2. 도덕성 발달 이론

Kohlberg의 도덕성 발달 이론은 아동에게 연령별로 어떻게 도덕교육을 할 것인가에 대한 구체적 행동유형을 제시한다. 예컨대, 아주 어린 아동들이 나쁜 행동을 했을 때는 즉각적 처벌로 아동의 행동이 잘못되었다는 것을 알릴 필요가 있을 것이다. 더 성숙한 아동이나 청소년에게는 사회적 제재보다 보편적 가치기준 혹은 양심에 호소하는 것이 더 적절한 방법이 될 수도 있다. Kohlberg는 도덕발달 단계를 인습 이전 수준, 인습 수준, 인습 이후 수준의 세 수준으로 나누고 각 수준을 두 개로 세분화하여 총 6단계로 제시하고 있다.

Kohlberg의 도덕성 발달 이론이 모든 문화에 보편적으로 적용된다고 하였으나, 이 이론이 자유주의적·개인주의적 서구 문화를 바탕으로 한 것이라는 점과 또한 판단력과 도덕적 행위가 일치하는가에 대한 문제는 여전히 남아 있다. 여기서 도덕적 발달기준이 되는 인습(conventional)은 이전부터 전해 내려와 몸에 익은 관습으로 도덕적 판단의 준거가 된다고 볼 수 있다.

### 하인츠와 약사

유럽에서 한 부인이 암으로 죽어가고 있었다. 의사가 생각하기에 어쩌면 그 부인을 살릴 수 있을지도 모르는 한 가지 약이 있었는데, 그 약은 일종의 라튬으로서 같은 마을에 사는 약사가 개발한 것이었다. 그 약은 재료비도 비쌌지만 그 약사는 원가의 10배나 비싸게 그 약을 팔았는데 아주 적은 양의 약을 2,000달러나 받았다. 그 부인의 남편인 하인츠는 그 약을 사려고 이 사람 저 사람에게 돈을 꾸었지만 약값의 절반인 1,000달러 밖에 구하지 못했다. 그래서 하인츠는 약사에게 가서 자신의 아내가 죽어가고 있으니, 그 약을 조금 싸게 팔든지 아니면 모자라는 액수는 나중에 갚겠으니 편의를 보아달라고 부탁하였다. 그러나 약사는 그 약으로 돈을 벌 생각이라면서 끝내 하인츠의 부탁을 거절하였다. 하인츠는 절망한 나머지 그 약을 훔치기 위해 약국 문을 부수고 들어가서 결국은 부인을 위해서 약을 훔쳤다.

위의 예시와 관련하여 Kohlberg는 소년들의 도덕적 추론구조를 알아보기 위해 다음과 같은 질문을 하였고 이에 따른 도덕발달 단계를 제시하였다.

- 남편은 약을 훔쳤기 때문에 벌을 받아야만 하는가?
- 아내를 살리기 위해 약을 훔치는 것이 남편의 의무인가?
- 약사는 그렇게 터무니없이 비싼 약값을 요구할 권리를 가지고 있는가?
- 약사가 부인을 죽인 것이나 다름없다고 비난하는 것은 정당한가?
- 만약 정당하다면 그리고 부인이 중요한 인물이었다면, 약사를 더 심하게 처벌해야 할까?

### Kolberg 이론의 예시와 검증

**상황**

수학시험 시간이다. 주관식 한 문제가 아무리 해도 풀리지 않는다. 어제 저녁에 한 번 풀어봤는데 해법이 좀처럼 떠오르지 않는다. 시간이 다 되었다. 그런데 그 문제를 풀던 연습장이 쉽게 손닿는 곳에 있다. 감독 선생님의 눈도 피할 수 있다. 이 시험은 내신성적에 반영되는 중요한 시험이다. 어떻게 할 것인가?

**도덕적 판단 수준**

- 1단계: 만약 발각되어 처벌받을 위험성이 전혀 없다면 부정행위를 하겠다고 말할 수 있다. 또는 감독 선생님의 눈을 피할 수 있다 해도, 만에 하나 발각되면 선생님으로부터 처벌을 받는 등 신체적 고통을 받을 수 있기 때문에 부정행위를 안 하겠다고 말 할 수도 있다.
- 2단계: 내신상의 불이익을 받을까 부정행위를 하지 않겠다고 말할 수 있다. 또는 내가 부정행위를 함으로써 상대적으로 다른 학생의 내신이 불리해져도 나의 내신만 높이면 된다고 생각하고 부정행위를 할 수도 있다.
- 3단계: 선생님에게 발각되지 않아도 옆의 친구들이 보고 나서 나를 부정행위를 잘하는 아이라고 놀려댈까봐 하지 않을 수도 있다.
- 4단계: 처벌에 상관없이, 나에게 이익이 되느냐 안 되느냐에 상관없이, 다른 사람이 나를 어떻게 보느냐에 상관없이, 부정행위를 하는 것은 일종의 속임수이며 교칙에도 어긋나기 때문에 무조건해서는 안 된다고 생각하여 안 할 수 있다.
- 5단계: 단순히 교칙이나 사회규범에 어긋나기 때문이 아니라 부정행위가 사회에 보편화되면 사회구성원들이 살기 힘들게 될 것이라고 아주 넓은 시야에서 생각하고 부정행위를 안 할 수도 있다.
- 6단계: 극히 일부의 철학자들에게나 나타나며, 보통 사람들에게는 별로 나타나지 않는다.

## 1) 제1수준: 전인습적(전도덕성)

도덕적 선악의 개념은 있으나 준거는 권위자의 힘이나 개인적 욕구에 관련시켜 해석한다.

### (1) 1단계: 처벌과 복종 지향(주관화)

하인츠가 약을 훔치는 것은 벌을 받기 때문에 잘못이라고 판단한다. 권위자의 벌을 피하고 권위에 복종한다. 3~7세에서 나타나는 이 단계는 벌과 순종을 향하여 있다. 놀이친구를 고자질할 것인가 말 것인가 하는 질문을 받는다면, 이 나이 또래의 어린이는 다음과 같이 대답할 것이다.

"차라리 말할래. 그렇지 않으면 혼날거야."

찬성: 아내를 죽게 내버려 두면 비난 받을 거야.
반대: 벌을 받게 되기 때문에 훔치는 건 나빠.

#### (2) 2단계: 상대적 쾌락 지향(상대화)

약을 훔쳐서라도 하인츠는 자기 아내의 생명을 구해야 한다고 판단하는 시기이다. 자신의 욕구충족이 도덕 판단의 기준이며, 욕구 배분의 동기는 있으나 자신의 욕구충족을 우선 생각한다. 8~11세의 아동에게 나타나는 이 단계는 순진한 도덕적 상대주의(naive instrumental relativism)에 해당한다. 앞선 질문에 대하여 아동은 다음과 같이 답변할 것이다.

"다른 아이들과 잘 지내야 하니까 고자질은 하지 않을래요."

2단계의 아동은 고도로 발날된 감각을 가지고 있기 때문에 어떤 환경에서든지 모든 사람이 동등한 분깃을 받도록 공명정대함을 요구한다. 예를 들면 그런 아동은 자신은 잠을 자야 되는데 왜 나이가 더 많은 아동이 늦게까지 자지 않아도 되는가를 이해하기가 어렵다.

찬성: 약을 훔쳐야 아내를 살리지. 누구나 자기가 원하는 것을 할 수 있어.
반대: 아내 살리는 것보다 자신이 위험에 처하지 않는 게 더 중요해.

### 2) 제2수준: 인습 수준(타율적 수준)

자신이 속한 집단의 기대나 기준에 맞추어 행동하는 것을 이상으로 여기며 사회질서에 동조하고자 하고 힘 있는 사람과 동일시하려 한다. 다른 사람의 상호작용을 고려한 사회지향적 가치기준을 갖는다.

### (1) 3단계: 착한 아이 지향(객체화)

하인츠가 약을 훔치는 것은 약사의 권리를 침해하여 남에게 해를 끼치기 때문에 옳지 못하다고 판단한다. 대인관계 및 타인의 승인을 중시한다. 12~17세의 청소년에게서 볼 수 있는 이 시기는 상호 인격적 일치가 나타난다. 청소년은 다른 사람의 관점과 의도를 이해할 수 있고 고려할 수 있다. 정의는 항상 다른 사람을 부정하거나 해치지 않는 것이 옳은 것이라는 인습적 형상(image)을 포함한다. 아무리 반항적인 청소년일지라도 항상 그들의 도덕적 개념을 유지하는 동년배 집단이 있게 마련이다. 이들의 도덕적 판단의 특징적인 결과는 한층 덜 반항적인 청소년들과도 마찬가지이다.

찬성: 약을 훔치지 않고 죽게 하면 다 남편을 비난할 거야.
반대: 약사의 권리를 침해하고 남에게 해를 끼치니까 비난받을 거야. 그러니 훔치면 안 돼.

### (2) 4단계: 사회질서와 권위 지향(사회화)

법은 어떤 경우에도 지켜져야 하므로 하인츠의 행동은 정당하지 못하다고 판단하는 시기이다. 법과 질서를 준수하며 사회 속에서 개인의 의무를 다한다. 18~25세에 주로 나타난다. 이때에는 법과 질서가 호소력이 있다. 친구의 비행을 말할 것인가 말하지 않을 것인가 하는 것은 그 행위가 법을 어겼는가 또는 공공의 질서를 심각하게 방해하였는가의 여부가 중요하다. 정의는 자신의 의무를 행함으로 자기 자신의 사회의 가치를 유지하는 것이고 아직 소수의 권리에 대한 예리한 감각은 없다. 가장 성숙한 측면이 탈인습적 측면이다. 여기에서 도덕적 관습이 이해된다.

찬성: 아내를 지키는 것이 의무이다. 그러나 훔치는 것은 법을 어기는 것이라 나중에 벌을 받을 각오를 하고 약을 가져와야만 한다.
반대: 아내가 죽어간다 해도 법을 지켜는 것이 시민의 의무다. 그래야만 문명사회가 유지된다.

### 3) 제3수준: 후인습 수준(자율적 수준)

자신의 가치관과 도덕적 원리원칙이 자신이 속한 집단과 별개임을 깨달으면서 개인의 양심에 근거하여 행위를 한다.

#### (1) 5단계: 민주적 법률 지향(일반화)

하인츠가 약국 문을 부수고 들어간 것은 잘못이나 인명을 구하기 위한 일이므로 용서해야 한다고 판단하는 시기이다. 인간으로서의 기본 원리에 따라 행동한다. 사회적 책임으로서의 공리주의, 가치기준의 일반화를 추구한다. 25세 이상의 시기에 나타난다. 이 단계의 사람들은 신념이 서로 다른 사람들의 상호 유익을 위하여 합의를 시도한다. 그러므로 소수까지 포함된 모든 개인의 권리가 인정되는 것이 모두의 관심거리가 된다. 어떤 친구의 비행을 말할 것이냐 아니냐 하는 문제는 이제는 그 친구가 그 행위를 하게 된 이유에 달려 있고, 가능한 여러 행동이 그 친구와 더 넓은 공동체에 끼칠 영향력을 고려한다. 그러므로 정의는 개인의 권리를 보호하는 것이라고 정의한다.

찬성: 법이 생명보다 우선되지는 않는다. 이 경우 법에 대한 재해석이 필요하다.

#### (2) 6단계: 보편적 원리 지향(궁극화)

법이나 관습 이전에 인간 생명이 관여된 문제로서 생명의 가치는 무엇보다도 우선하여 생각해야 한다고 한다. 보편적 도덕원리를 지향한다. 스스로 선택한 도덕원리, 양심의 결단에 따른다. 6단계에 보편적 도덕의 원칙을 인식하는 데 극히 소수만이 이 단계에 도달한다. 사회적 질서에 대한 것이 아니라 모든 사회와 모든 사람을 결속시키는 도덕적 원칙에 대한 존중이 극에 달한다. 진실을 말하는 것은 인간관계의 지고의 측면에 인도하기 때문에 의무적이다. 어떤 상황에 있어서의 정의는 모든 주장에 대하여 동등하게 생각하는 것이며, 모든 사람이 결코 수단으로만 여겨지지 않고 목적으로 여겨지는 것이다.

찬성: 생명에 대한 존중은 무엇보다 중요하다. 따라서 사람들은 서로의 생명을 지키기 위한 공동의 의무를 갖는다.

[ 표 2-4 ] Kolberg의 도덕성 발달

| 수준 | 단계 | 특징 |
|---|---|---|
| 전 인습 수준<br>(전도덕성) | 1단계<br>처벌과 복종 지향<br>(주관화)<br>3~7세 | • 권위자의 벌을 피하고 권위에 복종하는 단계<br>• 벌과 순종을 중요시함<br>• 찬성: 아내를 죽게 내버려두면 비난 받을 거야<br>반대: 벌을 받기 때문에 훔치는 건 나빠. |
| | 2단계<br>상대적 쾌락 지향<br>(상대화)<br>8~11세 | • 욕구충족이 도덕 판단의 기준이라고 생각함<br>• 모든 사람이 동등한 분깃을 받도록 공명정대해야 한다고 주장함<br>• 찬성: 약을 훔쳐야 아내를 살리지. 누구나 자기가 원하는 것을 할 수 있어.<br>반대: 아내를 살리는 것보다 자신이 위험에 처하지 않는 게 더 중요해. |
| 인습 수준<br>(타율적 수준) | 3단계<br>착한 아이 지향<br>(객체화)<br>12~17세 | • 대인관계 및 타인의 승인을 중요시 함<br>• 타인을 부정하거나 해치지 않는 것이 옳은 것이라는 인습적 형상을 가짐<br>• 찬성: 약을 훔치지 않고 죽게 하면 다 남편을 비난할 거야.<br>반대: 약사의 권리를 침해하고 남에게 해를 끼치니까 훔쳐서는 안 돼. |
| | 4단계<br>사회질서와 권위 지향<br>(사회화)<br>18~25세 | • 법과 질서는 지켜져야 한다고 생각<br>• 찬성: 아내를 지키는 것이 의무야. 그러나 훔치는 것은 법을 어기는 것이라 나중에 벌을 받을 각오를 하고 약을 가져와야만 해.<br>반대: 아내가 죽어간다 해도 법을 지키는 것이 시민의 의무야. 그래야만 문명사회가 유지되는 거야. |
| 후 인습 수준<br>(자율적 수준) | 5단계<br>민주적 법률 지향<br>(객체화)<br>25세 이상 | • 인간으로서의 기본원리에 따라 행동함<br>• 공리주의, 가치 기준의 일반화 추구<br>• 찬성: 법이 생명보다 우선되지는 않아. 이 경우 법에 대한 재해석이 필요해. |
| | 6단계<br>보편적 원리 지향<br>(궁극화) | • 생명 가치가 우선되어야 한다고 생각하는 보편적 도덕원리 지향<br>• 스스로 선택한 도덕원리, 양심의 결단에 따름<br>• 찬성: 생명에 대한 존중은 무엇보다 중요해. 따라서 사람들은 서로의 생명을 지키기 위한 공동의 의무를 가져야 해. |

### (3) 7단계: 우주적 영생을 지향하는 단계

Kohlberg는 말년에 7단계를 추가하였다. 그것은 도덕문제는 도덕이나 삶 자체가 문제가 아니라 우주적 질서와의 통합이라고 보는 단계이다. 예수, 간디, 마틴 루터 킹, 공자, 소크라테스, 칸트, 본회퍼, 테레사 등의 위대한 도덕가나 종교 지도자, 철인들의 목표가 곧 우주적 원리이다. 우주적 원리가 속하는 것은 “내가 대접을 받고자 하는 대로 남을 대접하라”는 황금률과 같은 곳에서 드러난다. 생명의 신성함, 최대다수를 위한 최선의 원리, 인간 성장을 조성하는 원리 등이 우주적인 원리에 속한다.

Kohlberg의 도덕성 발달 단계는 각 발달단계가 순서대로 진행된다고 가정하며 일단 한 사람이 도덕적 발달의 상위단계에 도달하면 결코 전 단계로 퇴행하지 않는다고 한다(이춘재 외, 1988; 정옥분, 2008; Kohlberg, 1981; Kohlberg, 1984).

## 3. 청소년과 청년의 도덕성 발달

### 1) 청소년기

타인의 입장을 더 잘 이해하면서 도덕적 추론은 사회적 권위에 기초하여 이루어지며 사회지향적 가치기준을 갖는다. 자신이 속한 집단의 기대나 기준에 맞추어 행동하는 것을 이상으로 여기며 사회질서에 동조하고자 하고 힘 있는 사람과 동일시하려 한다.

대인관계 및 타인의 승인을 중시하는 12~17세의 청소년은 인습적 수준의 도덕발달을 보인다. 자신의 이익을 위해서라기보다는 자신이 속한 사회의 시스템에 적극적으로 동조하고 조화를 이루는 것이 사회적 질서를 지키는 일이라 판단한다. 개인적으로 사적 영역에 있는 사람들과 좋은 관계를 유지하고 애정과 지지를 얻고 인정을 받는 것은 중요한 일이므로 정해진 규칙을 따르려는 의도가 생긴다. 착한 아이, 좋은 사람을 추구하는 대인 간 협동의 도덕성이 발달된다.

### 2) 청년기 이후

법과 질서를 지향하는 수준이다. 법은 어떤 경우에도 지켜져야 한다고 여기는 시기로 18~25세에 주로 나타난다. 청년은 자신을 사회의 일원으로 생각하며 사회기준에 따라 행동을 평가한다. 이 시기에는 법과 질서가 호소력이 있다. 사회질서를 유지하려는 경향이 강해지면서 이전에 가졌던 가까운 사이나 친구와의 관계 등에 의한 도덕적 판단에서 벗어난다. 공평성의 원칙에 대한 신념이 강해지고 사회구성원으로서의 개인적 의무를 강조한다. 그러나 아직 이 시기 전반에는 청소년기의 도덕적 판단과 중복되는 특성을 보이며 소수의 권리에 대한 인식을 갖지는 못한다.

25세 이상이 되면 인간으로서의 기본 원리에 따라 도덕적 판단을 한다. 자신이 속한 사회의 규칙이나 법을 절대적으로 지지하는 성향에서부터 벗어나 상황과 맥락에 따라 도덕적 판단을 내린다. 따라서 소수의 개인적 권리 인정에도 관심을 갖는다. 신념이 서로 다르더라도 인간의 목표를 추구하기 위해 상호 유익을 위한 합의를 시도하며, 자신의 행동이 공동체에 미칠 영향을 고려한다.

인습 이후 수준 단계에 들어서면 보편적 도덕원리와 사회계약 정신을 지향한다. 자신의 가치관과 도덕적 원리원칙이 자신이 속한 집단과 별개임을 깨달으면서 개인의 양심에 근거한 행위를 한다. 조금 더 나아간 도덕적 판단은 법이나 관습 이전에 인간 생명이 관여된 문제로서 생명의 가치를 무엇보다도 우선하여 생각하는 수준에 이르며, 이를 보편적 도덕원리 지향이라 한다. 모든 인간의 권리는 동등하며 개인의 가치와 권위를 존중하고, 개인이 수단이 아닌 목적으로 여겨지는 것을 정의라 생각하며 스스로 선택한 양심의 윤리적 원리를 따른다. 극히 소수만이 이 단계에 도달한다.

# IV 진로발달

## 1. 진로발달의 개요

### 1) 진로와 직업

직업(vocation)은 일반적으로 보수를 받고 일을 하는 것이다. 한국직업사전에 보면 직업은 '개인이 계속적으로 수행하는 경제 및 사회활동의 종류'라고 나온다. 직업은 단순히 일에 대한 대가만이 아니라 성인의 생활과 삶의 질을 결정하는 핵심적 상태이며 사회적 지위를 알려주기도 하고 자신과 가족의 가치를 표현하는 생애과정에서 매우 중요한 요소이다. 한편 진로는(career)는 직업뿐만 아니라 보수를 받지 않고 하는 일(가사일, 봉사)까지도 포함하는 개념으로 '한 개인이 일생동안 일과 관련해서 경험하고 거쳐 가는 모든 체험'을 의미한다. 진로의 계획과 진로탐색, 일에 대한 지식과 태도 일의 동기, 직업의 변경 등이 모두 진로에 포함된다.

진로의 정의와 관련되는 개념은 다음과 같다.

[ 표 2-5 ] **진로 관련 개념**

| 용어 | 개념 |
|---|---|
| 진로발달 (career development) | 개인이 자기가 설정한 진로목표에 접근하고 그 목표를 달성하는 과정을 말한다. 진로발달에서 가장 중요한 기준은 개인의 목표이고, 모든 사람에게 통용되는 객관적이고 표준화된 어떤 일정한 진로발달 경로가 있는 것은 아니다. 여기에서 말하는 발달이란 인지, 정서, 사회성, 신체 등 개인의 전반적 발달을 의미한다. 개인이 직업에 대한 이해와 지식을 얻고 직업을 선택하여 업무를 제대로 수행하려면 그에 상응하는 지적 능력, 동기, 욕구, 신체적 능력 등을 갖추어야 한다. |
| 진로교육 (career education) | 개인의 진로의식 발달, 진로와 관련된 자기탐색 및 적응, 진로와 직업세계에 대한 지식습득, 진로계획 및 준비 등 자신과 자신의 일을 인식하고 탐색하여 적합한 일을 선택하도록 하는 교육활동을 말한다. 진로교육은 대체로 집단교육의 형태를 취한다. |
| 진로상담 (career counseling) | 개인의 진로발달을 촉진시키거나 진로계획, 직업선택과 결정, 실천, 직업적응, 진로변경 등과 활동을 돕는 활동을 말한다. |
| 진로지도 (career guidance) | 사람들이 생애동안 그들의 진로발달을 촉진하기 위해서 전문적인 사람이 여러 다양한 장면에서 수행하는 활동을 말한다. |
| 진로성숙도 (career maturity) | 진로와 관련된 개인적 특성의 이해, 장래의 진로목표의 수립, 단기적 진로목표 수립, 진로결정 과정에 필요한 요소들에 대한 인식의 정도, 일에 대한 태도와 동기, 진로의 변화 가능성에 대한 인식의 정도, 진로를 위한 조건 성취 등을 말한다. |

### 2) 청년과 진로환경

'놀면서 공부한다' 또는 '노는 것도 일하는 것도 아니다' 등과 같은 말들은 예전 어른에게는 심각한 문제였다. 하지만 오늘날 노는 것과 일하는 것을 동시에 하는 상태는 점차 일상화되어 있다. 즉 여가와 일의 구분이 점차 없어지고 있다. 때에 따라서는 소위 재창조라는 레크리에이션 및 여가생활이 곧 생산적인 일과 직접적인 관련이 있는 경우도 발생한다.

이와 관련하여 청년에게 진로는 매우 가변적 흐름이 되었다. 즉 직장생활을 하는 청년이 아침에 출근해서 저녁 일정시간에 퇴근하며 근무시간에만 일하는 구조는 상당 부분 바뀌고 있다. 시간제 일부터 시작하여 자발적 비정규적 일을 하는 청년이 늘고 있다. 물론 이것은 실업 상황과 왜곡된 구직·구인의 불일치에서 기인하기도 하지만 또 다른 측면에서 하나의 사회현상으로 자리잡고 있다. 이런 맥락에서 청년의 진로를 결정짓는 요소도 다양해지고 있다. 경제적 측면뿐만 아니라 개인의 취향 그리고 여가시간의 여부 및 일의 집중도와 수월성 등 여러 면을 고려하여 청년은 자신의 진로를 선택한다.

## 2. 진로발달 이론

Ginzberg와 Super는 직업선택 이론에서 직업선택 발달이 아동기로부터 성인초기에 국한된다는 것에 이의를 제기하고 인간의 전 생애에 걸쳐서 이루어지고 변화되는 것이라고 생각하였다.

### 1) Ginzberg의 진로발달

Ginzberg에 따르면 진로선택은 일회적 행위, 즉 단일한 결정에 의한 것이 아니라 장기간에 걸쳐서 이루어지는 일련의 과정이며, 진로선택 과정은 비가역적이기 때문에 나중에 이루어지는 결정은 이전의 결정에 영향을 받는다. 이러한 진로선택은 가치관, 정서적 요인, 교육의 수준과 종류, 환경의 영향 등의 상호작용에 의해 결정된다. Ginzberg는 진로선택 과정을 세 단계로 구분하였다(이현림 외, 2003).

#### (1) 환상기(6~10세)

이 단계에서는 현실여건, 자신의 능력이나 가능성을 고려하지 않고 독단적으로 특정 직업을 선택해서 그 직업에서 하는 일을 놀이활동을 통해서 표출하려 한다. 이때 아동은 현실적 장애를 의식하지 못하기 때문에 자기가 원하는 것은 무엇이든지 다 할 수 있다고 생각한다. 그래서 아동은 어른이 보기에는 꿈으로 보이거나 비현실적인 직업을 희망하기도 한다.

#### (2) 잠정기(11~17세)

청소년기가 이 단계이다. 이때부터는 진로선택 과정에서 자신의 흥미와 능력, 가치가 고려된다. 그러나 이 시기 역시 현실적 요인들이 감안되지 않기 때문에 잠정기라 할 수 있는데, 이러한 잠정기는 4가지 하위단계로 구분된다.

- 흥미기(11~12세): 흥미를 중심으로 직업을 선택하는 시기
- 능력기(12~14세): 자신이 느끼는 흥미에 연결해서 성공할 수 있는 능력이 있는가를 시험하며 다양한 직업을 인식하는 시기
- 가치기(15~16세): 직업을 선택할 때 고려해야 하는 다양한 요인을 감안하며, 특수한 직업의 선호와 관련된 모든 요인들을 알아보고 직업선호를 자신의 가치관과 생애 목표에 비추어 평가하는 시기
- 전환기(17~18세): 점차 주관적 요소에서 현실적이고 외적 요인들로 관심을 옮기는 시기

#### (3) 현실기(18-22세)

청소년 후기와 청년기에 해당되는 이 단계에서 비로소 현실적인 선택이 이루어진다. 자신의 흥미, 능력, 가치뿐만 아니라 취업의 기회, 직업의 요구조건, 교

육의 기회, 개인적 요인 등과 같은 현실적 요인을 고려하고 타협해서 결정한다. 이 현실기는 3개의 하위단계로 구분된다.

- 탐색기: 자신의 진로선택을 위해 필요하다고 판단되는 교육이나 경험을 축적하려고 노력하는 단계
- 정교화기: 직업목표를 정하고 자신의 결정에 관련된 내·외적 요소를 종합할 수 있는 단계
- 구체화기: 자신이 내린 결정을 더욱 구체화시키고 더 세밀한 계획을 세우는 단계

## 2) Super의 진로발달

Super 이론의 기저를 이루는 것은 자아개념이다. 사람들은 자신의 이미지와 일치하는 직업을 선택한다고 한다. 그에 따르면 자아개념은 유아기에서부터 형성, 전환, 실천의 과정을 거쳐 사망에 이르기까지 계속 발달되고 보완된다. 그러나 청년기 이후에는 대개의 경우 자아개념에 큰 변화가 오지 않는다.

Super는 진로발달을 성장기-탐색기-확립기-유지기-쇠퇴기의 5단계로 구분하였다.

### (1) **성장기(출생~13세)**

자아감이 생겨나면서 직업세계에 대한 기본적 이해가 시작된다. 호기심을 갖고 직업에 대한 환상을 갖기 시작하며(환상기: 2~10세), 이후 가정, 부모, 또래 관계 등을 통해 환경을 탐색하여 일과 자신의 흥미, 능력에 대한 정보를 획득하는 흥미기(11~12세)를 거쳐, 능력을 중시하는 능력기(13~14세)로 접어들어 실제 자신이 통제할 수 있는 환경 통제감과 의사결정 능력을 키운다.

### (2) **탐색기(15~24세)**

15~24세에 해당한다. 이 시기에는 학교에서의 생활, 여가활동, 아르바이트 등

을 통한 일과 관련한 역할 수행과 자신에게 적합한 직업을 탐색하고 잠정적으로 선택하며, 자신의 여러 특성들을 이해하게 되며, 점차 현실적 요인을 더욱 중요하게 생각하는 때이다. 미래에 대한 계호기이 주요한 진로발달 과업이 된다.

잠정기(결정기: 15~17세), 전환기(구체화기: 18~21세), 시행기(실행기:2 2~24세) 등의 하위단계를 거친다. 잠정기에는 흥미나 욕구, 직업적 기회 등을 고려하고, 전환기에는 교육과 훈련 등 현실적 요인을 고려하며, 실행기에 직업을 선택한다.

### (3) 확립기(25~44세)

Super는 진로발달에서 확립기를 25~44세로 보았다. 이 시기에는 적합한 분야를 찾아서 정착함으로써 안정을 이루는 때이다. 특히 청년기에 해당하는 시기를 하위분류를 통해서 정착기(시행기: 25~30세)로 보았다. 선택한 직업이 자신의 자아개념을 잘 표현할 수 있는지와 자신이 직업에서 성공하는 데 필요한 기술을 가지고 있는지를 확인하는 단계이다. 이 시기에는 스스로 선택한 일의 분야가 적합하지 않을 때에는 자신에게 맞는 일을 찾을 때까지 계속해서 변화를 겪으며 영구적인 직업을 발견할 때까지 지속적인 노력을 하는 시기이다.

공고화기(안정기: 31~40세)에는 직업에 정착하여 직업 평탄이 발달하며, 이 시기에 직업 안정을 찾지 못하면 탐색기로 재순환이 시작된다. 발전기(41~44세)에는 자신이 속한 직업에서 능력을 인정받으며 신뢰받는 생산자로서 책임 있는 지위로 승진한다.

### (4) 유지기(45~64세)

직업에서 자신의 수행 수준을 유지하거나 개선하며 새로운 직업분야를 선택하기도 한다. 새로운 직업을 선택하기 위해서는 이전 단계의 탐색, 확립, 유지단계를 재순환한다. 직업세계에서의 멘토로 활동한다.

### (5) 쇠퇴기(65세 이상)

신체 능력이 저하되며 직업 활동에 대한 흥미가 감소하는 단계이다. 이 시기에는 성공적인 은퇴를 준비하는 것이 발달과업이 된다. 쇠퇴기는 은퇴를 준비하는 감속기(65~70세), 은퇴하고 은퇴 이후 생활에 적응하는 과제를 안게 되는 은퇴기(71~75세), 은퇴 후 생활을 유지하며 신체와 주변 환경 변화에 순응하는 은퇴 생활기(75세 이후)로 구분된다.

[ 표 2-6 ] Super의 진로발달 단계

| 단계 | 진로발달 단계 | |
|---|---|---|
| | 세부단계 | 특징 |
| 성장기(출생 후~13세) | 환상기(4~10세) | 욕구 중시 |
| | 흥미기(11~12세) | 취향 중시 |
| | 능력기(13~14세) | 능력 중시 |
| 탐색기(14~24세) | 잠정기/결정기(15~17세) | 흥미, 욕구, 기회, 정보 기반 |
| | 구체화기/전환기(18~21세) | 교육, 훈련, 준비 상태 기반 |
| | 실행기/시행기(22~24세) | 직업선택/종사 |
| 확립기(25~44세) | 정착기/시행기(25~30세) | 자기개념, 능력과 직업의 적합도 중시 |
| | 공고화기/안정기(31~40세) | 긍정적 평판 중시 |
| | 발전기(41~44세) | 책임 있는 지위 획득 |
| 유지기(45~64세) | 유지, 갱신, 혁신 중시 | |
| 쇠퇴기(65세 이상) | 감속기(65~70세) | 개인 직무 변화 수용, 은퇴 준비 |
| | 은퇴기(71세~75세) | 은퇴 적응 |
| | 은퇴생활(76세 이후) | 신체, 주변 환경 변화에 순응 |

Super(1990)는 진로발달 이론이라면 개인차, 직업적 능력의 유형, 부모와의 동일시 및 모델의 역할, 적응의 계속성, 생애단계, 진로유형, 발달의 지도 가능성, 발달이 개인의 상호작용의 결과라는 점, 진로 유형의 역동성, 직업만족 및 직업이 생계유지의 수단이라는 점과 같은 11가지 요소를 다루어야 한다고 주장했다. 또한 이러한 단계 전체를 '평생순환과정(maxicycle)'으로 보고 개인의 평생에 걸친 다양한 역할까지도 동시에 고려할 필요가 있다는 점을 주장하였다.

## 3. 청소년과 청년의 진로발달

### 1) 청소년기

청소년기 진로발달의 핵심은 능력개발과 탐색이다. 직업을 선택하기 위한 탐색과 자신이 원하고 사회적으로 인정받는 직업을 갖기 위한 능력개발이 발달의 주된 과업이다. 이러한 발달과업은 주로 학교를 통해서 이루어진다. 그렇지만 변화하는 사회보다 더 빨리 혁신하는 청소년의 사고와 취향을 맞춘 진로발달 과업을 이행하기 위해서는 더 많은 실제적 시행착오의 기회가 제공되어야 하며, 적극적으로 청소년이 참여하고 스스로 선택할 수 있는 구조를 만들어야 한다.

### 2) 청년기

청년기 진로발달 과정은 현실지향적이다. 직업이 갖는 안정성과 자신에게 맞는 적합성을 동시에 조율하기 위해서 직업을 선택한다. 한편 다양한 직업만큼 많은 직업 준비기를 요구하는 시대에서 청년에게 진로는 직업을 갖고 새로운 직업을 또 다시 꿈꾸는 이중적 구조를 갖기도 한다. 점차 자신이 원하는 직업선택의 준비기간이 길어짐으로 청년들은 그 기간을 직업선택을 위한 준비기로 이해하기보다는 예비 직업을 갖고 이를 디딤돌로 안정된 영구적 직업이나 직장을 갖기 위한 과정으로 삼고 있다. 따라서 청년기의 진로발달은 개인과 사회적 측면을 모두 고려하여 과업을 추진해야 한다. 개인적 측면에서는 안정적이고 선호하는 직업선택에 필요한 진로지도가 이루어져야 하며, 사회적인 면에서는 청년이 직업을 갖고 나서 일에 대한 불안정한 태도를 갖지 않고 일 자체가 새로운 직업선택에 도움이 되도록 사회적 지원을 지속해야 한다.

# VII 정치사회적 사고발달

## 1. 정치사회적 사고발달의 의미

청년기의 정치사회적 사고의 발달은 인지와 도덕성 발달과 많은 관련이 있다. 정치적이고 사회적 발달은 추론적 사고가 가능해야 하며 사회적 행위로서 윤리와 도덕성에 대한 가치가 내재되어야 하기 때문에 인지발달 및 도덕성 발달과 불가분의 관계를 갖는다.

인간은 사회적 동물인 동시에 정치적 행위를 한다. Aristoteles는 인간은 '정치적 동물'이라고 하였다. 우리가 하는 모든 행동은 정치적 행위이다. 정치적 행위란 스스로 자신에게 편하고 이익이 되는 심적·물적 의사결정을 하고 개인의 내적 또는 사회적 관계에서의 갈등을 조정하고 해결하는 활동을 말한다. 물론 좁은 뜻에서 정치행위는 정치권력을 획득하고 유지하는 활동을 말한다.

실제 정치는 함께 잘 사는 공동체의식을 구현하는 데 필요한 요소이다. 정치를 통해 사람들은 질서와 규칙 등을 결정한다. 그리고 사회 안에서 부딪치는 상호 이해관계를 합리적으로 조정한다. 이러한 정치와 정치적 행위의 궁극적 목표는 개인 삶의 질 향상, 즉 복지와 사회 전체의 행복 보장에 초점을 맞춘다.

## 2. 정치사회적 사고의 발달

정치사회적 사고의 발달은 유아기의 발달 특징에서도 찾을 수 있다. Freud에 따르면 인간은 유아기 때 갖고 있는 자유와 쾌락의 생존 세계(id 중심)를 커가면서 버려야 한다는 쓰라린 경험을 한다. 이 경험은 어떤 의미에서는 전 생애에 걸쳐서 강력하게 잠재되어 있다. 현실의 원리에 따르는 자아는 자신을 사회 속에 편입하기 위해서 본능, 충동, 희망 등을 포기하거나 축소해야 한다. 하지만 쾌락의 욕구는 여전히 인간에게 내재되어 있어 사회 현실과의 갈등은 수면 아래서 여전히 대립하고 있다. 이와 같은 욕구 불만은 정치적 행위의 기본 속성이 된다.

다시 말해서 개인이나 사회의 정치적 투쟁과 갈등의 요소로서 긍정적 또는 부정적으로 작용한다. 권위에 도전하거나 체재에 순응하는 등 개인의 내적·심리적 요소가 사회적 현상과 상호 교류하면서 갈등 또는 안정화에 들어선다.

사실 정치사회적 사고는 사춘기를 겪으면서 갖는 자아에 대한 강력한 개념과 독립성 그리고 추상적 사고의 발달과 관련이 있다. 정치사회적 사고는 갈등에서의 자기와 사회를 위한 올바른 의사결정 과정이라고 볼 때 설득력이 있다. 왜냐하면 일정 수준의 개념적 사고와 독립된 자아개념을 갖고 있어야 서로 간의 대등한 교류적 사고가 가능하기 때문이다.

## 3. 정치사회적 사고발달에 영향을 주는 요인

정치사회적 사고의 발달은 인간의 심리, 정서, 사회발달의 토대 위에서 진행된다. 즉 인간 내면의 성장발달적 요소보다 사회나 환경적 요소가 더 많이 작용하여 사람들의 사고를 발달시킨다. 이런 관점에서 사람의 성장과정에서 정치사회적 사고의 발달에 영향을 주는 대표적 요인을 몇 가지 제시할 수 있다.

### 1) 심리적 요인

정치와 사람의 특정 심리구조는 관련이 있다. 권위적 성격을 가지고 있는가, 아니면 순종적 성향을 갖고 있는가에 따라서 사람의 행동양식이 나타나고 이는 곧 정치적 행동양태로 파악될 수도 있다.

권위적 태도는 강력하고 훌륭한 능력이 있기 때문에 권위를 가질 수 있으며 항상 명령이 가능하다고 본다. 반면 순응적 반응을 지닌 사람은 자기에게 자신이 없고 개성이 뚜렷하지 못하며 자아와 주체의식에 대한 회의를 갖고 있다. 이들은 사회질서가 안정되기를 바라며 그 속에서 개인이 편안하다고 느끼는 것이다. 때로는 Adler가 제시한 대로 인간의 정치적 잔인성과 독재는 신체적으로 어떤 결함을 가진 사람이 자신이 받은 고통에 대한 과잉보상에서 기인하는 경우가 종종 있다는 것으로도 심리적 요인은 정치사회적 사고에 영향을 준다는 설명이 가능하다.

### 2) 기질적 요인

정치사회적 사고와 행동은 기질적 요인에 의해 결정된다. 기질은 의학자 Hippocrates도 언급했는데 사람은 행동과 태도에 따라서 분류될 수 있고 주로 생물학적으로 결정된 타고난 소질의 결과를 말한다. 흔히 정치학에서 기질은 주로 선천적 개인의 기질에 기초하여 정치적 투쟁과 갈등을 설명하는 데 사용되었다.

일부 과학자들은 사람의 정치적 성향을 결정짓는 중요한 요인은 바로 사람의 '신체적 기질(physical makeup)'이라고 지적하고 있다. 즉 정치적 성향은 신체적 기질이라는 인체의 종합적 판단에 의해 결정되는 것으로, 생물학적 기반이 크게 작용하며 즉흥적으로 변하는 것은 결코 아니라고 말한다. 예를 들어 겁이 많거나 위협을 많이 느끼는 사람들은 대체로 보수적이고, 반대로 어떤 형상(image)이나 소리에 위험을 덜 느끼는 사람의 경우에는 진보적인 판단을 갖는다고 한다. 다시 말하면 사람의 성격(personality)이 정치적 성향을 결정하는 것이지 경험이

미국 네브라스카 링컨(Nebraska-Lincoln) 대학의 연구팀은 네브라스카 주에 거주하는 46명의 지원자를 대상으로 외적인 습격, 이라크 전쟁 그리고 사형제도와 애국심 등 여러 가지 공포감을 자아내는 그림과 소리를 접하게 하면서 그들이 보여주는 반응을 체크했다. 그림에는 얼굴에 커다란 거미가 붙어 놀라 자빠지는 사람들의 모습을 비롯해 구더기가 득실거리는 보기에도 끔찍한 커다란 상처도 있었다.

연구진은 지원자들의 각기 다른 상황에 따라 나타나는 심리적 반응을 진단하기 위해 그들의 피부와 눈꺼풀의 떨림 등 전기전도도(electrical conductance)를 측정했다. 그림과 소리에 얼마나 민감하게 반응하는지를 측정하기 위해서다.

민감하게 반응하면서 쉽게 놀란 사람들은 보수성향으로 사형제도를 찬성했고 대단히 방어적이었다. 그러나 낙태에는 반대했다. 연구진은 이 결과에 대해서 정치적 성향이 개인이 처한 환경이나 경험에 의해 결정된다는 기존의 사고와 달리 생물학적 기반에 따라 결정된다고 하였다.

자료: www.sciencetimes.co.kr/article.do?atidx=0000027634

나 지나온 환경에 따라 변하는 것이 아니라는 연구결과를 내놓기도 하였다.

이러한 기질론은 Heymans-Wiesma, Eysenck 등 여러 정치학자가 제시하기도 했다.

### 3) 인구적 요인

인구 증가와 같은 요인이 정치사회적 사고에 영향을 미친다. 즉 인구의 압력이 갈등과 투쟁의 기본 요인이 된다는 견해이다. 인구밀도가 높은 국가에서는 사회적 긴장이 높고 호전적이며, 인구밀도가 낮은 국가는 안정되고 평화로운 관계를 갖는다고 보고 있다. 하지만 오늘날처럼 저출산이 문제가 되는 국가에서는 전혀 다른 양상을 보일 수도 있다. 오히려 인구의 부족이 정치사회적 갈등의 소지가 될 수도 있다. 즉 인력의 배치나 조정의 문제는 사회적 의사결정의 핵심이 되기 때문이다. 그래서 인구적 요인은 정치사회적 발달에 중요한 영향요인은 아니라고 볼 수 있다.

### 4) 사회문화적 요인

마르크스주의자들은 정치에 있어서 문화적 요인에 대한 영향을 부인한다. 이념이나 제도 그리고 문화는 계급의 반영에 지나지 않고 사회의 상부구조에 속한다는 것이다. 하지만 자유주의자의 입장에서는 정치사회적 사고의 발달에서 사회문화적 요인은 가장 중요한 요소이다. 정치적 권력과 행위는 투쟁이며 집단적 사고와 전통에 따른 부산물이다. 물론 문화적 요인이 모든 요인을 포괄하기도 하고 정치사회적 사고에서 경제적이고 물질적인 면을 퇴색시키는 수단에 지나지 않는다고 비난받을지라도 문화적 요인은 인구, 지리, 경제, 종교, 신념 등 다양한 요인의 접합점의 의미에서 하나의 거대한 맥락적 요인이 된다고 할 수 있다.

## 4. 청소년과 청년의 정치사회적 사고의 발달

### 1) 청소년기: 투쟁과 이상향의 단계

청소년기의 정치사회적 사고는 일반적으로 투쟁과 갈등지향적 속성을 가진다. 그 이유는 청소년기는 신체와 심리적 요구 그리고 사회적 현실과의 괴리 때문에 갖는 욕구 불만이 상당히 큰 시기이기 때문이다. 이와 같은 자신의 결핍이 외현화되고 외부세계로 일반화되어 사회적 불평등에 대해서 비판적 시각을 갖는 것이다. 청소년 스스로 사회에 대해서 피억압자의 위치에 있다고 느끼며 기성세대가 갖는 특권의식에 대해서 청소년 나름의 권력 투쟁에 동참한다. 이러한 권력 투쟁은 실제 상황에 처하면 대부분 억압적 현실에 부딪치기 때문에 사회 일탈행위나 자기파괴적 행동으로 나타나기 쉽다. 그러나 모든 청소년이 그렇지는 않다. 청소년은 지금-현재의 권력을 갖지 못하는 한계를 인식하고 체제에 순응하면서 잠재적 욕구 불만을 미래에 자신이 권력을 선점하기 위해서 유보하며 권력 확보를 위한 수단에 몰입한다. 예를 들어서 공부를 한다던가, 일찍 경제적 부를 축적하려고 노력하는 것 등이다.

한편 청소년이 갖는 정치적 사고는 좀 더 연령이 높아지면서 현실도피적 성향을 지닌다. 현실에 대한 불만을 확실히 해소하거나 해결하기 어렵다고 느끼면 청소년은 점차 이상적 정치사회 지평을 상정하고 이를 위한 개인적이고 사회적 노력을 한다. 아마도 오늘날 청소년이 대중문화적 권력을 통해서 이상향을 만들어 나가려는 의욕도 이러한 측면에서 보아야 한다. 이런 점에서 착안한다면 이 시기의 청소년에게 정치사고적 사고를 키우는 과정은 그들 생각을 함께 수용할 수 있는 기회를 제공하고 통제적 관점보다는 그들이 살아갈 미래사회에 대한 현실적 개선방안을 함께 생각하는 것이 더욱 효과적 발달지원이 될 것이다.

### 2) 청년기: 현실과 통합의 단계

청년기에 접어들면 정치사회에 대한 갈등적 사고와 시각이 현실적이며 통합적인 인식으로 전환된다. 물론 갈등과 통합이 다른 요소로 보이지만 실제는 그렇지 않다. 의사결정 과정이든 권력을 쟁취하는 행위든 아니면 행복을 추구하는 행동이든 모두가 갈등과 통합의 일련의 과정이다.

청년기에 들어서면 갈등의 규칙에 대한 이해를 한다. 또한 그 한계도 알게 된다. 이처럼 청소년기에 가졌던 현실의 괴리에 대한 고민과 이상적 설정을 명확히 보며 동시에 갈등적 요소가 심각한 내적 에너지의 낭비라는 사실을 인식한다. 그렇다고 갈등 자체가 에너지의 소모는 아니며 갈등이 곧 통합적 현상으로 연결될 수밖에 없음을 이해한다는 것이다. 왜냐하면 이미 다른 도피처가 없이 지금-현재 발을 디디고 있는 곳에서 다른 사람들과 함께 살 수밖에 없다는 사실에 대한 재인식인 것이다. 이를 통해서 청년기에는 점차 사회의 기본원리와 적용한 제도에 대한 일치감을 가지려 노력한다. 그렇지만 이것은 이상적 권력과 정치사회행위에 대한 비겁한 외면이 아니라 규칙과 절차를 인정하고 개선하려는 노력이라고 스스로 합리화한다. 이런 가운데 청년은 사회의 규칙과 절차에 대해서 인정한다. 즉 우리가 정치를 통해서 이루려고 하는 것이 무엇인지, 정치를 통해서 어떤 행위를 옳고 그름으로 규정할 것인지, 누가 얼마만큼 어느 정도의 세금을 내고 그것을 어떻게 사용하고 평가할지에 대해서 결정하는 것에 참여한다.

이와 함께 발달단계에서 성인으로서의 책임감을 가져야 할 시기라는 것을 이해하고 사회의 시민으로서 책임감과 참여의식을 고양하기 위해서 애쓰며 실천적 방안들에 대한 고민과 행동을 하기 시작한다. 그러면서 타협을 배우고 민주적 절차와 연대의식을 발전시킨다. 올바른 의사결정과 권력 획득을 위해서 사회구성원을 조직화하고 합법적이고 합리적이며 윤리적 방법으로 힘을 쟁취하는 방법에 대해서 연구하고 행동화한다. 정당한 국가에서는 청년들을 위한 시민교육이 이루어져야 하며, 이들을 위한 교육은 새로운 세대를 사회에 통합하는 수단인 동시에 그들이 사회를 변혁하도록 허용하는 기성세대 정치사회권력의 자기성찰과 양보가 있어야 하겠다.

# 3

# 청년발달 관련 이론

사회구성주의 이론

발달적 맥락주의론

임파워먼트 이론

긍정적 발달 이론

# I 사회구성주의 이론

## 1. 개요

사회구성주의는 모든 지식은 사회적으로 조건 지워져 있고 심지어 자연적 범주의 것도 본질적으로 사회적 활동의 산물로 본다.

이러한 사회구성주의는 포스트모더니즘(post modernism)을 철학적 배경으로 삼는다. 사실 근대철학은 진리에 대한 가치에는 절대적 기준이 존재한다고 보았으나, 포스트모더니즘에서는 지식과 인간의 인식에 있어서 절대적 기초가 존재한다는 기본 가정을 비판하면서 진리나 지식은 절대적인 것이 아니라 개인과 개인 간의 사회적 합의에 따라서 생성되고 유지된다고 본다. 만일 근거나 기준이 존재한다면 그것은 단순히 인간의 욕구와 필요 그리고 인간이 처한 시대적 또는 사회적 상황에 따라 다르게 결정된 것이다. 그러므로 항상 가변적이고 불완전하며 우연적 성격을 지닌다고 하였다.

## 2. 구성주의와 사회구성주의

사회구성주의를 이해하기 위해서는 먼저 구성주의에 대해서 살펴볼 필요가 있다. 구성주의의 형성 배경과 그 근원에 대해서는 많은 논란이 있다. 지식의 본질에 관한 구성주의는 18세기 Vico와 Berkely에 의해서 시작되었다.

한편 구성주의 심리학은 Piaget와 Vygotsky의 이론에서 출발하였다고 볼 수 있으며, 최근에는 심리학과 교육학, 아동학, 사회복지 등의 영역에서 활발히 연구되고 있다. 개인적 구성주의는 Piaget의 지식에 대한 인식론적 가정, 특히 인간의 지식 구성에 있어서의 동화와 조절의 과정을 기초로 하여 제시한 이론이다 (Steffe, 1995).

이러한 구성주의 관점에서 볼 때 지식은 절대적인 것이 아니라 상대적이다. 객관주의 사고가 팽배하던 시절에는 지식을 고정불변의 것으로 생각하여 지식을 있는 그대로 받아들일 것을 강조했다. 여기에는 절대적 진리가 존재한다는 전제가 있었다. 하지만 구성주의 관점은 지식이 상대적이라는 입장을 취한다. 절대적 지식이 있다기보다는 지식은 시대에 따라, 그 사회에 따라 달라지며, 개개인에 따라 다르다는 입장을 취한다. 그래서 지식을 있는 그대로 받아들이기보다는 그 지식을 자신의 입장 또는 자신이 속한 집단의 입장에서 나름대로 어떻게 구성하느냐에 초점을 둔다. 객관주의에서는 '저쪽' 에 있는 지식을 발견하고 암기하는 것을 강조한다면, 구성주의에서는 '여기' 에 있는 지식을 나름대로 생성하고 창조하는 것을 강조한다.

구성주의는 개인적 구성주의와 사회적 구성주의로 나누어 살펴볼 수 있다. 개인구성주의는 개인 자체를 강조하여 개인 내에서 어떻게 구성이 이루어지느냐에 주목하는 반면, 사회구성주의는 개인이 속한 사회가 어떻게 구성에 영향을 미치는가에 초점을 맞춘다. 사회구성주의에서는 개인이 사회적 관점에 따라 실재를 구성하고 해석한다고 본다. 이러한 사회적 구성주의는 개인적 구성주의가 주장하는 지식의 비객관성의 문제를 비판하면서 그 대안으로 Vygotsky의 지식에 대한 사회·문화적 접근을 가져옴으로써 연구되기 시작하였다. 사회적 구성주의 이론도 개인적 구성주의와 마찬가지로 객관적 실재는 인간의 정신적 구성에 의해서 이루어진다고 보지만, 그러한 지식이 형성되는 것은 집단에서의 상호작용과 그 맥락적 상황에 의하여 가능하다고 보았다. 실제 우리가 무엇을 어떻게 가르칠 것인지의 문제가 제기될 수 있다. 이러한 문제에 대하여 새로운 측면에서 개인적 구성주의를 보완하려는 사회적 구성주의가 등장하였다.

## 3. 사회구성주의와 청년발달

한 사람이나 그 사람이 속한 사회적 세계는 타인에게 저절로 드러나는 것이 아니다. 따라서 한 개인의 실재와 그가 문제 삼는 것들을 이해하기 위해서는 그의 관점 안으로 들어가야 한다. 어떤 의미에서 청년은 이미 객관적 세계 안에서가 아니라 자신이 경험하고 구성한 역동적 현실 안에서 살고 있다. 이는 관찰과 측정과 같은 수단이 아니라 우리가 사용하는 언어와 대화를 통해 이해될 수 있다(고미영, 2009 참고). 구성주의는 실재를 부정하는 것이 아니라 내가, 나아가 우리가 실재를 어떻게 주관적으로 인식하고 있는지와 그것이 세상과의 관계 속에서 상호 의존성을 갖는 실체에 대해 관심이 있다.

하나의 언어는 그 언어세계에 살고 있는 사람들이 지닌 삶의 형식을 표현하고 있다. Wittgenstein의 말처럼 사물을 지칭하는 단어보다는 그 단어가 문장과 상황 속에서 어떻게 쓰이는지에 따라서 그 의미가 더 중요할 수 있다. 그렇게 본다면 '자두' 자체가 독립적 지식이나 개념으로서 중요하기보다는 그 지식이 현실세계에서 어떻게 나에게 의미 있느냐에 더 중요하다. 예를 들어 '자두가 맛있다', '정물화를 그리는 데 사용될 자두가 있다','자두는 가수를 연상한다' 등의 표현이 있을 수 있다. 이처럼 주관적 자기인식과정을 통해서 스스로 문제와 상황 그리고 자신의 긍정적 이미지를 형성하는 데 청년에게 구성주의적 전략은 유용해 보인다.

오늘날처럼 청년에게 창의적이고 유연한 사고를 요구하는 시대에서 일방적

훈련과 지식의 전수는 이율배반적이다. 따라서 이미 자유롭고 혁신적인 생활세계에서 살아온 청년에게 지식과 기술을 가르치고 답습시키는 것이 아니라 하나의 개념과 지식의 표상을 통해서 그것이 어떻게 활용될 수 있는지에 대해 이해시킴으로써 청년 스스로 자주적 발달을 모색할 수 있다. 즉 이미 정해진 세계 속에서 청년이 사는 시대는 사라지고 있다.

어떻게 보면 어른이 청년에게 그들이 살아갈 세상은 이전의 세계와는 전혀 다르다고 강조하면서도 여전히 청년에게 가정과 취업 등의 관점에서 어른의 시각의 옳음을 강조하고 있는지도 모른다. 이러한 현실에서 사회구성주의는 다양한 청년의 삶을 수용하고 그 삶의 방향을 결정하는 데 적지 않은 시사점을 주는 이론일 수 있다.

구성주의와 사회구성주의가 청년발달 과정을 기계적으로 설정하고 있지는 않지만 청년이 '열린 세계'로 스스로의 삶을 구성하는 데 큰 의미를 줄 수 있다는 말이다. 이것은 또한 나아가 다문화·다민족 사회에 살고 있는 청년에게 인간에 대한 따뜻하고 협동적인 연대의식을 모색하는 데도 도움을 줄 수 있다. 다시 말해서 청년들이 미래사회를 그들 자신의 말과 행동 그리고 사고로서 구성하는 데 준거를 가져다줄 수 있는 하나의 이론적 틀이라 볼 수 있다.

## II 발달적 맥락주의 이론

### 1. 개요

발달적 맥락주의는 계속해서 발달하는 개인과 복합적인 다차원적 맥락 사이의 변화하는 관계들로 인간발달의 기본과정을 개념화한다.

발달적 맥락주의에서는 청소년의 발달이 그의 실제적·생태적으로 타당한 맥락의 특징과 관련된다고 본다. 즉 생태적으로 타당한 맥락이란 특정 가족, 이웃, 사회, 문화, 물리적 환경, 게다가 그들이 살고 있는 역사 속에서의 어느 한 시점을 의미한다. 발달적 맥락주의에서는 인간발달이 체계적으로 변화하고 복합적 체계 내에서 발생한다고 보기 때문에 맥락의 하나인 부모가 청소년에게 영향을 주는 것만큼 청소년 자신도 그들의 부모에게 영향을 준다고 본다.

따라서 청소년의 긍정적 변화와 건강한 발달을 위해서는 그가 갖는 잠재력과 문제가 모두 설명되어야 한다. 이를 위해서 청소년이 살고 있는 실제 맥락 내에 있는 무엇인가가 변해야만 한다. 이렇듯 변화란 인간발달 과정에 영향을 주는 변인에 대한 이론적 사고를 검증하기 위해 설계된 실험적 조작과 청소년의 인생 경로를 더 나은 방향을 바꾸기 위한 개입프로그램을 포함한다.

## 2. 예방적 개입 및 증진적 개입 틀로서의 발달적 맥락주의

청소년문제는 단일 사건이나 단일 원인에 의해 생성되지 않는다. 부적절한 부모역할, 가난, 유해한 대중매체 영향, 건강문제, 경제문제, 교육체계의 실패, 적절치 않은 정부 정책 등 이러한 모든 현상들이 현재 청소년이 살고 있는 발달체계에 속하는 한 부분을 구성하고 이 체계가 청소년문제를 생성하는 데 관여하고 있다. 따라서 체계의 맥락에서 발생하는 발달이 이러한 청소년문제의 기초를 제공하는 동시에 동일한 체계가 문제에 대한 어떤 포괄적 해결책과도 관련을 갖는다. 청소년문제에는 아무런 단일 해결책이 없다. 어떤 특정한 청소년 행동문제 또는 발달에 대한 해결책은 개인, 가족, 지역사회 및 사회문화적 맥락의 수준에서 체계에 들어감으로써 찾을 수 있다.

심각한 위험행동들은 상호 연관되어 있다. 빈곤은 학업실태와 중퇴, 실업, 지속적 복지 의존성, 비행 등과 관련될 수 있다. 따라서 심각한 위험행동들의 상호 관련성은 어느 한 유형의 프로그램이 문제의 모든 상호 연관된 측면들을 적절하게 다루기에 충분하지 않다는 것을 시사한다. 그 대신 각 사회내의 통합 서비스가 필요하다. 하지만 문제의 체계적 상호 연관성 때문에 프로그램의 포괄성은 그 자체로서 적절하지 않으므로 서비스 사이의 통합이 요구된다.

더구나 청소년문제의 체계적 본질 때문에 문제에 대처하기 위해 제공되는 통합적 서비스는 체계 내에 있는 개인이 아니라 체계 자체에 대한 서비스여야 한다.

개인, 기관, 맥락 수준들 사이의 관계는 청소년문제의 기초를 제공하고 그 문제의 변화를 위한 잠재적 자료를 제공한다. 개입은 개인을 변화시키기보다는 발달체계를 변화시키는 것에 목적을 두어야 한다.

그리고 개입에는 타이밍이 중요하다. 즉 전 생애를 거쳐 발달체계는 더욱 조직화될 뿐만 아니라 어떤 의미에서는 이 조직이 과조직화를 한다. 체계의 대안적 영역은 물론이고 중복적 영역이 발달기능을 지지하기 위해 작동한다. 예를 들면 청소년기의 문제행동은 청소년의 입장에서는 정서적 결핍일 수 있고, 부모의 편에서는 아동양육 기술의 부족일 수 있으며, 학교 교사의 입장에서는 청소년에 대한 부정적 평가와 실망감일 수도 있고 불법행동을 조장하는 또래집단일 수도 있다. 이러한 체계의 각 부분들이 청소년의 문제행동을 강화, 지지 또는 유지시킨다. 따라서 청소년 행동문제 및 발달의 문제는 이러한 중복적으로 조직화된 체계에 얽히면 동일한 문제가 발달 초기에 얽혀 있는 경우보다 변화시키기 더 어렵다. 행동 및 발달의 변화를 초래하기 위해서 생애 후기에 개입이 일어나면 생애 초기에 개입이 일어나는 것보다 더 많은 노력이 소모되고 체계의 더 많은 부분이 관계되어야 한다. 따라서 예방적 개입이 시간, 규모, 다른 자원 면에서 치료적 개입보다 더 경제적이다.

물론 개선을 향한 변화가 가능한 체계를 악화하는 방향으로의 변화 가능성도 있다. 인간행동과 발달을 변화시키는 개입적 수단들은 질병에 대한 면역과 유사하지 않다. 그렇기 때문에 인간행동과 발달에 대한 일회성(one shot) 개입은 지속적 변화에 영향을 주는 것 같지 않다. 대신에 개입은 종단적으로 설계되어야 하고 프로그램의 연속성이 전체 발달에 걸쳐 유지되어야 한다.

이러한 연속적 노력은 비용이 많이 든다. 그러나 전 생애적 프로그래밍은 비효율적인 프로그램으로 판명된 프로그램을 중단시킴으로써 그 효과를 배가시킬 수 있다. 양질의 프로그램을 공급해야 하는 요구(책임성)는 전문적 책임이 있고 윤리적이며 인간적 프로그램이 필수 요소이다. 만약 효율적으로 증명된 프로그램만이 지속된다면 효과 없는 프로그램에 드는 자원을 아낄 수 있을 것이다. 이러한 결정을 하는 것은 적절한 평가정보가 있어야만 가능하다.

## 3. 청년발달에 주는 시사점

발달적 맥락주의의 원리란 의학적 모델에서 바라보는 증상중심의 장애에 초점을 두는 것이 아닌, 문제행동이나 적응행동 모두 유기체에게 기능적 의미를 가지고 있다는 발달적 맥락주의 또는 발달적 기능주의의 관점에서 출발한다고 본다. 발달적 맥락주의나 기능주의 입장에서는 증상이나 문제행동 그 자체보다는 특정 증상이나 행동이 그 청소년의 적응이나 생존을 위해 어떤 기능을 하는가를 중시한다. 즉 청소년을 위한 심리치료 및 교육 프로그램은 특정 청소년이 기대 증상 또는 기능하는 발달 수준이나 단계에 적합한 적응기제를 형성할 수 있는 방식이 무엇인지를 확인하고 그 기제를 형성할 수 있도록 보조하는 것이다. 즉 문제행동을 새로운 관계 속에서 어떤 행동방식으로 표현해야 하는지를 명세화하고 습득시키는 것이다. 이런 측면에서 발달적 치료란 현재의 맥락에서 부정적 결과를 초래하는 행동이 갖는 적응기제를 변화시키거나 개인의 발달수준을 변화시킴으로써 특정 문제행동을 없애거나 완화시키는 데 초점을 둔다.

한편 청소년 못지않게 청년에게 발달적 맥락주의는 의미가 있다. 아동에서 청소년으로 발달단계가 전환됨으로써 가지는 상호관계의 맥락적 특성은 청년기에는 더욱 확장된다. 다시 말하면 청소년보다 청년은 가정이나 학교, 직장, 사회에서 가지는 영향력이 더욱 크다. 청년발달은 그런 의미에서 더욱 맥락적 구조에서 순환적이다. 즉 기성세대로부터 정립된 다양한 발달단계에서의 과업을 순응적으로 수용하는 것과 아울러 발달과정에서 끊임없이 가족과 사회에 청년 스스로 발달 정도에 따른 영향을 주고 있다. 이것은 청년발달이 하나의 정립된 이론의 틀로서 그치는 것이 아닌 지속적이고 개별적이며 가정과 지역사회를 포함한 사회환경적 요소로서 씨줄과 날줄의 연결선상에서 이루어진다는 뜻이다. 이런 의미에서 청년발달에 발달적 맥락주의는 청년의 포괄적 문제해결과 성장에 적지 않은 시사점을 준다.

# III 임파워먼트 이론

## 1. 개요

임파워먼트는 그동안 구조기능론적 관점에서 체계 이론의 기반아래 가치중심의 철학과 행동양식에 머문 청년 등을 설명하는 이론에 새로운 사회정치적 방향성으로 전환하는 전환적 접근방식이라는 이유로 매우 인기 있는 개념으로 부각되고 있다.

임파워먼트(empowerment), 즉 권한부여는 개인과 지역사회 환경에 동시에 영향을 미치는 과정으로 이해되었다. Gutierrez(1994)는 임파워먼트를 "개인과 가족, 지역사회가 그들의 상황을 개선시키기 위해서 행동을 취하기 위한 개인적, 대인간 또는 정치적 힘을 향상시키는 과정"이라고 정의하였다. Solomon(1976)과 Pinderhughes(1983)에 따르면, 임파워먼트란 사회 내에서 힘이 작용하는 방식에 관해 힘이 사용된 방식이 개인과 지역사회에 어떻게 영향을 미치는지에 관해 인식하는 것을 포함한다고 한다. 이러한 양상의 임파워먼트는 문제란 한 체계 내에서 소외된 사람에게 그 잘못이 있는 것이 아니라 그 체계에 원인이 있다는 관점을 제시함으로써 '희생자를 비난하는(blaming the victim)' 구조와는 분명히 다른 입장을 보인다. 하나의 전체로서 사회가 희생자들을 비난할 뿐만 아니라 그렇게 소외된 집단의 구성원 또한 그들 자신을 비난한다는 사실을 생각해 볼 때 이러한 관점은 아주 중요하다. 이러한 관점은 또한 주변으로 몰려난 사람들의 현재 갖고 있는 자원과 기본 능력에 대해 인식한다. Gutierrez(1994)에 따르면, 권한부여된 자아를 위해 서로 강화를 주는 인식적 구성요소 세 가지에는 첫째, 집단 동일화(공통 경험, 공통 관심 분야에 대한 이해, 운명을 함께 공유했다는 느낌), 둘째, 계급의식(사회 내에서의 집단의 힘과 지위에 대한 현실적 인정), 셋째, 자아와 연결된 공동체의 유효성(한 사람이 한 개인으로서 또는 한 집단의 구성원으로서 그 사람 인생의 변화를 만들 수 있는 능력을 갖고 있다는 신념)이 있다고 한다. 그런데 변화를 만드는 기술을 갖는 것만으로는 충분치 않다. 사람들은 그들이 그러한 능력을 효과적으로 사용할 수 있다는 믿음을 가져야 한다.

이러한 관점을 종합할 때 임파워먼트는 기본 능력을 가지고 있으나 환경에 의해 구조적으로 장애를 받고 있는 개인이나 집단, 사회에 자원의 조정능력을 확보함으로써 주체적이고 자립적으로 생활할 수 있도록 권한(power)을 부여하려는 노력이라고 볼 수 있다.

**실천적 임파워먼트의 전제**

① 임파워먼트는 청년과 성인(사회) 등이 동반자관계로 함께 활동하는 협력적 과정이다.
② 권한부여 과정은 능력과 역량을 가진 청년(클라이언트)을 자원과 기회에 접근시키는 것이다.
③ 해당 청년은 자신은 효과적으로 변화할 수 있다는 인식을 가져야 한다.
④ 다양한 요소들이 상황을 일으키는 만큼 그에 대한 해결도 다양한 방법으로 접근해야 한다.
⑤ 비공식적인 사회망(network)은 스트레스를 조절하고 자신을 통제하며 능력을 증가시키는 데 의미 있는 지지적(supportive) 자원이 된다.
⑥ 임파워먼트는 자원에 접근하여 이를 효과적으로 활용하도록 역량을 키우는 것이다.
⑦ 권한부여 과정은 역동적이고 혁신적이며 상승작용을 일으킨다.
⑧ 임파워먼트는 개인적·정치적·사회경제적 발전이 병행하는 종합적 구조를 통해서 성취된다.

## 2. 임파워먼트 실천의 기술적 요소

임파워먼트는 개인에게 내적 통제력을 기반으로 자신과 대외적 관계와 문제를 해결할 수 있는 권한을 가짐으로써 궁극적으로 다른 사람과 사회환경에도 긍정적 영향을 끼치는 과정이다. 이와 같은 임파워먼트는 다양한 차원에서 언급

된다. 임파워먼트가 바라는 결과의 요소는 그것이 추구하고자 하는 기본 요소와 밀접한 관련이 있다. 즉 개인이 자기효능감을 얻기 위해서는 자신을 충분히 능력 있는 존재로 이해할 수 있는 자각과 그에 따른 훈련이 뒤따라야 한다. 임파워먼트의 다양한 결과적 요소는 개인 내적, 대인관계로 구분되고, 학문적 관심에 따라서 환경 및 조직과 정치·사회적인 개념으로 분류되고 있다(Gutierrez, 1994; Parsons, 1999). 이와 같은 임파워먼트의 개별적 차원은 상호 연계되어 개인 내적 차원에서 궁극적으로 정치·사회적 차원으로 이어지는 것이다.

### 1) 개인 내적 임파워먼트

개인 내적 임파워먼트는 환경과 상호작용하는 개인의 행동, 기술, 문화적 인식, 동기, 통제, 자기효능감과 같은 변수들을 통합하는 개념으로 개인적 능력, 집단인식, 자기결정의 개념을 포함한다(김희성, 2004). 그러므로 개인적 수준에서 임파워먼트를 형성하여 내부의 힘을 찾아 동기를 보강하면 심리적인 안정감과 자아존중감을 갖게 되어 변화를 일으키고 이와 같은 변화는 문제해결과 대인관계나 환경과의 상호작용 능력을 발전시켜 나아가 개인에게 영향을 주는 사회구조의 긍정적 변화를 가져올 수 있다는 것이다(Lee, 2001). 임파워먼트는 자신의 능력에 대한 강한 자신감과 신념을 갖도록 지원하고, 자신의 능력에 대한 자신감을 갖도록 행동하는 것을 뜻한다(Conger & Kanungo, 1988). 그런데 임파워먼트의 참여를 통한 힘을 부여할 수 있는 긍정성을 주기 부여를 통한 적극적 변화보다 더 실천적이라는 점에 주목하여, 경영학 분야에서의 임파워먼트는 일에 집중하고 변화와 성과를 추구하도록 기존의 동기부여 이론의 한계를 극복하는 수단으로 등장하기도 했다(박원우, 1995). 이와 함께 자신의 역량을 높일 수 있는 심리적 상상훈련이나 창의적 자기표현 등의 방법도 개인의 내적 역량을 키우는 주요 요소가 될 수 있다.

**개인 내적 임파워먼트**

- 자아존중감 향상
- 자기효능감 개발
- 강점의 구축
- 의식고취
- 자기통제력을 통한 내적 힘의 증진

### 2) 대인관계 임파워먼트

대인관계 임파워먼트는 타인과의 상호작용에서 발생하는 것으로 자신의 주장이나 의견을 다른 사람에게 분명하게 전달하고 표현함으로써 그들에게 영향을 끼는 것을 말한다(김성이 외, 2004 참고). 이를 위해서 자신과 타인과의 분명한 경계를 설정하고 명확히 자기 자신을 나타낼 수 있는 자기주장 등을 갖추어야 한다. 또한 다른 사람과의 관계를 통해서 효과적 갈등해결 방식에 대한 이해를 터득함으로써 대인관계 능력을 갖추며, 조직과 집단 내에서 그 체계에 긍정적인 영향을 주기 위한 합리적인 지도력도 중요한 요소로 이해할 수 있다. 아울러 새로운 기술을 활용하거나 자원을 파악하고 필요한 곳에 운용할 수 있는 역량개발도 포함한다.

**대인관계 임파워먼트**

- 문제해결기술 능력 향상
- 비판적 의식 개발
- 자기주장 훈련을 통한 대인관계 능력 증진
- 명확하고 탄력적 경계설정 기술

### 3) 정치·사회 임파워먼트

임파워먼트의 개인 접근방법의 목표는 청소년 개인이 더욱 자기지시(self-directive)적이며 자기주장적일 수 있도록 돕는 것과 타인과 함께 집단행동에 참여함으로써 긍정적인 결과를 얻을 수 있다는 희망을 가지는 것이다(Barber, 1991; 김성이 외, 2005 재인용). 임파워먼트 접근방법에서는 청소년이 사회적 참여를 할 수 있는 능력과 기술을 가진 개인이라고 인정하고 사회정의를 위해 노력할 수 있다고 여긴다. 특히 사회정의의 성취를 위해서는 청소년들을 억압하는 제도적·정책적 방해요인으로부터 청소년들이 탈피할 수 있도록 돕고, 이들의 잠재력을 발굴하는 노력이 필요하다. 특히 이들을 억압하는 빈곤문제나 사회문화적 여건을 개선하고, 이들의 교육과 건강, 취업을 공평하게 보장하는 수단이 제공되어야 할 것임이 강조되었다(Rees, 1998; 김성이 외, 2005 재인용). 또한 Kieffer(1984)는 임파워먼트 실현을 위해 첫째, 적극적인 사회참가를 촉진할 수 있는 개인적 태도와 자기의식의 고양, 둘째 개인의 환경을 제한하는 사회적·정치적 시스템에 대한 비판적 분석, 셋째 개인의 목표를 달성하기 위한 수단으로서의 자원에 대한 개척, 넷째 타인과 공동으로 목표를 설정·달성하기 위한 효과적 행동 등의 개인적 측면을 중심으로 한 원칙을 제시하고 있다.

**정치·사회 임파워먼트**

- 환경에서의 위기 인식
- 옹호 및 사회행동
- 사회정의 쟁취
- 정치·사회적 힘의 발현
- 의식화를 통한 타인에게 긍정적 영향력 행사

## 3. 임파워먼트 실천과정

임파워먼트를 획득하는 과정은 크게 외부로부터 힘을 얻는 것과 내부의 자원을 강화시키는 것이다. 일반적으로 개인의 내적 자원은 강점(strength), 역량(competence), 능동성(personal agent)과 같은 개념으로 볼 수 있다. 즉 임파워먼트는 어느 개인이 자신을 창조적으로 삶의 여러 상황에 적절히 활용할 수 있는 힘을 지니는 것 또는 공통의 선을 향상시키는 것을 의미한다(Browne, 1995). 또 다른 차원에서 임파워먼트는 지극히 심리적 작용으로 이해되기도 한다. 자신이 원하는 것을 성취할 수 있는 지에 대한 믿음, 개인적 통제감 또는 자신감, 능력에 대한 믿음이 바로 한 개인의 임파워먼트 수준을 결정한다(Zimmerman, 1995; 고미영, 2009 재인용).

## 4. 청년발달에 주는 시사점

임파워먼트는 타인에 대한 긍정적인 통제력을 갖는 현재와 미래 삶의 중요한 개념이 될 수 있다. 그리고 청년을 위한 임파워먼트 전략과 전개의 중심에는 청년을 어떻게 참여시킴으로써 역량을 강화시킬 수 있는가에 대한 구체적인 고민이 내재되어 있다.

청년은 특성상 불가피하게 기성세대인 어른과 일정 부분 갈등상태에 놓인다. 또한 청년문제 중 적지 않은 부분이 청년의 책임이 아니다. 예를 들어 실업 청년은 상당 부분 실업의 원인이 사회구조적 문제에서 기인함에도 불구하고 그러한 환경조건을 마치 청년 자신이 만들거나 선택한 것이라는 착각을 불러일으킨다. 마치 청년은 개인이 가진 능력과 자질 및 자원 부족과 결핍이라는 멍에를 안고 사회의 낙오자로서 스스로를 낙인찍고 이를 숙명으로 받아들인다. 자본주의 사회구조에서 불공정한 구조는 고려되지 않는 것이다. 인간의 존엄성과 자율적 권리는 인간의 장점과 강점을 이해하는 기본 사고 틀이다. 인간은 독특한 강점과 권리를 부여받았고, 사회는 그것을 성장시켜야 할 책임이 있는 동시에 사회의 연속성을 위해 요구되기도 한다. 따라서 청년에 대한 사회적 기회의 제공과 힘의 부여 등의 사회적 노력이 마치 큰 시혜를 베푸는 것처럼 인식되거나 이용되어서는 안 된다.

청년에 있어서 임파워먼트의 의미는 첫째, 청년에게 사회적 자원과 권력의 획득을 통해서 자신과 환경을 총체적으로 통제 또는 조절할 수 있는 힘(역량)을 부여한다는 것이다. 이를 통해서 자기효능감과 자아존중감이 증대될 수 있다. 둘째, 청년이 자신이 갖는 문제를 개인의 문제로 그치지 않고 집단과 사회문제로 인식하는 의식향상(consciousness raising)이 이루어질 수 있다. 따라서 더 거시적 범위에서 자신과 다른 청년 및 사회 환경이 안고 있는 욕구와 문제를 해결하는데 초점을 둘 수 있다. 셋째, 문제해결과 변화에 대한 자신감을 높여 적극적으로 행동하도록 만든다. 즉 책임감을 갖고 자신과 사회의 변화에 대처할 수 있는 힘을 부여함으로써 궁극적으로 사회적 책임과 역할을 수행할 기반을 갖는다.

# IV 긍정적 발달 이론[4]

## 1. 개념

청년은 생애발달 과정에서 가장 격동적이며 불안정한 시기로 알려져 있다. 따라서 청년은 사회가 우려할 만한 많은 문제를 안고 있으며, 이러한 문제는 부정적으로 인식되었다. 비행, 폭력, 약물남용 등 청년문제는 청년발달과 관련하여 청년을 이해하는 중심에 있었다. 한편 긍정적 청년개발은 다른 인식을 제공한다. 즉 '긍정적 청년개발(positive youth development)' 관점은 문제중심과 관련

[4] 이 절은 Araque(2006)의 《Positive Youth Development: Impact of Youth-adult Connectedness on Early Adolescents》와 이채식(2008)의 《적극적 관점의 청소년개발》, 노혁(2010)의 《청소년복지론》 내용을 요약 정리한 것임

한 청년발달의 관점에 개발이라는 새로운 시각을 제공한다. 사실 development의 용어를 '발달'과 '개발' 중 어느 편으로 해석하느냐에 따라 전반적 분위기가 달라진다. '발달'로 표현할 때는 하나의 심리사회적 발달과정을 어떤 시각에서 보는 것인가에 초점을 맞추고, '개발'로 해석할 때는 적극적이고 의도적인 변화를 수반한다는 점이다. 여기서 '발달'의 의미를 간과할 수 없는 것은 이 관점은 분명 심리사회적 이론과 접근도 내포되어 있다는 면이다. 청년을 새로운 복지의 주체인 동시에 대상으로 이해하려는 시도에서, 여기에서는 positive youth development를 청년을 적극적 개발의 대상으로 보아 미래 환경에 적합한 발달적 관점을 제시하는 것으로 본다. 즉 새로운 복지대상으로 청년을 고려한다면 발달보다는 개발의 용어가 더 적극적 의미를 반영하는 것으로 보아 개발로 표현한다.

긍정적 청년개발에 대한 정의는 다양하다. 긍정적 청년개발은 아직도 학계와 실천현장에서 복합적이며 계속적으로 진행되는 과정이다. 이것은 하나의 견고한 이론적 체계를 갖고 있기보다는 정책 또는 실천전략의 관점에서 청년발달을 새롭게 보려는 각도이다. 긍정적 청년개발은 청년들에게 전적으로 참여할 수 있는 기회와 관계 그리고 지지를 제공하여 긍정적 결과를 촉진시키려는 의도적 과정이다. 이러한 청년개발은 집단, 학교, 지역사회 내에서 발생할 수 있다(National 4-H Leadership Trust, 2003).

긍정적 청년개발 관점은 1990년대 초반부터 학계와 실천현장에서 언급되었다. 긍정적 청년개발의 개념 정립에 선구적 역할을 한 Pittman(1995)은 긍정적 청년개발 관점은 두 가지 기본 요소를 지닌다고 하였다. 하나는 사회적·신체적·정신적·직업적·지적 그리고 민주시민으로서의 역량(competencies)을 수립하는 것이고, 다른 하나는 청년들이 자기인식과 책임감, 소속감, 자기존중감과 자기가치, 안정감을 갖고자 하는 욕구를 충족하는 데 있다고 보았다. 청년기에서 성인기로 이행하는 데 있어 건강한 발달을 보장함으로써 청년들이 앞서 언급한 두 가지 기초적 욕구를 찾도록 하는 데 목표를 두었다. 또한 성공적 청년개발과 육성은 발달의 측면에서 심리적·행동적·사회적 특성을 포함하는 포괄적 개념이기도 한다. 이러한 특성은 보통 다섯 개의 C로 표현된다. 여기서 다섯 개의 C란 competence(역량), confidence(자신감), connection(유대감), character(인성), caring/compassion(애타심)이다. 성공적으로 발달한 청년은 이러한 다섯 가지의 특성이 모두 있다. 그리고 이들은 여섯 번째 C를 개발하는데, 그것은 contribution(공헌)을 의미한다. 여기서 공헌이란 자신과 가족, 지역사회, 시민사회에 대한 공헌을 뜻한다(Lerner, 2004; 이혜원 외, 2008 재인용).

한편 긍정적 청년개발에서 또 다른 강조 요소는 성인과 청년이 함께 연계하는 데 있다. Benard(1995)에 의하면 성인에 의한 보호와 지지적 관계는 아동기에서 청년기를 통하여 예측 가능한 건전성과 탄력성에 가장 중요한 가치를 가진다고 지적한다. 특히 긍정적 청년발달은 청년이 성인과 연계성을 갖고 자발적으로 자신의 역량을 습득하고, 자신과 타인 및 지역사회와의 충분한 관계 형성을 통해 준비된 성인으로 이행하는 데 필요한 서비스, 기회, 지원을 제공하는 것을 강조한다. 이러한 면에서 임파워먼트와 역량개발 등의 개념과도 밀접한 관련을 갖는다.

## 2. 긍정적 청년개발의 접근방식

그동안 청년문제는 예방과 치료적 관점에서 다루었다. 주로 공중위생모델(basic public health model), 즉 문제를 가진 청년을 교정하거나 치료하고, 잠재적 문제를 안고 있거나 문제를 갖고 있지 않은 청년이 병리적 현상에 접근하지 못하게 예방하고 교육하는 관점에서 설명되었다(Pittman, 1996 참고). 또한 기존의 청년발달을 보는 시각은 신체·인지·사회·도덕으로 성숙한 발달을 진행하는 미성숙한 상태에서 성숙을 향해 나아가는 과정으로 이해한다. 따라서 청년은 늘 불안정하고 예측이 불가능하며 아직 완성되지 않은 상태로 바라본다. 그리고 청년에 대한 개입 역시 그들이 일으키는 심각한 문제, 예를 들어 폭력, 가출, 자살, 성, 약물 등에 주목하여 문제의 원인, 예방책과 개입방법 등에 관심을 기울였다.

[표 3-1] 결핍접근과 긍정적 청년개발접근의 차이

| | 결핍접근<br>(1970년과 1980년대) | 긍정적 청년개발접근<br>(1990년대와 2000년대) |
|---|---|---|
| 관심 | 전통적인 청년문제 | 건강한 발달과 개발 |
| 대상 | 문제로 인해 고통 받는 청년 | 모든 청년 |
| 접근방법 | 환원론적 접근(원인-결과) | 사회환경과 지역사회의 전략을 통한 맥락적 접근 |
| 청년 | 서비스 수혜자 | 능동적인 참여자 |
| 전략 | 공공제도와 체계에 청년문제를 의존 | 청년들의 비공식적 지지체계를 강화 |
| 복지지원 | 위기에 처한 청년을 위한 차별적 개입 | 형평성, 모든 청년에게 적극적인 기회와 지지 제공 |

결국 청년에 대한 관심은 문제의 시각에서 청년문제의 감소에 초점을 맞추었으며(Perkins, 1997), 청년에 대한 접근방식은 위기적 접근(the crisis approach)과 치료적 접근(the remedial approach), 예방적 접근(the preventive approach) 등에 초점을 맞추었다(Myrick, 1997).

그러나 긍정적 청년발달 관점은 기존의 청년에 대한 부정적인 인식과 접근방식에서 벗어나 협력적이고 발전적 일련의 활동을 통한 청년과 성인의 도전 및 사회적·도덕적·감성적·신체적·인지적으로 경쟁력을 가지도록 돕는 체험을 통해 청년을 준비된 성인으로 이행하는 긍정적 청년발달에 초점을 두고 있다.

## 3. 긍정적 청년개발의 배경과 사회적 의미

저출산·고령화 사회로 이행되면서 인간자본에 관한 관심이 높아졌다. 또한 산업사회에서 지식정보화 사회로의 이행은 창의적이고 무한경쟁시대에 적합한 인적 자원을 요구하고 있다.

긍정적 청년발달은 청년발달을 예방과 치료적 측면에서보다는 적극적 개입을 통해서 미래사회가 요구하는 책임감 있고 건강한 청년으로 성장하도록 도우려는 관점이다. 즉 기존의 문제를 예방하고 교정하는 것에서 한걸음 더 나아가 인적 자원을 개발하고 발달시키는 적극적 청년발달의 시각이라 볼 수 있다.

한편 긍정적 청년개발 프로그램은 긍정적인 청년성과를 산출하는 의도적 기제이다. 이러한 프로그램은 스포츠, 예술, 학문적 지지와 청년들의 강점을 수립하기 위한 임파워먼트 등으로 구성된다. 여기서 다수의 청년자원은 예방과 개입 그리고 치료 등의 실행의 관점에서 점진적 긍정적 청년발달 프로그램에 연결되어야 한다.

그림 3-1에서 보듯이 긍정적 청년개발 프로그램은 크게 두 가지로 구분된다.

상부는 청년의 위험행동을 경감하고 건강한 청년을 만들기 위한 주요한 전략으로서 긍정적 청년개발을 낙관적으로 강조한다. 하부는 예방, 개입 그리고 치료 프로그램의 분절된 영역으로 구성되었다. Pittman(2000)은 연구자와 실천가들이 청년에게 우리 사회가 원하는 긍정적 결과를 도출하기에 적절한 발달적 또는 개발적 모범자가 되어야 한다고 주장한다. 또한 그는 우리가 청년에게 바라는 역량은 사회적, 신체적, 민주시민의식, 직업적, 문화적 역량을 포함한 학문적이고 교육적 수준을 넘어서는 것이어야 한다고 말한다(Araque, 2005 재인용).

긍정적 청년개발은 청년기를 예방과 치료적 개입에 더하여 다양한 기회와 자원을 통해 건전한 성인으로서 연속적 발달과정을 겪으면서 준비하기 위한 과정으로 이해한다. 이와 같은 차원에서 청년을 부족하거나 문제를 갖고 있는 존

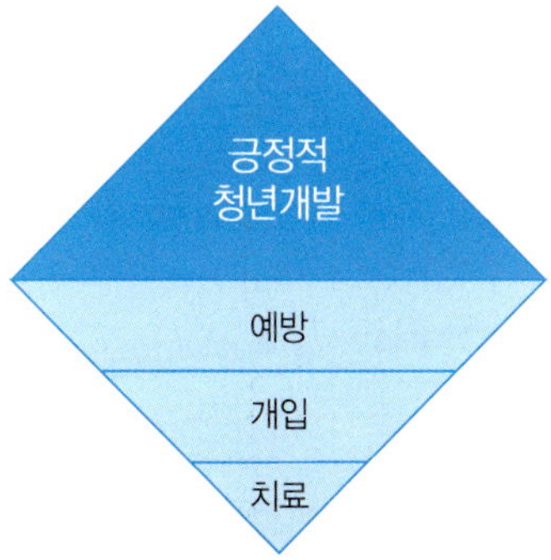


[ 그림 3-1 ] **긍정적 청년개발 프로그램**

재로서가 아니라 잠재력을 가진 존재로서 바라본다. 즉 청년은 그 사회의 자원인 동시에 사회변화를 이끄는 적극적 존재로 인식된다(Nagorski, 1999; Pittman, 2000). 또한 이러한 긍정적 청년개발 관점은 청년의 발달적 맥락주의와도 연관성을 갖는다. 청년은 발달시간과 공간의 맥락적 구조 속에서 독특한 발달경험을 한다. 따라서 동일한 경험과 환경에서도 다른 형태의 결과를 나타낼 수 있다. 이와 같은 구조에서 가족, 지역사회 등과 같은 발달의 중요한 장(settings)인 환경맥락은 청년발달의 핵심적 사항이다.

## 4. 개발 목표

긍정적 청년개발의 목표는 청년이 역량을 기반으로 성인기에 바람직한 결과를 맺는 것이다. 전통적으로 성공적인 청년은 문제를 일으키지 않은 청년 혹은 대학에 진학하였거나 안정된 직업을 얻는 등의 일정한 지위를 성취한 청년을 말했다. 긍정적 청년개발은 긍정적 자아감, 다른 사람과의 연계, 가정과 학교, 지역사회에서 성공을 위해 적극적으로 참여할 능력과 동기와 같은 자질 습득을 더욱 중요한 지표로 간주한다. 특히 이러한 일련의 발달적 자질을 성취한 청년은 전통적 지위 성취와 예방의 기준에 의해서도 성공할 가능성이 높다고 확신한다. 그런데 이러한 바람직한 일련의 결과는 대부분의 학교에서 습득하는 학문적 기량과 능력 이상의 것이다. 또한 바람직한 결과나 자질들은 사회문화적 맥락에 따라 다양한 특징을 나타낸다. 예를 들어 어떤 사회에서는 긍정적이고 책임 있는 가족과 사회적 관계의 결과가 성공적 이행지표로서의 의미를 가질 수 있으며, 다른 사회에서는 자기충족이 시민성이나 다른 성공적 지표보다 주요하게 간주될 수도 있다(US Department of Health and Human Service, 1997 참고). 그러므로 긍정적 청년개발에서는 지역사회의 사회문화적 맥락을 고려한 청년발달 모델과 바람직한 결과에 대한 합의의 도출을 중요시한다.

따라서 긍정적 청년개발의 관점은 기존의 교육과 직업현장에서 학습하고 요구되었던 민주사회 시민으로서의 능력만이 아니라 청년 스스로 자신감을 갖고 성인과 연계성을 찾는 것을 더욱 중요하게 여긴다.

## 5. 개발의 요소와 실천

긍정적 발달요소를 살펴보면, Larson(2000)은 창조력, 리더십, 이타주의, 시민참여를 제시하였고, Scales 외(2000)는 신체건강에 대한 발달과업, 만족의 연기, 다양성 존중, 고난 극복 등을 요소로 하였다. 한편 Lerner 외(2000)는 긍정적 청년 발달의 바람직한 결과로서 사회와 직업세계에서의 역량(competence), 자신에 대한 신뢰(confidence), 가족·또래집단·지역사회 등과의 연계(connection), 자신만의 독특한 특성(character) 그리고 보살핌과 박애(caring and compassion)를 들고 있다.

긍정적 청년개발은 모든 청년들이 첫째, 개인적이며 사회적 요구인 안정적이며, 보살핌을 받고 가치적이며, 유용하고 정신적으로 충만하며, 둘째 청년의 일상적 생활에 기여하고 기능하도록 만드는 능력과 기술을 배우는 시도에 참여하는 지속적 성장의 과정이다(Pittman, 1993).

### 1) 주요 원리

청년개발을 촉진하는 주요 원리는 다음과 같다(Pittman, et al., 2003).

#### (1) 예방과 학업중심을 극복한 산물의 확장이다

청년의 문제예방과 개선은 중요한 영역이지만 청년의 삶의 질은 학업성적과 문제회피만이 강조되었다. 청년이 하지 말아야 할 것이 아니라 해야 할 것에 대한 기대와 평가의 의도성이 필요하다. 청년의 문제행동의 감소와 성인 역할 및 책임성에 대한 충분한 준비 등이 목적이 되어야 한다.

### (2) 제공된 탈선의 기회이다

청년을 위해 학교, 가족은 물론 지역사회센터, 청년조직, 도서관, 공원, 쇼핑몰, 종교단체와 사업체 등 지역사회의 모든 장이 주어져야 한다. 서비스 중심을 극복한 투입의 확장이다. 문제행동에 대한 논의는 청년을 위해 제공된 서비스를 다루고 있다. 청년에 대한 복지, 교통, 주택 등은 중요한 사회적 지원과 기회이지만 청년에게는 함께 귀 기울이며, 안내할 성인이 필요하다. 청년에게 경제활동의 기회, 학습, 탐색, 기여의 기회 등이 필요하다. 건강, 경제에 대한 기본 서비스와 전체 범위에서 사회적 지원과 기회의 지속적 투입이 이루어져야 한다.

### (3) 단기 교정중심을 극복한 시간적 프레임의 확대이다

청년의 문제행동이 교정을 목적으로 한 단기프로그램과 교육과정으로 예방이 처치된다. 청년개발을 위해 지속적 관계와 지원이 요청된다. 결핍-치료, 위기대응, 문제예방과 청년개발을 위한 장기적 관심이 집중되어야 한다.

### (4) 학교중심을 극복한 장(setting)의 확대이다

청년들이 주로 학교에서 생활하지만 이러한 지원과 기회가 청년이 살아가고, 배우며, 일하고 기여하는 데 있어 유용한지를 검토해야 한다.

### (5) 교육시간을 극복한 시간의 확대이다

청년이 학교에서 보내는 시간은 중요하며 그 이후 시간과 연계된다. 청년은 하루 24시간, 일주일 내내 계속적으로 발달하는 중이다. 청년이 깨어 있는 모든 시간에 서비스, 지원 및 기회가 주어져야 한다. 학교 일과시간, 공휴일, 주말, 방학을 포함하는 방과 전과 방과 후의 모든 24시간과 일주일이 주어져야 한다.

### (6) 전문가중심을 극복한 행위자의 확대이다

청년과 함께하는 자원봉사자와 참여할 수 있는 사람이 많이 있다. 그러나 청년의 가족이 제외되기도 하며, 청년이 스스로를 자원으로 인식하지 않는다. 교사,

청년지도자, 가족, 지역사회 회원, 자원봉사자, 청년 및 타 분야 전문가들이 행위자로서 주어져야 한다.

#### (7) 참여자로서 청년 역할의 확장이다

청년은 단지 서비스의 수용자가 아니다. 청년은 기획자와 실천가로서 역할을 할 수 있으며, 다양한 역할은 문제대응과 기술(skill)을 기르도록 청년을 동기화 한다. 청년개발, 지역공동체 및 사회개발을 위해 수용자이자 주체로서의 청년 역할이 주어져야 한다.

#### (8) 모든 청년에게 전체 범위의 발달과 참여가 제공되어야 한다

청년 문제행동의 고위험지역에서 거주나 특정문제에 대한 제한을 두지 않는, 모든 청년을 위한 노력이 주어져야 한다.

### 2) 환경의 특성

National Academy of Science(2001)는 긍정적 청년개발을 촉진하는 환경의 특성을 다음과 같이 제시한다(이채식, 2007 재인용).

- 신체적이며 정신적 안전
- 발달/개발에 적합한 구조
- 정서적 도덕 지원
- 청년에게 지원적인 성인과의 관계경험 기회 제공
- 친밀하며 지속적 인간관계의 형성에 대한 학습기회의 제공
- 소속감과 가치감을 느낄 수 있는 기회 제공
- 기술(skill) 획득 및 전문성의 기회
- 개인적 효능감 개발의 기회
- 지역사회의 기여와 내용개발을 위한 기회 제공
- 가족, 학교 및 지역사회 자원의 강한 연계

## 6. 개발 전략

긍정적 청년발달은 청년발달 자체에 문제가 있건 없건 간에 모든 청년에게 힘을 실어주는 데 필요한 지원과 기회를 제공하는 사람, 프로그램, 제도, 체제에 관한 것이라고 전제한다. 이러한 전제를 바탕으로 긍정적 청년발달은 다음 세 가지를 청년발달에 관계되는 가장 기본 전략으로 상정한다(Pittman, 1996).

### 1) 서비스

서비스(services)는 교육, 건강, 고용, 비행예방과 같은 서비스로서 적절한 교육과 정보, 자신을 표현하고 기여하며, 새로운 역할을 수행하고, 집단의 일원이 되는 도전적 기회에 대한 서비스 및 존중, 모범, 기대, 지도와 긍정적이고 지지적 성인과 친구 등의 제공을 포함한다.

### 2) 지원

일상생활에서 성공을 위한 동기적, 정서적, 전략적 지원을 말하는 것으로 지원(supports)은 다양한 형태로 이루어지지만, 긍정적이고 존중되며 지속적이어야 한다. 그리고 지원은 부모, 가까운 친척, 지역사회 네트워크, 교사, 청년지도자, 고용주, 친구 등 청년의 일상생활과 관련된 다양한 사람들에 의해 제공될 때 가장 강력한 힘을 발휘한다.

### 3) 기회

기회(opportunities)는 청년에게 행동하고 탐구하고 표현하며, 일하며 벌고, 소속되고 영향을 주는 방법을 학습하는 기회를 의미한다. 기회는 청년에게 자신의 생각과 행동을 점검하고 다른 역할을 시도할 기회를 준다. 청년은 성인과 함께 참여를 통해 가장 잘 학습할 수 있고, 학습은 모든 형태와 상황에서 일어난다는 사실을 강조할 필요가 있다.

[ 표 3-2 ] 긍정적 청년발달의 기본 전략의 내용

| 기본 전략 | 내용 |
|---|---|
| 서비스(services) | 가르침, 보살핌과 안정적 장소의 제공: 휴먼 서비스, 인프라스트럭처, 안정적 장소 |
| 지원(supports) | 동기, 정서적, 전략적 지원: 건전한 관계, 역할모델, 자원과 네트워크, 높은 기대와 명확한 준거 |
| 기회(opportunities) | 학습, 실수, 기여할 기회의 제공: 양질의 교수, 훈련, 비형식적 학습 및 도전적 역할과 책무성 |

### 4) 서비스, 지원, 기회의 상호 관계

긍정적 청년개발의 기본 전략으로서 서비스, 지원, 기회 등은 청년이 발달과제를 성취하는 데 요구되는 것이기도 하다. 그런데 이 세 가지는 항상 부족하거나 상호 경쟁적이어서 문제가 있다. 서비스는 종종 성인이 청년에게 그리고 청년을 위해 무엇인가를 제공하고 의사소통하는 것을 지나치게 강조하는 경향이 있고, 이것만으로는 충분하지 못하다. 서비스도 중요하지만 기회와 지원을 더욱 강조한다. 기회와 지원은 서비스를 보완하고, 청년이 체험활동에 참여함으로써 이루어진다.

따라서 긍정적 청년발달에 대한 논의에서는 청년발달과 관련하여 다음과 같은 지원과 기회를 더욱 중요시하는 경향이 있다(Zeldin and Charter, 1996; 이광호, 2000 재인용). 첫째, 활동적이고 자기주도적 학습기회, 둘째, 새로운 역할과 책임을 수행할 기회, 셋째, 성인과 친구로부터 지속적인 정서적 지원 및 동기부여 지원과 높은 기대 수준, 넷째, 전략적 지원과 사회적 네트워크에 의한 지속적 접근이다. 특히 청년은 자신이나 부모가 사회적 네트워크에 관계를 맺고 있을 때 바람직한 결과를 성취할 수 있다. 그러므로 긍정적 청년발달에서는 전략적 지원과 확대된 사회적 네트워크를 중요시하는 것이다. 또한 이러한 기회는 도전과 책임, 역할과 아울러 실수할 수 있는 기회까지 포함한다.

이와 함께 긍정적 청년발달에서는, 특히 청년발달에 영향을 미치는 환경적 맥락 요소로서 지역사회의 역할을 강조한다. 모든 청년발달 단계에서 핵심적 요소로 작용하고 지역사회는 매력적이고 안전하며 청년의 성장을 돕는 다양한 장과 기회를 제공하며, 생활, 진로, 각종 장소에 대한 정보를 제공하는 등 지역사회의 역할을 청년과 함께 강화하는 것이 긍정적 청년발달을 위한 중요한 관건이 된다. 이런 의미에서 긍정적 청년발달에서는 청년을 단순한 문제발생자로 보기보다는 지역사회를 함께 변화시키고 강화시키는 변화의 주체이자 문제해결자로서의 관점이 요구된다(Pittman, 2000). 특히 긍정적 청년발달을 위한 긍정적 지역사회 요소는 경제개발, 인간개발 및 지역사회의 자기관리를 포함한다. 경제개발은 주로 직업과 복지 창출을 요구하며, 인간개발은 효과적인 학교, 신뢰할 수 있는 지역사회, 청년 서비스와 다른 사회적 지원 등을 포함하며, 특히 청년의 인적 자원 개발이 핵심을 이룬다. 지역사회의 자기관리는 좋은 이웃을 위한 비전, 조직, 리더십, 영향력 및 행동을 지역 주민에게 제공하는 것이다.

## 7. 청년발달에 주는 시사점

청년발달이 아동에서부터 시작해서 청년의 정체성을 모색하는 데 중요한 관점의 연속이라고 생각하면 이 긍정적 청년개발 관점이 주는 시사점은 크다.

생애발달 단계에서 청년이 갖는 신체적·심리정서적 급격한 변화를 불안과 격정으로 인식하여 청년을 잠재적 문제자로 취급하는 경향이 있었다.

청년기 발달과정 전반에 관여된 잠재적 문제를 포함하여 그들이 성장을 향해 나아갈 수 있는 사회적 환경과 친사회적 성인으로의 긍정적 결과를 나타내는 데 시사점을 준다.

이와 같이 긍정적 청년발달 관점과 전략은 기존의 문제예방적 접근에서 탈피하여 청년을 그 사회의 자원으로 인식하고, 청년의 책임 있는 성인으로의 성공적 이행을 위해 필요한 종합적이고 포괄적 접근을 시도한다. 청년발달에 대한 포괄적 접근은 이미 발생하고 난 후에 특정문제에 초점을 맞추는 범주적 혹은 목표지향적 접근과 구별된다. 그보다는 청년기가 갖는 긍정적 가능성에 초점을 맞추어 인간관계나 의사결정 기량 등 책임 있는 성인에게 요구되는 정체성과 기량 향상 등을 통해 충분히 준비된 청년으로서의 성장을 궁극적 목적으로 삼는다. 그리고 이러한 포괄적 접근은 청년의 취업, 직업이나 일 및 진로탐색 등과 같은 청년관련 정책 등과 연계될 때 바람직하고 효과적인 결과를 가져올 수 있다.

그럼에도 불구하고 긍정적 청년개발의 관점은 작동과 실천체계가 미흡한 하나의 청년을 바라보는 총체적 관점으로서의 한계를 지닌다. 이러한 긍정적 청년개발 관점은 생태체계 이론과 발달적 맥락주의 이론 등을 부분적으로 발전시킨 관점으로 이해할 수 있다. 이를 통해서 청년기를 하나의 과정(flow)으로 이해하고 적극적이고 긍정적 개발의 대상인 동시에 주체로 보는 데 청년발달의 과정에서도 주는 의미가 있다.

# 4

# 청년발달과 환경

청년과 가정

청년과 교육

청년과 일

청년과 이성교제, 결혼

청년과 또래집단

# I 청년과 가정

가족은 부부의 결혼과 임신, 출산을 거쳐 확대되고 다시 태어난 자녀가 성장하고 분가함으로써 새로운 변화를 이루고 또 다른 가족으로 이어진다.

시대가 변해도 가족제도와 가족의 소중함은 쉽게 변하지 않는다. 가족을 둘러싸고 급변하는 사회환경에서 가족의 구조와 기능도 조금씩 변하고 있지만 아직 생물학적 · 사회적 의미의 가족의 중요성은 쉽게 없어지지 않을 것이다.

그렇지만 가족은 구조나 기능 면에서 산업화와 근대화 이후 많은 변화를 겪었다. 따라서 가족 안에서 성장하는 아동과 청소년 그리고 가족을 벗어나 새로운 가족을 꾸릴 준비를 하는 청년에게도 이전과는 다른 영향을 미친다.

## 1. 가족의 변화

가족의 구조와 기능은 사회 변화 속에서 꾸준히 변해왔다. 가족구조는 산업화 이후 핵가족화가 급속히 나타났고, 가족기능은 가족이 갖고 있었던 거의 절대적 사회화와 경제적 부양의 기능을 사회에 부분적으로 이전함에 따라 부모의 영향력이 상대적으로 약해졌다.

한편 정보지식사회와 다원화 사회로 전환되면서 개인중심의 문화가 급속히 확산되어 가족에도 영향을 미쳐서 대안적 가족형태와 혼자서 생활하는 단독가족이 증가하는 등 여러 측면에서 가족과 가족을 둘러싼 사회환경은 변하고 있다.

### 1) 핵가족과 전통적 부부역할의 변화

대가족에서 핵가족으로 넘어가면서 가족 내에서 가장 큰 변화를 가져온 것이 여성의 역할이다. 농경사회의 전통적 대가족에서 여성은 하나의 노동력으로 취급되어 시집을 온다는 것은 한 가정에 대를 이어주는 일과 함께 노동력 제공을 의미하였다. 근대에 접어들면서 여성의 권리가 신장되었지만 여전히 남성 위주의 경제활동 문화에서 가족 내에서의 여성은 수동적이고 남성에 의존할 수밖에 없는 입장이었다. 따라서 여성에게 이혼은 치명적일 수 있었다. 왜냐하면 이혼은 곧 생활의 어려움을 가져올 수밖에 없었기 때문이다. 하지만 현대사회에서 힘에 의한 노동력보다는 과학기술과 정보화를 통한 새로운 노동시장이 형성되면서 여성의 사회진출과 경제활동이 활발해졌다. 이로 인해 가정에서 여성은 주부로서의 삶 못지않게 한 개체로서의 삶에 대한 성찰을 하기 시작했다. 가족구조의 입장에서 본다면 여성들이 질적으로 높은 만족도의 결혼생활을 요구하면서 결혼의 안정성을 위협받고 깨지기 시작했지만, 결혼을 통해서 가족을 이루려는 이유가 달라지기도 했다. 즉 가족이 경제·사회적으로 한 개인에게 안정감을 주는 기본적 안식처로부터 가장 편안하게 정서적 욕구를 충족할 수 있는 장소로 변화했다.

### 2) 가족정서와 가치의 변화

가족에게 있어서 정서적 요소는 가장 강력한 구속력을 갖는다. 이것은 남녀가 만나서 결혼에 이르는 과정부터 시작해서 부부의 인연을 맺는 데 있어 매우 중요한 요소가 된다. 또한 자녀가 태어난 뒤 부모가 되고 부모-자녀관계에서도 합리적인 정서적 애착은 부모와 자녀를 바람직한 방향으로 성장하는 데 주요한 요인이 된다.

그런데 오늘날의 가정은 여전히 정서적 요인을 중요하게 여기면서도 미세한 변화를 일으키고 있다. 근대 핵가족에서는 가족을 묶어주는 정서는 자녀를 중심으로 이루어졌는데, 왜냐하면 부모는 자녀의 복지를 최우선으로 하며 부모의 자기희생을 요구하기 때문이다(이동원 외, 1999). 하지만 현대가족에서 정서적 유대는 자녀로부터 부부중심으로 바뀌고 있다. 이것은 가족의 가치가 가족 내의 일체성과 동일성에서 개별화로 변화하는 모습과 맥락을 같이 한다. 물론 오늘날도 여전히 가족 전체의 행복이 부부나 자녀 등 가족 성원의 일차적 목표이다. 그러나 예전처럼 가족의 일체감 속에서 자신을 찾기보다는 자신의 행복이 곧 가족에 투영되어 가족의 행복을 지향하는 형태로 바뀌고 있다. 이에 따라서 가족의 끈끈한 유대 또한 자녀에 대한 일방적인 애정에서부터 부부 간의 강하고 긍정적 정서를 토대로 자녀에게 사랑과 평안을 주는 방향으로 전환된다.

### 3) 대안가족의 증가

남성 지배 중심의 문화에서 여권신장을 위한 노력이 이어지고 이제는 여권을 넘어서 양성평등에 대한 시도가 주목받는 시점에서 남성중심의 가족형태와 문화도 변할 수밖에 없다. Giddens(1997)는 다양한 형태의 가족이 공존하고 있다고 인정하는 것은 한 사회가 한 유형의 개인으로만 특징지어질 수 없는 것과 마찬가지라고 했다. 따라서 한 가지 형태의 가족만을 인정할 수 없다고 주장한다. 일반적으로 대안적 가족이라고 불리는 한부모가족, 미혼의 독신가족, 동거가족, 동성애가족, 공동체가족 등의 가족유형은 법적 혼인상태나 생물학적 관계(임신과 출산)로부터 벗어나 성적 대안 및 친부모 관계에 있어서 대안적 측면이 된다는 것을 보여준다. 이와 함께 복혼가족, 재혼가족, 별거가족 등 남녀가 혼인한 상태의 가족에서도 가족의 해체 이전에 여러 모습을 지니고 살아가기도 하는 것이 현실이다.

## 2. 청년발달 과업과 가정

발달과업은 개개인의 성장과 발달단계 그리고 적절한 교육과 훈련의 경험 등을 제시한 일종의 기준이다. 청년기와 가정과 관련한 발달과업을 몇 가지 나열하면 다음과 같다.

### 1) 적절한 결혼 대상을 찾고 원만하게 교제하기

청년기에 연애와 배우자 선택과정은 청소년기에 있었던 성적 정체감을 확고히 하고 신체와 심리적 충족감을 줄 수 있는 매우 중요한 사건이다. 이러한 일들을 통해서 청년은 한걸음 더 성숙한 성인으로서 성장하며 대인관계의 기본 초석이 될 수 있다. 따라서 자신에게 적합한 결혼대상을 찾고 원만한 교제를 통해서 서로의 마음과 세계를 이해하는 일은 청년기가 가진 중요한 과업이 될 수 있다. 자신의 성향과 성격, 교육수준 그리고 문화적 취향과 가정 배경 등에 적합한 결혼 대상을 찾고 그와의 지속적이고 성실한 만남을 통해서 미래의 배우자를 탐색할 수 있어야 한다.

### 2) 결혼과 가정생활에 대한 준비하기

결혼은 남녀의 만남으로 이루어지지만, 두 청년 남녀가 맺어진 보금자리인 가정은 더욱 큰 의미를 지닌다. 자녀가 없는 상태에서라도 가정은 남녀의 물리적 결합이 아니라 화학적 결합이다. 따라서 서로 다른 문화와 가치관 속에서 자라난 청춘 남녀가 하나의 가정을 이룰 때는 심리적 또는 사회적 준비가 선행되어야 한다. 결혼과 가정생활에 대한 다양한 준비가 많으면 많을수록 그만큼 성공적인 가정생활을 유지하고 발전시킬 수 있다.

### 3) 출산과 육아에 대한 지식 습득하기

대가족제도가 보편적인 사회에서 남녀가 결혼하여 아이를 출산하고 육아를 하는 행동은 부모만의 일이 아니었다. 육아 경험이 많은 할머니, 할아버지나 친척 모두가 함께 육아를 했다 해도 과언이 아니다. 하지만 핵가족시대에는 출산과 육아는 부부에게 큰 기쁨인 동시에 도전으로 다가온다. 따라서 출산과 육아에 대한 충분한 지식습득은 결혼을 앞둔 청년기에 매우 필요한 과업 수행 중 하나이다.

### 4) 직업을 선택하고 취업할 수 있도록 준비하기

가정과 관련하여 직업선택과 취업은 부부관계뿐만 아니라 가정의 기본 생활을 영위하는 과업이다. 경제적으로 안정된 가정일수록 자신과 가족의 행복을 담보할 수 있다.

### 5) 여가를 유용하게 활용하기

현대사회에서 여가는 생산활동 이상으로 중요하다. 여가를 어떻게 보내느냐에 따라서 삶의 질이 달라질 수 있다. 다른 사람과 같은 여가활동이 아닌 경제적 여건과 마음의 여유와 상관없이 자신과 가족만의 독특한 여가활용 방법을 만들어 즐기려는 노력이 요구된다. 이러한 여가의 유용한 활용은 정신적 안정감을 줄 뿐만 아니라 가족과 사회적 유대도 높일 수 있다.

### 6) 다른 가정문화의 차이 이해하기

가정마다 문화가 다르다. 더욱이 점차 다문화가족 등 다양한 가족형태가 등장하면서 가정마다의 문화적 차이는 더 심화될 전망이다. 따라서 열린 마음으로 다른 가정의 문화와 가치를 이해하고, 기회를 만들어 상호 교류함으로써 자신과 가정의 문화의 폭을 넓히고 깊게 만들어야 한다.

### 7) 사회적으로 요구되는 행동을 책임 있게 수행하기

사회는 청년으로서 갖는 권리와 책임과 더불어 가족 성원으로서 갖는 책임도 강조한다. 따라서 가족 속의 청년은 사회적으로도 책임 있는 행동을 요구받는다. 현재의 방위가족 속에서의 책임과 이후의 부부중심 생식가족에서의 책임에 맞는 행동을 수행해야만 한다. 왜냐하면 가정은 일차적 사회집단이 동시에 한 국가의 발전방향에 초석이 되기 때문이다. 따라서 자신과 가족 성원에게 요구되는 사회적 의식과 권리 그리고 책임감 등을 지속적으로 고민하고 수행해야 한다.

이러한 청년기의 발달과업을 달성하기 위해서는 가정, 특히 부모의 역할과 영향이 여전히 크다. 물론 아동이나 청소년기보다는 그 직접적 영향력은 감소할 수 있지만 현실적으로 대학 등의 학교교육과 취업 그리고 결혼 준비 등에 대한 부분에서 부모의 영향은 적지 않다.

[ 표 4-1 ] 청소년기와 청년기 발달과업의 차이

| 청소년기 | 청년기 |
|---|---|
| 부모로부터의 정서적 독립 | 독립적 생활 영위 |
| 성적 정체감 확립 | 결혼 준비 |
| 자아정체감 확립 | 취업 준비 및 취업 |
| 지적 역량 함양 | 사회적 역할 수행 |

## 3. 부모와의 관계와 청년의 위치

### 1) 가족 내에서 청년의 위치

전통가족에서 청년은 부부와 함께 가정을 이끌어가는 중심 축 중의 하나였다. 우리나라도 1970년대까지만 해도 부모의 역할을 대신해서 형제를 돌보는 청년이 적지 않았다. 물론 지금도 가정의 형편상 청소년 시기부터 가정을 이끄는 사람도 많지만, 예전과는 그 양상이 사뭇 다르다.

현대사회에서는 청소년기가 길어지면서 자연스럽게 청년이 되어도 가정에서 독립하지 못하고 경제적으로 예속되어 있는 사람이 많다. 이것은 혼인에 대한 의식변화도 영향이 있겠지만 더 중요한 것은 청년 자신이 가정에 속해 있으면서도 새로운 가정을 만드는 일에는 다양한 요소를 고려한다는 것이다.

## 2) 청년과 부모와의 관계

### (1) 의사소통의 장애와 해결 방안

의사소통(communication)은 인간관계를 바탕으로 한 두 사람(화자와 청자) 사이에 상호 메시지를 주고받는 과정이다. 정보나 아이디어, 감정 등 어떤 의미, 즉 메시지를 송신자와 수신자 간에 주고받음을 통하여 상호 교환하거나 공유한다. 좋은 의사소통은 인간관계를 원만하게 만들고 생활의 활력과 기쁨을 준다. 또한 다른 사람에게 이해받는다는 느낌을 가져 늘 건강한 마음과 정신을 갖도록 하는 데도 도움이 된다.

이러한 의사소통은 언어와 비언어, 두 가지 형태로 이루어진다. 언어적 의사소통은 말 그대로 음성으로 표현되는 말로써 자신의 감정과 의사를 전달하는 것이며, 비언어적 의사소통은 말이 아닌 몸짓, 옷차림 등으로 자신이 의도하는 내용을 전달하는 것이다. 그런데 일반적으로 다른 사람의 비언어적 표현을 언어화할 때 의사소통의 장애가 일어난다. 예를 들어 나는 무엇인가를 생각하느라고 가만히 앉아서 심각한 표정을 짓고 있는데 상대가 표정이 안 좋다고 하면서 본인에게 화난 것 같다고 오해하는 경우이다. 그러므로 의사소통의 장애를 없애거나 최소화할 수 있는 노력이 항상 필요하다. 효율적 대화기법 중 중요한 몇 가지는 다음과 같다.

#### ① 경청

경청(listening)은 다른 사람의 말을 잘 듣는다는 뜻이다. 경청은 의사소통에 있어서 중요한 기술 중 하나이다. 얼핏 귀가 열려있는데 다른 사람의 말을 듣는 것이 어려운 이유에 대해서 의아해할 수 있지만, 경청은 그냥 듣는 것(hearing)이 아닌 귀 기울여 듣는 것을 말한다. 가정이든 사회에서든 상대의 말을 잘 들을 때 상대는 열린 마음으로 다가올 수 있을 것이다. 여기서 경청한다는 뜻은 단순히 그 사람의 소리언어만 듣는 것이 아니라 비언어적 표현도 함께 민감하게 알아차리는 것이다. 이러한 경청은 생각보다 어려운 기술이다. 자신의 생각을 잠시 접고 온몸을 기울여 그 사람의 얼굴표정과 몸짓 등에 주의를 기울이며 관심 있는 태도로 듣는다는 것은 많은 에너지와 집중력을 필요로 한다. 하지만 다른 사람의 이야기를 듣지 않고서는 그 사람과 좋은 관계를 이어나갈 수 없다(노혁, 2007).

### ② 공감

공감은 상대의 감정과 그 감정의 의미를 정확하고 민감하게 인식하고 전달하는 능력을 말한다. 공감은 다른 사람을 이해하는 것을 말하며 내가 마치 그 사람인 것처럼 느끼는 것(비록 내가 그 사람이 아니고 완그 사람을 완전히 이해하기 어렵더라도 나의 위치를 그 사람에게 놓으려는 노력)이다. 공감은 상대의 정서와 사고 그리고 행동의 측면에서 그의 경험을 신중하게 이해하는 능력이다.

일반적으로 공감의 표현은 "~하기 때문에 ~ 한 느낌이 드는군요"로 표현한다. 예를 들면 다음과 같다.

상대: 나는 쓸모없는 인간이야. 능력도 없어 취업도 못하고 있고 모든 것이 암담해.
나: 원하는 대로 되는 일이 하나도 없어서 매우 실망스러운 느낌이 드는가 보네…….

이러한 공감을 위해서는 내가 상대와 관계를 맺고 대면할 때 잠시 나를 비워야 한다. 그래야 상대의 감정을 채울 수 있고, 상대는 나에게 자유롭게 자신의 말을 할 수 있을 것이다. 나의 부정적 또는 긍정적 감정을 공유할 수 있는 사람이 있다는 것은 행복한 일이다. 이런 점에서 공감의 중요성은 아무리 강조해도 지나치지 않다.

### ③ 자기표현

자기표현 방법 중 효과적인 의사소통 방법의 하나로 나-전달법이 있다. 나-전달법(I-Message)은 나를 주어로 상대에게 느낀 감정과 경험을 표현하는 방식이다. 나-전달법을 사용하는 사람이 자신의 내적 상태(기분, 감정 등)에 스스로 책임을 지며 상대에게 자신을 충분히 개방할 수 있는 책임을 질 뿐 아니라 상대의 행동에 대해서 책임을 부여하기 때문에 책임 메시지라고 부르기도 한다.

나-전달법은 상대에게 평가나 판단이 포함되지 않게 상대의 행동이나 상황에 대한 단순한 진술로부터 시작한다. 상대의 특정 행동이나 상황이 일어난 특정한 시기를 알리는 일이 중요하다. 일반적으로 "네가 문을 잠그지 않아서(원인 행동) 창문이 열려져 있어 찬 바람이 들어왔고(행동으로 인한 결과), 그래서 나는 감기가 들까봐 걱정되고 두려웠어(나의 느낌)" 라는 세 가지 요소로 표현한다.

이처럼 '나' 를 주어로 하여 그런 느낌을 가지게 된 책임이 상대에게 있지 않고 표현자인 나에게 있다는 것을 알리는 방식이다. 나-전달법의 표현방식은 자기감정에 대한 솔직한 노출뿐만 아니라 대인관계에서도 매우 필요한 의사소통 방법이다. 나-전달법과 다른 너-전달법은 불쾌한 감정을 지니거나 갈등상태에 있을 때 사람들이 흔히 하는 표현이다. 이러한 표현은 문제를 더 키우거나 관계를 해치는 경향이 있다. 앞의 예를 들면 "너는 내 생각을 하나도 안하는 구나. 그렇게 창문을 열어놓으면 향기로운 바람이 행여나 들어오겠다. 나의 건강은 조금도 생각하지 않는 나쁜 친구" 라고 하는 것이 너-전달법이다.

### (2) 갈등해결 방법

일반적으로 결혼연령이 30세를 전후 한다고 볼 때 10대 후반에서 20대 초반의 청년기의 자녀를 둔 부모의 연령은 50대 전후라고 볼 수 있다. 개인적 차이는 크지만 부모, 특히 어머니에게 이 시기는 갱년기와 맞물릴 가능성이 크다. 즉 자녀의 사춘기와 사춘기 이후 청년기의 고민과 어려움이 부모의 중년의 갱년기와 묘하게 맞물린다는 것이다. 한 가정에서 이와 같은 도전은 생애과정에서 자연스러운 현상이지만 가족 모두를 힘들게 한다. 따라서 개인적 상황에 따라 불가피하게 생기는 갈등을 해결하는 방법을 가족마다 찾는 것은 매우 중요한 일이 되었다.

### 갱년기의 이해

사람이 장년에서 노년으로 접어드는 전환기를 갱년기(the turn of life, menopause)라고 한다. 일반적으로 폐경기와 맞물려 오는데, 폐경기는 여성이 더 이상 월경을 하지 않고 임신능력을 상실한 것을 말한다. 난소가 노화하면서 배란과 여성호르몬의 생산이 더 이상 이루어지지 않아 나타나는 현상이 폐경이다. 폐경이 나타나는 시기는 개인차가 있지만 주로 50세 전후이다. 40대 중반과 후반부터 변화가 시작되지만 영양상태가 좋아지고 건강관리에 관심이 많아지면서 갱년과 폐경기는 점차 늦어지고 있는 실정이다. 갱년기 증상은 사람마다 매우 다양하게 나타난다. 여성이 폐경기에 접어들면 자신도 모르는 사이에 뼈에서 칼슘 등이 빠져나가 생기는 골다공증이 남성에 비해 현격히 증가한다. 이와 더불어 만성질환의 위험도도 높아진다. 갱년기는 남성도 겪는 경우가 점차 많아지고 있다. 갱년기는 신체적 퇴화로 인해 마음의 불안과 초조도 커지며 스스로 심리적·정서적 통제가 어려운 경우도 있다. 따라서 제2의 사춘기라고 부른다.

이러한 갈등을 해결하는 방법은 다양하지만 몇 가지 일반적 방법을 제시한다.

#### ① 솔직히 말하기

상대의 말에 자신의 생각과 의견을 솔직히 표현하는 것만큼 효과적인 해결방법은 없다. 만일 상대방과 생각이 다르더라도 솔직한 사람의 생각과 표현에 대해서 시비를 하는 사람은 없을 것이다.

#### ② 후퇴하기

부적적한 행동에 대처하는 전략이다. 상대를 바꿀 수 없을 때는 떠나는 것이다. 후퇴는 어떤 행동에 대해 적절한 이유가 있을 때 가장 좋은 대처 방안이다.

#### ③ 상대의 메시지를 한 차원에서만 수용하기

일관성 없고 모순된 메시지를 접할 때 우리는 메시지의 한 차원만 선택함으로써 갈등의 소지를 줄일 수 있다. 예를 들어서 남자 친구에게 함께 영화를 보러가지고 했을 때 그 친구가 얼굴표정으로는 가고 싶어 하면서도 말로는 "내가 다른 일로 바빠서 갈 수 없을 것 같아. 어떻게 하지……" 라고 계속 망설인다면 언어와 비언어적 표현 중 하나만 수용해야 한다.

#### ④ 역으로 받아치기

역으로 받아치는 방법은 때로는 효과적이다. 적당한 반응을 찾기 어려우면 똑같이 파격적 반응을 보임으로써 긴장을 완화할 수 있다. 그러나 종종 이러한 반응은 충격적이며 상대의 문제를 공개적으로 해결할 정도로 분노시킬 수 있기에 조심해야 한다(이재창, 임용자, 1998).

### (3) 책임과 권리

청소년기를 거치고 청년기로 넘어오면서 자녀의 독립 수준은 높아진 반면에 부모와의 갈등은 청소년기에 비해서 상당히 감소되는 경향을 보인다(Lefrancois, 1990). 그것은 청소년기에 확립된 자아정체성이 공고해지면서 성인의 세계로 편입됨에 따라 성인, 즉 부모의 생활과 세계를 이해할 수 있기 때문이다. 사실 아동과 청소년기는 가정에 대한 책임보다는 권리가 더 강조되었다. 왜냐하면 아동과 청소년은 여전히 가정과 사회의 보호를 받아야 할 시기이기 때문이다. 그 이유는 앞서 청년발달 이론에서도 언급한 바와 같이 신체와 정신적으로 미숙하고 자아에 대한 정체감이 자리잡아야 하는 때이기 때문이다.

한편 청년은 좀 더 다른 시각에서 가정에서의 책임과 권리를 논해야 한다. 청년의 연령기는 이미 가정을 떠나서 독립해야 할 시기이다. 이러한 부담은 청년을 가정에서 어정쩡한 위치로 가두어 놓는다. 하지만 직업선택과 결혼준비의 기간이 길어지면서 불가피하게 청년이 부모와 함께 가정에서 생활하는 기간이 길어지고 있다. 그러므로 이제는 가정에서 청년이 갖는 권리와 함께 그들이 가정에 대한 책임도 일정부분 정리되어야 한다. 가정과 청년 개개인마다 차이는 있겠지만, 청년이 가정에 경제적 도움을 줄 수 없는 상황이라도 가정의 생활 전반과 문화에 대해서 피동적 존재가 아닌 일정 부분 책임을 지는 역할과 위치를 부여해야 한다. 그것이 가정 내에서 새롭게 학습하는 새로운 가정 마련에 대한 준비인 동시에 부모와 향후 관계 정립에도 도움이 될 것이다.

# II 청년과 교육

## 1. 현대와 교육

교육은 사회생활에 필요한 지식이나 기술 및 바람직한 인성과 체력을 갖도록 가르치는 조직적이고 체계적인 활동을 말한다. 이러한 교육은 학교현장에서 주로 이루어진다. 하지만 학교라는 공공 제도로서의 교육활동은 생애교육, 평생교육의 개념과 함께 변화하고 있다.

다시 말해서 그동안 교육은 주로 학교에서 일정 연령범위를 대상으로 이루어졌다. 우리나라의 경우에는 초등학교와 중학교의 의무교육을 기초로 하고 고등학교 과정과 대학교의 과정을 통해서 지·덕·체를 기르며 사회에서 개인이 충분히 능력을 발휘하면서 살도록 교육했다. 하지만 시대가 변하고 있다. 지식을 학교나 교사가 독점하고 있는 때는 지났고 이제는 지식과 정보는 다양한 매체와 집단에서 활발히 확대 재생산되고 있다.

물론 여전히 학교가 교육의 중요한 장이지만 교육제도의 전부가 아닌 일부일 뿐이며, 교육제도는 개인의 전 생애를 통해서 필요를 충족시킬 계속적인 과정으로서 고려되어야 하고, 모든 사회집단은 학교와 마찬가지로 지식을 제공할 공동 책임이 있다는 것을 생각해야 한다.

## 2. 청년과 학력

학력은 어떤 일을 수행하는 데 필요한 실력 또는 능력이다. 따라서 어떤 학교(대학교 등)를 졸업하고 받는 졸업장은 검증된 능력을 뜻한다. 하지만 현실은 조금 다르다. 학력이 실력이나 능력하고는 상관없는 경우가 많다. 오히려 학력은 오늘날 형식적인 자격으로서 하나의 귀속적 지위가 되기도 한다. 학교의 명성과 높은 학력이 그 자체만으로도 능력으로 평가받는 일이 있지만 실제는 그렇지 않다. 그럼에도 불구하고 학력은 현실적으로 불가피하게 자신의 직무수행과 실력을 나타내는 최소한의 또는 최적의 자격요건으로 인정되고 받는 것이 사회현실이다.

### 1) 학력의 기능

학력은 일반적으로 도구적·질서적·선발적 기능을 갖는다. 사실 학력이란 현실적으로 도구적·질서적·선발적 기능을 다 갖추는 것을 말한다고 볼 수 있다.

#### (1) 도구적 기능

일정한 학습결과로서의 학력이 직업적 역할 수행에 유용하다는 측면을 강조한 것이다. 예를 들면 어린이집에서 보육교사로서의 역할을 하는 데 아동에 관련한 지식이나 기술을 갖춘다거나 복지관에서 복지사로 근무하기 위해 복지정책에 관련된 지식이나 복지 실천을 위한 기술을 갖추는 것은 큰 도구적 기능을 가진다고 본다.

#### (2) 질서적 기능

취득한 학력은 그 사람에 대하여 일정한 자격을 평생 동안 보장한다. 이런 면에서 학력은 개인에게 자신의 힘으로는 어찌 할 수 없는 특정의 신분을 부여하여 일종의 귀속적 지위를 보장하는 보증서가 되는 것이다.

#### (3) 선발적 기능

도구적·질서적 기능을 가진 학력을 앞에 놓고 치열한 경쟁이 벌어진다. 학교체계는 학력을 통한 지위경쟁의 제도화였다. 그 결과 전국의 인재들이 이 학력

경쟁에 뛰어들어 학력은 높은 지적 능력과 상승지향의 극심한 동기유발의 원천이 되었다(석태종, 2001). 이를 선발적 기능이라 한다.

## 2) 학력 상승의 이론

사람들은 더욱 높은 학력을 갖기 원한다. 현대 사회에서 학력은 개인이 풍요로운 삶을 살아갈 수 있는 전제조건이 되며 나아가 합리적이고 합법적으로 계층이동(상승)을 할 수 있는 거의 유일한 도구이기 때문이다. 또한 자아실현을 위한 중요한 도구이기도하다.

### (1) 학습욕구 이론

사람은 누구나 무엇이든 배우고자 하는 기본 욕구를 갖고 있다. 학교교육은 우리에게 배우고 싶은 욕구를 충족시키는 좋은 곳이다. 교육을 통하여 인간은 개인의 학습욕구를 충족할 수 있으므로 많은 사람이 학교교육을 갈망한다. 그런데 이러한 현상이 과열될 때 학력의 상승이 나타난다.

### (2) 인간자본 이론

교육의 투자는 노동의 질을 향상시켜서 개인의 소득 증대를 통한 삶의 질 향상 및 국가 전체의 경제적 발전에 기여한다. 결국 학력에 대한 투자가 자본의 가치를 창출하기 때문에 학력이 상승할 수밖에 없다.

### (3) 기술기능 이론

현대는 기술정보화 사회이다. 고도의 정보처리 능력과 전문지식과 기술을 요구하고 있다. 고도의 전문지식과 기술을 습득하는 데는 많은 시간과 노력이 필요하다. 이러한 기술은 주로 대학교육을 통해서 익힐 수밖에 없다. 따라서 학력은 산업이 고도화되면 될수록 그에 맞추어 상승한다.

#### (4) 지위경쟁 이론

오늘날 직업은 경제적 부를 이루는 주요한 수단일 뿐만 아니라 그 사람의 힘과 능력 그리고 지위까지도 말한다. 이러한 직업에서의 높은 지위는 학력이 높을수록 유리하다. 학력은 선발기능을 갖고 있기 때문이다. 대학을 나오고 대학원을 나오면 더 높은 지위와 부의 창출에 유리하다고 믿는 사람들이 많다.

#### (5) 발전교육 이론

교육이 국가의 정치 경제 사회 발전의 원동력이므로 자원이나 제도보다는 그것을 다룰 수 있는 인간의 가치, 태도, 지식, 능력 등 인적 자질을 통하여 습득된다는 이론이다. 교육을 통한 인간자본이 국가의 발전 전략이라는 주장이다(석태종, 2001 참고).

## 3. 청년과 다양한 교육형태

### 1) 학교

학교는 직업기술과 인성을 발달시킬 뿐만 아니라 사회화의 장이기도 하다. 근대사회 이전에는 가정이 청소년의 사회화 기능을 담당하였다. 하지만 근대사회로 들어서면서 가정에서의 사회화 기능은 약화되고 상당 부분이 학교와 직장 등 다른 사회집단으로 옮겼다. 이 중 대표적 역할을 수행하는 곳이 바로 학교이다.

청소년에게 학교는 때로는 가정보다 더 중요한 의미를 갖는다. 부모의 보호를 떠나서 장래의 독립적 생활을 할 수 있는 준비의 시기로서의 의미도 중요하지만, 청소년에게 학교는 바로 그들의 생활자체라고 할 수 있다(차경수, 1983). 청년에게 학교는 크나큰 딜레마의 장소이다. 이미 청소년기를 거치면서 학교의 장단점을 익히 알고 있는 청년에게 대학교 등의 학교는 민주시민으로서의 상식적인 시민과 직업인으로서 성장할 수 있는 기반이지만, 다른 한편 불투명한 미래에 대한 어쩔 수 없는 투자처이기도 하다. 따라서 청년에게 학교는 매우 어정쩡한 위치를 갖는다. 심하게 표현하면 단지 미래의 더 나은 삶을 영위하기 위한 하나의 통과의례적 경력에 불과하다. 실제 청년들은 전통적으로 느껴온 소외와 함께 또 다른 소외를 경험한다. 자본주의 경제 속에서 임금소득을 갖는 계층으로 소외되는 것과 함께 임금 소득을 갖기 이전에 학교의 경쟁에서 좌절감을 맛보는 것이다. 이런 면에서 탈학교론자들이 주장한 것과 같이 학교 이상의 필요한 것은 교육이다. 학교로부터 교육을 해방시켜 청년에게 자주적 학습을 보장하기 위해서는 학교의 기능을 축소하는 한편 청년기의 선택의 폭을 크게 확대할 필요가 있다.

### 2) 생애교육

생애교육은 매우 포괄적이고 복잡한 개념을 가지고 있으며 특정기술과 지식의 훈련, 재훈련을 뜻하는 직업교육 또는 성인교육으로서 해석되기도 하나 전통적 성인교육이나 직업교육의 개념으로서 생애교육의 개념을 파악하는 것은 매우 어렵다. 현재 가장 보편적으로 사용되는 생애교육의 의미는 교육이 학교교육으로서 끝나는 것이 아니고, 인간 전 생애를 통하여 계속된다고 보아 개인의 욕구 충족 및 성격의 건전한 발달에 기여하고, 여러 모로 급변하는 세계로부터 추구되고 가중되는 요구에 부응할 수 있는 교육을 뜻하는 것이다. 이러한 생애교육은 앞으로 청소년기와 청년기를 포함하여 계속 교육의 차원에서 제도권과 제도권 밖의 다양한 교육형태와 접목되어 운영될 것으로 전망된다. 따라서 청년기에 교육은 일정 연령으로 종료되는 형태가 아닌 삶의 전 과정 속에서 지속적으로 운영되는 그야 말로 생애 전 과정에서 자기혁신과 발전을 위한 교육을 의미하며, 청년은 이 교육의 장에서 생활해야 하는 것이다.

[ 표 4-2 ] 형식과 비형식 그리고 무형식 교육

| 분류 | 의미 |
|---|---|
| 형식교육 | 학교교육을 말한다. 형식 또는 정규교육이라고 하는데 일정한 과정을 통해 학생을 선발하고 교육장소와 기관 그리고 교육목표, 수업시간, 학습내용과 절차 및 방법, 평가기준이 정해져 있으며 교육이 끝나면 자격증 또는 졸업장을 부여한다. 일반적으로 장기간에 걸쳐서 체계적이고 표준화된 교육과정을 제공한다(유치원, 초등학교, 중학교, 고등학교, 대학교). |
| 비형식교육 | 학교 밖에서 시행되는 사회교육을 말하며 비형식교육 또는 비정규교육이라고도 한다. 사회교육은 학교 교육처럼 체계적 학습활동이 이루어지지 않는 경우가 대부분이며 교육의 결과에 따른 공인된 자격증 등은 주어지지 않는다. 예를 들면 학원 강좌나 시민강좌 등이 그것이다. |
| 무형식교육 | 자연발생적이고 우발적으로 이루어지는 교육을 말한다. 대중매체나 동아리활동, 인터넷 미디어에 의해 이루어지는 학습, 가정 내에서의 일상적인 생활을 통해 자연스럽게 이루어지는 가정교육을 말한다. |

### 3) 대안교육

공적교육에 대한 비판적 시각에서 시작된 것이 대안교육이다. 교육의 본질인 지·덕·체를 갖춘 전인적 인간을 기르지 못한다고 비판받는 현실에서 교육의 의미는 사회적 성공을 위한 수단으로 변질되고 있다. 또한 그간 소외된 공교육제도에 적응하지 못하거나 근본적으로 맞지 않는 청소년과 청년들에게 대안적 교육의 필요성이 강력히 제기되었다.

이러한 대안교육운동은 1990년대 중반을 넘으면서 사회에서 큰 관심과 반향을 일으켰고 이제는 학생, 학부모는 물론이고 국가의 교육정책에서도 빼놓을 수 없는 관심의 대상이 되었다.

대안교육은 제도교육의 한계를 인식하고 그것을 넘어서는 대안적 사회를 구성하면서 새로운 교육을 모색하려는 시도이다. 대안학교는 학교마다 서로 다른 철학적 배경을 가지고 있어서 교육목표와 학교의 운영 면에서 매우 상이한 모습을 보인다. 주로 중고등학교 연령의 학생을 대상으로 소규모로 운영되고 삶의 체험을 학습과 연결시킨다. 또한 학부모와 학생을 교육의 주체로서 교육활동에 적극 투입하고, 지역사회를 최대한 활용하여 살아있는 교육을 실시한다. 하지만 최근에 와서 대안교육이 공교육을 답습하는 경향이 있어 대안교육이 대안이 아니라는 평가도 있다. 그럼에도 불구하고 교육의 다양한 형태와 방법이 요구되는 현대사회에서 대안교육은 점차 발전되어야 하며 그 방향으로 나아갈 것이다.

한편 대안교육은 중고등학교 연령에 해당하는 청소년뿐만 아니라 대학생 연령, 즉 청년에게도 하나의 대안적 교육 형태로 대두될 필요가 있다. 이미 일본 등 선진국에서는 대학 대안교육이 실행되고 있으며 소위 인문학의 몰락과 사회가 필요로 하는 실천적이고 실제적 기술과 지식의 습득이라는 면에서 새롭게 조망되는 영역이 될 수 있다.

### 대안학교의 종류

**교육목적의 유형에 따른 분류**

- 자유학교형 대안학교: 학습자의 가능성을 믿고 학습자중심의 교육을 실시하며 학습자에게 자유를 주려는 형태의 대안교육
- 생태학교형 대안학교: 소규모 학생을 대상으로 하며 지식과 더불어 의식주에 관련된 기본적인 활동들을 포함하는 형태의 대안교육
- 재적응형 대안학교: 학교 부적응 학생을 주 대상으로 하는 대안교육

**학력 인정에 따른 분류**

- 인가형 학교
- 비인가형 학교

**교육과정과 운영형태에 따른 분류**

- 초등 대안학교
- 중등 대안학교
- 고등 대안학교

## 4. 교육이 청년에게 주는 의미와 향후 청년교육의 방향

국어사전에는 교육에 대해 두 가지 의미가 나와 있다. 하나는 사회생활에 필요한 지식이나 기술 및 바람직한 인성과 체력을 갖추도록 가르치는 조직적이고 체계적 활동을 말하고, 다른 하나는 특정한 목적을 가지고 기술이나 기능을 가르치는 것이다.

교육은 한 인간이 자기가 속한 사회에서 불편하지 않고 행복을 누리며 살 수 있도록 돕는 것을 목표로 한다. 교육 중 국가가 관여하는 제도권 교육의 정점은 대학교육이다. 대학 진학률이 80%에 육박하는 현실에서 오늘날 청년 대부분은 대학이나 관련이 있는 기관에서 교육을 받는다. 그런데 이러한 대학이 사회와 청년의 욕구를 충족시키는지는 의문이다. 물론 여전히 대학은 우리 교육의 정점에 있으며 중요한 경제적·사회적 기능을 한다. 하지만 대학이 대학으로서의 기능을 다하는지에 대한 성찰과 함께 대학이 아닌 교육의 형태와 장면도 고려해야 한다. 왜냐하면 앞으로는 공교육이 확대되기보다는 점차 축소될 가능성이 커지기 때문이다. 즉 교육도 탄력적이고 유연성을 요구하는 사회적 현실에 직면했다는 것이다.

이런 관점에서 Whitehead의 주장은 의미 있게 다가올 수 있다. 그는 '교육의 목적'에서 교육의 과정을 세 단계로 구분하고 있다. 첫째, '낭만(romance)의 단계'이다. 치밀하고 정교한 지식을 갖지 않고 사물 자체를 감성적으로 보고 느끼는 것이다. 아마도 초등학교 과정에 해당한다고 볼 수 있다. 둘째, '정밀성(precision) 단계'이다. 감성을 넘어서 세상에 펼쳐진 지식과 이론을 배우고 체계적으로 훈련하는 과정이다. 중·고등학교 수준이라 할 수 있다. 셋째, '일반화(generalization)의 단계'이다. 낭만과 정밀성의 단계를 토대로 해서 다양한 지식을 종합하고 관계를 탐구하며 일반화시키는 한편, 현실에 적용하는 단계이다. 이 단계가 대학과정에 해당한다고 볼 수 있겠다.

현재 우리 공교육은 사실 두 번째 단계만이 존재할 뿐이다. '정밀성'의 단계가 되려면 반드시 '낭만'의 단계가 전제되어야 한다. 이것을 생략하고 바로 지식 쌓기만 열을 올리는 상황은 그저 영혼 없는 주입만 있을 뿐이다. 그러니 대학에 진학한 대부분 학생은 '일반화' 단계에 다가가지 못하며, 교육의 책임이 있는 대학 당국도 관심이 없다. 즉 Whitehead의 1, 2단계가 반드시 선행되어야 대학이 일반화 단계를 올바로 실행할 수 있다. '정밀성'의 단계는 절대적으로 필요하다. 공교육에서 이 단계만 실행한다고 해서 이 단계를 가치 폄하하거나 배제하는 것이 대안인 것으로 생각하면 착각이다. 그런 점에서 우리나라의 대안학교는 대체로 낭만의 단계에만 치중하는 경향이 있는 것도 사실이다(http://blog.daum.net/skyphysis/180 참고). 그러다보니 대학은 대학대로 어려움이 있다. 따라서 대학교육이 정상화되기 위해서는 초·중·고등학교 교육의 정상화가 선행되어야 한다.

한편 대학교육의 일부 기형적 구조와 운영이 현실이라면 청년에게 새로운 교육의 방향도 제시해야 한다. 그동안 교육이 너무 성공지향적 측면만 강조해 왔다. 이러한 교육목표는 사회가 일정한 방향과 구조 속에서 작동될 때는 큰 도움이 된다. 다시 말하면 산업사회에서는 지속적 경험의 축적으로 숙련도가 높아지고 그에 따라서 개인과 사회가 발전하는 도식이었다. 하지만 오늘의 지식정보화 사회에서는 새로운 형태의 도전이 요구된다. 즉 실패에 대한 교육이다. 실패를 전제로 하는 것은 아니지만 획일화되지 않은 지식정보화 사회에서는 번번이 난관에 부딪친다. 하루아침에 창의성과 혁신이 나오는 것이 아니다. 수많은 시행착오와 거듭되고 빈번한 실패에 익숙해질 때 비로소 새로운 형상이 나타나는 것이다. 물론 그동안 제도권이나 다양한 교육형태에서도 시행착오에 대한 교육은 시행되었다. 교육 자체가 아동과 청소년 그리고 청년이 안전한 상태에서 시행착오가 가능하도록 함으로써 현실사회에서 그 실수를 줄일 수 있도록 도왔다. 하지만 이제는 청년교육에서는 이론적이고 도식적인 시행착오의 기회가 아닌 실천적이고 실무적 실수의 기회를 안전하게 제공할 수 있도록 도와야 한다. 그리고 성공의 목표보다는 그러한 과정을 즐기고 배우고 누릴 수 있어야 한다.

# III 청년과 일

## 1. 일의 개요

### 1) 일의 정의

Al Gini는 그의 저서《일이란 무엇인가?》에서 우리가 일을 하는 이유, 일의 속성, 일의 미래를 탐색함으로써 일에 대한 가치를 재창조하고자 하였다.

일은 왜 하는가? 물론 일의 일차적 목표는 소득의 획득이다. 오늘날 자본주의 사회에서 대부분의 사람은 근로활동을 통해서 소득을 얻고 그를 통하여 생활을 영위한다. 하지만 일은 경제적 풍요를 가져다줄 뿐만 아니라 자아가 성장하고 스스로 인생의 목표를 실현할 수 있는 수단인 동시에 목표가 될 수 있다. 또한 일의 과정 속에서 느끼는 행복도 크다.

그렇지만 오늘날 일은 자본주의의 왜곡된 노동윤리에 의해서 왜곡되는지 고민해야 한다. 치열한 경쟁에서 승자만이 독식하는 일과 관련된 사회구조를 생각할 때 새로운 사회에는 일에 대한 색다른 인식이 있어야 한다.

### 2) 일의 변화

산업사회에서 후기 산업사회로, 21세기에 들어서면서 지식정보화 사회로 변하면서 일과 직업도 많이 변하고 있다. 많은 사람은 자신에게 맞는 일을 직업을 통해서 결정한다. 그런 의미에서 일은 곧 직업을 의미할 수도 있다. 이러한 직업의 세계가 급속히 변화하고 있다. 1960~1970년대만 해도 대부분의 사람들은 20대 후반에 어느 직장에 취업을 하면 정년이 될 때까지 그곳에서 일을 할 수 있겠다고 기대하고, 또 많은 경우 평생직장의 개념이 있었다. 그러나 첫 취업 후 30~40년의 안정된 경력의 청사진을 그릴 수 있었던 전형적인 경력 통로는 더 이상 직업세계에서 볼 수 있는 전형이 아니다(김애순, 2007). 우리나라의 경우 이미 외환위기로 촉발된 소위 IMF 사태 이후 평생직업의 개념이 무너졌으며 이와 더불어 새로운 직업이 생겨남으로써 일에 대한 개념이 바뀌고 있다.

산업사회에서 중요시되었던 일의 단순한 숙련능력은 점차 퇴보하고 획기적인 기계와 전자 설비가 대체하고 있으며, 사람은 점차 창의적이고 최대의 생산성을 발휘할 수 있는 일의 세계로 전환하고 있다. 이와 같은 일의 세계는 지속적 경륜이 중요한 요소라기보다는 끊임없는 재탐구와 훈련을 통한 새로운 사고와 창의성을 요구하고 있다. 따라서 일의 안정성 측면에서 본다면 점점 일의 세계는 불안정해지는 반면, 직업의 경계가 모호해짐으로써 생애과정을 거쳐서 다양한 일을 경험하고 지속적으로 새로운 능력을 개발함으로써 남성중심의 직업세계가 남녀노소 모두에게 개방되는 현실에 처했다.

### 3) 일의 의미

#### (1) 경제적 의미(생활 안정)

일, 즉 직업활동을 통해서 사람은 소득을 얻고 그로 자신과 가족의 생계를 이어나간다. 그런 의미에서 일은 생업이 최우선의 의미이다. 어떤 면에서 생활을 유지하고 향상시키는 데 선결 조건이라 할 수 있다. 그렇다고 직업을 단순히 소득을 얻기 위한 수단으로 삼는 것은 바람직하지 않다. 일이란 윤리적 측면도 있다. 즉 직업을 통해서 정당하고 정직한 노동의 대가를 얻음으로써 생계의 수단을 넘어서 삶의 긍지와 보람을 갖는 활동이 되어야 한다. 오늘날 우리에게 직업은 생계유지의 수단이나 미덕을 넘어서 다양한 심리적·사회적 기능을 수행하게 한다(Coleman, 1979).

#### (2) 사회적 의미(사회적 지위 부여)

직업을 가지면 그에 따른 직책과 지위가 부여된다. 직업은 사회적이다. 그래서 전통사회에서는 직업의 서열이 있었다. 조선시대 사농공상(士農工商)에서 보듯이 직업이 곧 그 사람의 신분을 나타내기도 했다. 그리고 이러한 신분은 개인의 노력에 따라서 쉽게 넘을 수 없는 벽이었다. 하지만 오늘날 사회에는 직업은 개인의 능력과 노력에 따라서 선택이 가능하다. 물론 오늘날 직업의 귀천은 많이 사라졌지만 직업이 갖는 속성에 따라서 사람의 사회적 위상은 다르게 평가받는 것이 현실이다. 전문직종이라든가 직업 내에서 더 높은 지위를 갖는 사람들은 사회적으로 높은 평가와 인정을 받고 합당한 위치를 차지하고 그 위치에서 사람들과 교류한다. 때로는 개인이 갖고 있는 직업으로 인한 사회적 지위부여가 가족에게도 영향을 준다. 즉 경제적 소득이 많은 직업뿐만 아니라 사회적으로 존경받는 직업을 가진 사람은 가족에게도 자긍심을 줄 수 있다.

이처럼 많은 사람은 생애 전 과정에 걸쳐 많은 시간을 직업에 종사하며 그에 맞는 역할을 하면서 살기 때문에 직업의 지위와 위치는 사회적 위치와 지위에 많은 영향을 준다.

#### (3) 심리적 의미(욕구 충족과 자아실현)

직업은 경제적 자원을 획득하고 사회적 지위를 결정하는 수단이다. 이와 함께 직업은 곧 자아를 실현하는 기회이기도 한다. 일은 소득을 얻기 위한 수단인 동시에 일 자체가 소중한 경험이고 인간으로서 보람 있는 생활 중 하나이다. 일을 통해서 자기가 더욱 개발되고 발전할 수 있으며 일 자체에서 행복감과 성취감을 느끼기도 하다. 또한 우리가 일을 통해 정해진 목표를 세우고 성취하는 과정을 통해 참된 자아실현을 할 수 있다. 그리고 일을 통해서 우리가 새로운 도전을 할 수 있다. 아이디어를 내고 일을 추진하는 과정 속에서 자신의 창의적 생각이 현실화되고 이를 통해서 보람과 가치를 창출할 수 있다.

## 2. 직업선택

### 1) 직업선택의 단계

청년기에서부터 성인 초기는 직업선택을 하는 결정적 시기이다. 그러나 이러한 직업의 선택은 청년기에서 성인 초기에 나타나는 시기적 현상이 아니라 어린 시절부터 이어온 교육과 사회화의 과정의 결과물이라고 할 수 있다.

실제로 우리가 직업을 선택하기까지는 다음의 단계를 거친온다(김애순, 2007 참고).

### (1) 환상적 단계(11세 이전)

아동은 아직 자신의 능력이나 자질과 현실 상황을 고려하지 못한다. 다만 "나는 우주 비행사가 될 거야." 하면서 자신이 원하는 것은 무엇이든지 될 수 있다고 믿으며, 이러한 환상적 역할을 놀이를 통해서 실현하기도 한다.

### (2) 잠정적 단계(11~17세)

자신의 흥미, 능력, 가치를 고려해서 장차 자신이 할일을 잠정적으로 선택하나, 우선적으로 고려하는 것은 흥미이며, 그 다음으로 능력, 개인적 가치를 고려한다. 자신의 흥미와 자질을 실제 상황의 제약과 기회들에 비추어 고려할 필요성을 느끼는 것은 이 시기 말에야 가능하다.

### (3) 명료화 단계(17~20세)

청소년과 청년은 자신의 욕망을 실제의 직업세계로 전환시켜서 적절한 계획을 세우나 자신의 직업적 꿈이 너무 비현실적일 경우 어려움이 따른다. 청소년과 청년은 자신의 직업인 꿈과 현실을 타협할 필요를 느끼면서 더욱 탐색하고 정보를 얻으며, 가능하면 실제 일에 대한 경험을 쌓음으로써 대안의 범위를 좁힌다.

### (4) 구체화 단계(20~29세)

청년은 특정한 직업목표에 들어감으로써 구체적으로 어떤 직업을 택할지 고민하고 결정한다. 즉 직업적 목표를 설정해서 그 경력 통로로 진입하기 위한 준비와 훈련을 쌓는다(Super, 1980). 다시 말해서 그동안 모호했던 직업관이 현실화되어 자신의 꿈을 분명히 하고 현실과 타협하고 구체적으로 직업을 선택하는 시기이다. 이때 중요한 것은 올바른 정보, 적극적 탐색 그리고 경험하고자 하는 용기이다.

## 2) 직업선택의 기준

전통적 농경사회에서 직업은 때로는 부모의 직업을 세습하는 것이 일반적 현상이었다. 또한 직업의 종류도 제한되어 있어 자유로운 직업선택은 거의 불가능하기도 하였다. 2012년 말 현재 한국직업사전에는 직업수 기준 10,141개, 직업명수 기준 12,565개의 직업이 수록되어 있다. 이처럼 현대사회에서 직업은 다양하고 선택의 폭도 넓다. 하지만 적지 않는 직업들이 장기간 또는 고도의 훈련된 기술과 지식을 요구하고 있기 때문에 개인의 적성뿐만 아니라 교육의 정도에 따라서 직업선택은 달라진다.

많은 경우에 사람은 학교교육을 마치고 첫 직업에 진입할 때 자신의 직업과 직장에 대한 결정하면서 고려해야 할 요인은 다음과 같다.

### (1) 적성

직업선택에 우선적으로 고려되어야 할 사항은 개인의 적성이다. 사람은 저마다 타고난 소질이 있다. 물론 후천적으로 개인의 특성은 바뀔 수 있다. 이러한 특성과 소질을 고려하여 선택해야만 직업에 대한 만족감이 크고 흥미와 자신감을 느낄 수 있으며 나아가 자신을 더욱 더 개발할 수 있다.

### (2) 장래성

직업과 직종이 급히 바뀌는 시대에 살면서 직업의 장래성을 알기는 매우 어렵다. 그러므로 직업자체가 자신이 평생 행복하게 종사하면서 삶을 영위할 수 있는가와 함께 직업이 장차 다른 직업과 어떤 연관을 갖고 변할지도 고려해야 한다.

#### (3) 경제성

직업은 경제적으로 안정된 생활을 하는 데 도움이 되어야 한다. 인간의 삶에서 기본이 되는 의식주를 해결하기 위해서는 소득이 있어야 하며, 안정적이고 시간의 흐름에 따라서 점진적으로 숙련도와 지위에 따라서 더 나은 소득을 가질 수 있는 직업을 선택해야 한다.

#### (4) 기여성

직업선택에서 기여성은 스스로 만족한 삶을 사는 데 기여하는 직업일 뿐만 아니라 사회적으로도 의미 있는 직업이어야 한다. 물론 어떤 직업이든 사회적 의미가 있다. 그러나 자신이 잘할 수 있는 일을 한다면 그 기여도는 더욱 클 것이며, 또한 직업선택에서 직업자체의 가치 못지않게 개인 스스로 직업에서 가치를 창출할 수 있는 일인지에 대한 고민도 해야 한다.

## 3. 청년과 일 그리고 인력개발

### 1) 미래사회와 일

오늘날 산업사회는 탈공업화의 경향을 보이고 있다. 과거 산업화 이전의 사회에서는 1차산업(농·임·어업 등)이 중심산업이었던 것이 산업사회에 와서는 2차산업(제조업, 광업)이 중심산업으로 바뀌었다. 그러나 후기 산업사회에 이르러서 중심산업은 3차산업(서비스 산업)으로 다시 바뀌고 있다. 이와 같이 산업구조에 큰 변화가 일어나고 있는 것은 기계화, 자동화 및 컴퓨터의 발달에 따라 물질적 재화의 생산에 많은 노동력이 필요 없게 되었기 때문이다.

Daniel Bell과 같은 학자는 농업사회의 부의 원천은 토지였고, 공업사회의 부의 원천은 자본이었다면, 후기 산업사회에 있어서의 부의 원천은 지식 또는 정보라고 말한다.

미래사회의 직업은 육체노동은 점차로 줄어들고, 높은 창의성과 잘 계발되고 훈련된 정신적 능력의 발휘가 요구되는 직업으로 바뀔 것을 예상할 수 있다. 미래사회에 대한 전망을 근거로 한 미래의 직업의 특징은 다음과 같다. 우리는 이와 같은 사회변동의 성격을 잘 이해함으로써 미래사회의 직업환경의 변화에 대비해야 할 것이다.

- 미래사회에서는 정보산업의 분야의 직업이 주종을 이룰 것이다.
- 미래사회에서는 직장인들이 반드시 매일 일정한 시간에 직장에 출퇴근하지 않고 자신의 집에서 근무하는 근로자가 늘어날 것이다.
- 미래사회의 직업은 대부분 육체노동이기보다는 정신노동이기 때문에 직업활동에 있어서 전보다 많은 개인의 창의성이 요구될 것이다.

[표 4-3] 10년 후 유망 직업

| 산업과 기술의 융합형 직업 확대 | | |
|---|---|---|
| 새롭게 부상할 미래직업 | 융합컨설턴트 | 향후 직업세계나 기술 흐름의 변화를 숙지하고 내담자에게 현재 갖추고 있는 능력에 더해야 할 역량을 컨설팅함 |
| 발전성 높은 기존 직업 | 생체계측의료기기개발자(의학, 전자공학) | 의학, 공학 등의 융합지식을 바탕으로 각종 의료기기를 설계, 제작 |
| | 금융전문가(수학, 경제학) | 수학, 경제학 등의 지식을 바탕으로 금융상품을 개발하거나 금융관련 리스크 예측 |
| | 치료전문가(의학, 심리학) | 의학과 심리학에 대한 융합지식을 바탕으로 사람들이 겪는 각종 신체·정서적 문제에 대한 해결책을 제시하고 치료(놀이치료, 언어치료 등) |
| | 로봇공학자(공학, 심리학) | 공학, 심리학에 대한 융합지식을 바탕으로 사람의 감정을 인지하는 로봇 개발 |
| | 경영정보전문가(경영학, 데이터마이닝) | 경영학, 공학에 대한 융합지식을 바탕으로 기업의 경영관리에 필요한 각종 정보를 분석하고 최적의 시스템 솔루션을 제공, 구축 |
| | 해수담수화전문가(자연과학, 공학) | 자연과학과 플랜트 공학적 지식을 바탕으로 바닷물의 염분을 제거하여 식사나 생활용수를 개발하는 기법 연구와 플랜트 공장 설계 |

자료: 워크넷

## 2) 청년과 인적자본

### (1) 인적자본 개발

인적자본(human capital)은 교육과 훈련이 노동자의 생산성을 증가시키고 그들에게 유용한 지식과 기술을 공유함으로써 소득을 증가시키는 것이다. 즉 인간이라는 자원을 생산성 향상의 대상으로 고찰하기 시작했다는 의미로 받아들인다. 인간이 교육과 훈련을 통하여 몸에 내재된 지식, 기술 나아가 창조력 등은 마치 기계의 생산력과 같은 역할을 한다. 즉 물적 자본의 생산력과 유사하게 인간 자체에 구비된 생산력이 있다는 것이다. 인간의 생산력은 교육을 통해서 축적되고 이것은 바로 소득과 연결된다. 이러한 측면에서 인적자본의 개념은 교육투자와 밀접한 관련을 갖는다. 다시 말해서 사회에 펼쳐져 있는 수많은 자원 중 인간도 중요한 자원으로 삼는 관점에서 시작된 이론이다.

인적자본 개발의 대상으로서 다른 연령층에 비해서 청년은 가장 잠재생산성이 강하고 효율성이 높은 자원이다. 기본 교육을 받은 상태에서 노동시장에 뛰어드는 청년층은 지속적 자기개발의 잠재적 능력과 일에 대한 열정과 혁신성을 가지고 있다. 따라서 인적자본으로서 청년에 대한 개발은 노동 가치를 극대화하고 일에 대한 능동적 동기부여와 함께 기회를 창출함으로써 노동력에 대한 확신과 그를 통해 지속적 자기개발로 이어져야 한다.

### (2) 여성과 인력개발

전통적 사회에서 여성의 역할은 가정 안에 한정된 것이었고 여성이 직업을 갖는 일은 바람직하지 못한 것으로 생각되었다. 산업화가 시작되면서 여성도 직업을 가질 수 있었지만 비서, 간호사 등특정한 분야에 한정되었다. 그러나 산업화가 진행되면 될수록 점점 더 많은 직업이 육체노동보다 정신노동을 필요로 하는 직업으로 바뀌고 전문화됨에 따라 여성의 직업활동 영역도 더욱 확장되었다.

그러나 이와 같은 전반적 여성지위 향상에도 불구하고 여성의 직업기회는 아직도 남성에 비해 제한되고 차별적인 경우가 많다. 여성이 고도로 전문화된 직업에서 남성과 똑같이 경쟁해서 성공하기 위해서는 가정 내에서의 역할을 충실히 수행한다는 것이 거의 불가능하기 때문이다. 그런 면에서 여성은 사회적 인력으로 기여하는 데서 여전히 이중적 고통을 안고 있다.

한편 여성은 예전에 비해 적은 수의 자녀를 출산하여 역할부담이 줄어들었으며, 가정용 가전제품 등의 가사노동 부담이 줄었다. 이러한 사회변동은 점차로 생애의 직업을 지망하는 여성을 증가시키고, 여성도 남성과 다름없는 직업의식과 직업윤리를 가지고 직업생활을 임해야 할 것이다. 여성인력은 남성인력과는 다른 장점을 갖고 있다. 보편적으로 남성에 비해서 섬세하고 치밀하며 또한 유연한 면이 있다. 여성의 이러한 특성은 생산중심의 사회에서 서비스산업 사회로 넘어온 현대에 더 알맞은 직종과 직업이 많을 것이다. 따라서 여성인력을 개발하는 데 있어 남성인력 개발의 부차적 수준이 아닌, 즉 부업이나 단순 서비스 직종에서 벗어나 남성과 대등한 관계에서 보완하며 일할 수 있는 분야와 기술에 대한 습득을 할 수 있도록 도와야 한다.

### 3) 청년과 일 그리고 윤리

노동윤리는 서양적 사고이다. 종교개혁 이후에 직업에 대한 소명의식이 발달하였다. 이러한 소명의식에 기초한 노동윤리는 경제적 이득을 얻기 위한 노력이 아니고 종교적 구원을 목표로 했기 때문에 근면, 성실, 정직, 검약 등을 윤리적 신조로 삼았다. 이후 자본주의 산업의 발전과 함께 노동과 직업의 윤리는 합법적이고 합당한 방법으로 돈과 권력 그리고 명예 등을 얻는 데 필요한 기본 도리가 되었다. 하지만 부의 양극화가 심해지고 노동의 착취가 교묘해지면서 결국 공멸하는 결과를 막기 위해서 천박한 직업의식에서 벗어나 내면적 가치와 사회적 공동선을 추구하려는 직업정신과 그에 기초한 성실, 정직, 신용 등의 요소를 내재화한 노동과 직업윤리에 대한 성찰이 나타났다.

사실 직업윤리는 직업과 윤리의 합성어로서 직업활동의 과정에서 직업인에게 요구하는 직업적 양심이나 사회적 규범을 말한다. 현대사회에서는 점점 더 많은 직업이 전문화되고 있다. 전문직(profession)은 전문교육을 통해 일정한 자격 또는 면허를 획득함으로써 전문적 지식과 기술을 독점적으로 수행하는 것이라 할 수 있다. 이러한 전문직에서의 윤리는 특별히 강조되어야 한다. 이와 같은 전문직에서의 직업윤리가 특별히 중요하게 강조되는 이유는 독점성 때문이라고 볼 수 있다. 다른 사람이 접근할 수 없고 때로는 그들의 지식과 기술에 전적으로 의존해야 하는 사람들과 관계하는 전문직의 특성상 다른 어떤 직업보다도 더 높은 수준의 윤리기준이 적용되어야 한다.

이러한 직업윤리는 개인이나 사회가 직업에 세계를 이해하고 그에 대해 가지고 있는 가치관이나 태도를 말한다. 일반적으로 이러한 직업관은 개인이나 사회를 지배하는 가치가 직접적으로 반영된다. 따라서 사회 변화와 함께 직업관도 변하고 그에 따라 직업윤리도 조금씩 변하고 있다.

### (1) 직업윤리의 구분

일반적으로 직업윤리는 어떤 직업에서도 공통적으로 요구되는 행위규범을 말하는데 이것을 세 가지 유형으로 구분할 수 있다.

#### ① 근로윤리

기능적 차원에서 일에 대한 존중을 바탕으로 하는 윤리로서 근면, 성실, 정직 등을 들 수 있다.

#### ② 공동체윤리

사회적 차원에서 인간사회의 존중을 바탕으로 하는 봉사, 책임, 협동 등을 말한다.

#### ③ 금욕적 윤리

기능에 따라서는 Weber가 말한 근대 자본주의 정신의 윤리로서 정당한 수준에서 영리는 최대한 얻는 것을 말한다.

### (2) 직업윤리의 내용

#### ① 직장의 직업윤리

직장의 한 구성원으로서 직장의 일에 적극적으로 참여하고 다른 사람과 협동하여 더 나은 업무를 추진하는 조직윤리를 말한다.

#### ② 고객에 대한 윤리

고객을 속이지 않고 친절하며 책임을 다하는 서비스정신 등을 뜻한다.

#### ③ 직업조직 간의 윤리

동일하고 유사한 업종 간에 공정한 경쟁을 포함한 시장윤리이다. 때로는 법적 규제에 강제적으로 따르기도 한다.

#### ④ 공동체에 대한 직업윤리

공공의 정신과 사회공동체 의식이 나타나는 윤리를 말하는데, 예를 들면 병원에서 환자에게 과잉진료를 하는 것 또는 값싼 수입품을 국산품으로 속여서 파는 행위 등은 법적 제재도 받지만 그 이전에 공동체 직업윤리 정신에 위반되는 행동이다.

이와 같은 윤리의식은 앞으로 더욱 강조될 것이다. 왜냐하면 정보교류가 활발해지고 사회적 관계망이 다양해짐에 따라 사회가 점차 투명해지기 때문에 나의 태도와 행동이 곧바로 다른 사람에게 영향을 미친다. 따라서 청년기에 바람직한 직업관과 그에 따른 윤리의식과 행동을 갖추지 못한다면 아무리 훌륭한 기술과 능력이 있어도 사회적으로 인정받거나 일의 보람을 느낄 수 없고 사회에서 도태되고 소외될 것이다. 그러므로 법적 제재를 피하는 윤리의식을 넘어서 더불어 사는 공동체정신 속에서 직업윤리 의식을 지속적으로 높이는 훈련과 자기의식이 필요하다.

# IV 청년과 이성교제, 결혼

## 1. 사랑

사랑은 인간 삶에 있어 기본 요소 중 하나이다. 특히 기독교에서 사랑은 근본적 관념이다. 인간에게 있어서 사랑은 혈연관계에 뿌리를 두고 있다. 이를 바탕으로 세상에 모든 사람을 포용하는 사랑은 인간의 가장 큰 덕목으로 이해했다. 이러한 사랑은 일정의 자기에 대한 깊은 애착과 희생이 동시에 따른다. 그런데 혈족과 아닌 타인을 자신처럼 사랑한다는 것은 매우 어려운 일이다. 기독교에서 예수는 "네 이웃을 네 몸과 같이 사랑하라" 고 말하고 스스로 십자가에 매달려 죽음으로써 참된 사랑의 실천을 보여주었다.

그리스어로 사랑은 에로스(erōs), 아가페(agapē), 필리아(philia)라는 3개의 단어로 표현한다. 에로스는 성적 열정에 바탕으로 둔 사랑이며, 아가페는 에로스적 사랑과는 달리 신과 인간 사이 사랑을 바탕으로 한 무한한 사랑, 즉 보편적 인간애를 의미한다. 한편 필리아의 사랑도 독립된 이성 간에 성립되는 우애이다.

이와 같은 사랑의 개념은 국어사전에 잘 명시되어 있다. 국어사전에는 사랑을 어떤 상대를 애틋하게 그리워하고 열렬히 좋아하는 마음 또는 그런 관계나 사람으로 정의하고 있으며, 다른 사람을 아끼고 위하며 소중히 여기는 마음 또는 그런 마음을 베푸는 일이라고 한다. 그리고 어떤 대상을 매우 좋아해서 아끼고 즐기는 마음을 뜻하며, 사랑의 마지막 정의는 하나님이 사람을 불쌍히 여겨 구원과 행복을 베푸는 일이라고 표현되어 있다.

사랑은 하나의 마음 상태를 말하기도 하지만 사랑의 표현은 태도와 행동으로 나타난다. 특히 청춘 남녀 간의 사랑에 있어서 성적 요소는 사랑을 전달하고 느끼는 핵심적 표현방식이라 할 수 있다.

## 2. 섹슈얼리티와 성정체감

성적인 특질, 즉 성별(性別)을 흔히 영어로 sexuality라고 표현한다. 이것은 생물학적 성을 말하는 sex와 사회문화적 성을 이야기하는 gender를 포괄하는 개념이라 볼 수 있다. 하지만 학자에 따라서는 이 세 가지 개념을 다르게 말하고 있어 그리 단순한 용어는 아니다.

우리는 남성 또는 여성으로 태어난다. 이때 생물학적 성의 상태를 sex라고 말할 수 있다. 하지만 생물학적으로 모호한 경우나 또는 성적 의식이 다른 경우를 상정할 때 우리는 사회문화적 성인 gender라는 용어를 사용한다. 다시 말해서 남성으로 태어났지만 본인은 스스로를 남성의 몸을 했을 뿐 여성이라고 생각한다든지 아니면 그 반대의 경우이다. 즉 성별 기준에 따라서 사회적으로 부여되는 성적 속성을 말한다.

Sexuality는 sex와 gender를 포괄하는 한편, 성적 의식도 말한다. 이성 간의 성적 교제를 말할 때는 heterosexuality라고 하고 동성 간에 사랑하는 경우를 homosexuality라고 한다.

사실 대부분의 사람들은 성정체감과 생물학적 성이 일치한다. 하지만 성적 정체감은 태어나면서부터 고정되는 것이 아니다. 생리적 요인 못지않게 성장과정에서 사회문화적 요인들에 의해서 성적 정체감은 수정된다. 일반적으로 3세 정도에 이르면 기본적 성적 정체감이 형성된다. "나는 남성이다" 아니면 "나는 여성이다" 라는 인식이 확고하다. 이에 따라서 남성과 여성의 성적 역할과 의식이 자리 잡는다. 그리고 대부분의 경우에는 사춘기를 지나면서 이러한 성적 정체감이 확고해져서 변화하기 어렵다. 물론 개인의 생각과 사회문화적 영향에 따라서 바뀌는 경우도 종종 있기도 하다.

## 3. 이성교제와 사랑

청년기는 이성에 대한 호기심과 관심을 넘어서 배우자로서의 이성까지도 생각하는 시기이다. 대다수의 청소년이 청소년기 대부분을 대학 진학을 위한 준비 기간으로 보내고, 대학생이 되는 청년기에 이르러서야 비로소 자신에 대해 새롭게 탐색하며 대인관계 및 사회적 적응 능력을 개발한다. 이 시기의 발달과업은 대인관계를 성공적으로 이끌어 친밀감을 형성하는 것이고, 실패할 경우 고립감을 느끼며 심리적 혼란을 경험한다(Paul etc, 1998). 이러한 발달과업을 수행하는데 있어 가장 크게 영향을 받는 요인이 이성친구와의 관계이며 청년의 관심사이기도 하다.

## 1) 사랑의 분석

### (1) 사랑의 삼각형

Sternberg(1986)은 사랑의 삼각형 이론을 제시하였다. 사랑은 삼각형의 세 변을 형성하는 것으로 생각할 수 있는 세 개의 요소들의 측면에서 이해할 수 있다고 하였다. 즉 친밀감(intimacy), 열정(passion), 결정과 헌신(decision/commitment)의 요소로 이루어져 있다.

#### ① 친밀감

친밀감은 서로 가깝고 연결되고 정서적으로 유대가 있다는 느낌을 말한다. 이로 인해 두 사람은 행복하고 따뜻한 느낌을 가진다.

Sternberg와 Grajek(1984)는 친밀성에 대한 10가지 신호들을 확인했다. 첫째, 사랑하는 사람의 행복을 증진시키기를 바라는 것, 둘째 사랑하는 사람과 함께 있을 때 행복을 느끼는 것, 셋째 사랑하는 사람에 대해서 높은 존경을 갖는 것, 넷째 필요로 할 때 사랑하는 사람에게 의지할 수 있는 것, 다섯째 사랑하는 사람과 서로 이해하는 것, 여섯째 사랑하는 사람과 자신의 소유를 함께 하는 것, 일곱째 사랑하는 사람에게서 정서적 지원을 받는 것, 여덟째 사랑하는 사람에게 정서적 지원을 제공하는 것, 아홉째 사랑하는 사람과 친한 의사전달을 갖는 것, 열째 자신의 인생에서 사랑하는 사람에게 높은 가치를 부여하는 것이다.

그런데 사랑하는 사람과의 친밀감은 서서히 상승하다가 어느 시점에 이르면 친밀감이 있는지조차 모르는 상태가 된다. 이러한 일이 일어나는 이유는 두 가지인데, 하나는 친밀감이 사라지는 경우이고 다른 하나는 친밀감이 있기는 하지만 느끼지 못하는 경우이다.

### ② 열정

열정은 사랑하는 관계 속에서 신체적 매력을 느끼는 것, 성적 흥분 및 호감을 일으키는 충동을 말한다. 즉 뜨거운 느낌이다. 비록 성적 욕구가 많은 사랑하는 관계들에서 열정의 주요한 부분을 구성할 수 있지만 다른 욕구들, 즉 자존감, 타인과의 어울림, 타인에 대한 지배, 자기실현 같은 것들도 열정의 경험에 기여할 수 있다.

이러한 열정은 급속히 달아올랐다 쉽게 식는다. 열정의 발달곡선은 중독현상에 내재되어 있는 반대과정(opponent process)과 유사하다. 즉 열정은 상대방에 대한 긍정적 충동이 절정에 달했을 때, 이와 정반대의 부정적 충동인 혐오 감정이 서서히 생겨나서 결국은 긍정적 충동은 사라지고 부정적 충동만이 남는다. 예를 들면 남녀 간에 불같이 달아올랐던 격정은 순식간에 사라지고 서로의 마음속에 미움만이 남아 헤어진 후, 우울한 감정과 후회의 시간을 보낸 후 원래의 감정의 리듬을 찾는 것은 바로 이러한 현상 때문이다.

### ③ 결정/헌신

사랑의 요소 중 결정과 헌신은 단기적이고 장기적 두 가지 측면으로 구성되어 있다. 단기적 측면에서는 어떤 사람을 사랑하겠다는 결정이며, 장기적 측면에서는 사랑을 유지시키기 위한 책임과 헌신이다. 하지만 이러한 장단기적 측면은 항상 함께 동반되는 것은 아니다. 사랑하지만 관계를 지속하지 않으려는 경우도 있고 관계를 지속하고 책임을 지려하는 것이 꼭 사랑의 결정을 뜻하지는 않는다. 일반적으로 친밀감과 열정이 형성된 다음에 결심과 헌신이 따르지만 반드시 그렇지 않을 수도 있다. 즉 결심과 헌신 후에 친밀감과 열정이 뒤따를 수 있다. 당연히 연애결혼은 전자의 예일 것이며, 과거 부모끼리 만나 자녀의 배필을 정해서 당사자들은 서로 만나보지도 못하고 혼인을 한다든지 중매결혼도 후자의 경우에서 찾아볼 수 있다.

Sternberg는 이러한 사랑의 삼각형을 이루는 세 가지 요소가 상호 균형 있게 갖추어질 때 완전한 사랑이 이루어진다고 하였다.

사랑은 강한 성적 매력인 열정적 사랑으로 시작되어 상대방에게 따뜻하고 신뢰하는 사랑과 관심을 주는 동반자적 사랑으로 이동하는 경향을 갖는다. 사랑의 관계에서 사랑을 일정하게 지속시켜 주는 역할을 하는 것은 의사결정과 헌신이다. 즉 친밀감이나 열정은 통제하기 어려운 반면에 결정과 헌신은 통제할 수 있다.

사랑의 세 가지 요소는 불균형을 이루어 각기 다른 사랑의 모습을 만든다. 즉 친밀감만 있는 사랑은 호감(like)이며, 열정만 있는 것을 풋사랑(infatuated love)이라 말하고, 결정과 헌신만 존재하는 사랑은 허울뿐인 사랑이라고 하였다. 이에 더하여 친밀감과 열정이 있는 사랑은 연애 또는 로맨틱한 사랑이고, 친밀감과 헌신이 함께 하는 사랑은 동반자애(companionate love)이며, 열정에 헌신이 더한 요소는 얼빠진 사랑(fatuous love)라고 하였다.

**사랑의 3요소**

- 친밀감: 열렬하고 부드러운 의사소통, 상대방의 안녕에 대한 관심 표현, 상대방이 자신에게도 그렇게 하기를 바라는 마음이 포함된 정서적 요소
- 열정: 성적 행동과 낭만에 대한 바람으로 신체적·심리적 각성과 관련된 요소
- 전념(결심, 책임, 헌신): 자신들이 사랑에 빠졌으며 이 사랑을 유지하겠다고 결정하는 인지적 요소

### 일곱 가지 사랑

- 친밀: 좋아함 / 호감
  ☞ 정서적으로 따뜻함을 느끼는 우정과 같은 사랑
- 열정: 눈먼 사랑 / 풋사랑
  ☞ 열정적 사랑. 호르몬 분비나 심장박동 같은 신체적 증상을 동반하는 사랑
- 전념: 공허한 사랑 / 허울뿐인 사랑
  ☞ 사랑해야 한다는 의지와 결심, 상대방에 대한 책임감으로 이루어진 사랑
  예: 열정, 매력이 사라진 뒤 체면이나 법적 관계에 매여 오랫동안 미지근한 관계를 유지하는 중년의 결혼생활에서 볼 수 있음
- 친밀감 + 열정: 낭만적인 사랑
  ☞ 좋아하는 것 이상의 강한 친밀감과 상대에 대한 매력, 열정을 느끼는 사랑
- 열정 + 전념: 얼빠진 사랑
  ☞ 친밀감이 결여되어 단기간에 관계가 종식될 수 있는 사랑
- 친밀감 + 열정 + 전념: 완전한 사랑
  ☞ 정서적인 따스함과 신체적인 열정, 상대방에 대한 책임이 모두 어우러진 사랑

#### (2) 사랑의 생화학적 분석

Liebowitz(1983)과 Fisher(1992)에 따르면 첫눈에 반하는 사랑의 현상은 신체의 생화학적 성분 때문에 생기는 것이라고 한다. 사람이 열정적 사랑에 빠지면 마치 마약에 취한 것과 같은 상태로 기분이 황홀해진다. 이러한 현상은 사랑이나 마약이나 신체의 특정 신경화학물질을 활성화하기 때문이라는 것이다. 이로 인해서 활기차고 행복감을 느끼며 상대를 아름답게 보고 기분이 고양되는데, 이 모든 것이 페닐에틸아민이라는 화학물질 때문에 일어나는 현상이라고 하였다. 이와 함께 사랑에 빠지면 엔돌핀이 발생하고 이와 함께 옥시토신이 유발된는데 이것은 신체접촉으로 자극을 받으면 쾌감과 만족감을 느낀다.

## 2) 배우자 선택의 과정과 이론

예전에 배우자 선택은 가족 간의 문제였다. 즉 부모들 간의 거래였다. 하지만 오늘날 배우자 선택은 더욱 개인의 문제이며 자신에게 적합한 배우자를 만나기 위해 복잡한 심리적 의사결정 과정을 거치는 과정이다.

### (1) 동질성 이론

배우자 선택에서 가장 큰 영향을 미치는 요인은 상호 간의 유사성이라고 본다. 연령이나 교육수준, 사회계층, 종교, 인종, 가치관 등이 유사할수록 배우자로 선택할 가능성이 증가한다.

### (2) 보완욕구 이론

비슷한 특성과 성향보다는 한 개인이 가지지 못하는 특성을 보완할 수 있을 때 배우자로 선택할 가능성이 높다. Winch(1958)는 사람이 자신과 비슷한 사람보다는 자신과 다르고 서로를 보완할 수 있는 요인을 갖고 있는 사람에게 더 많은 매력을 느끼며 최대 만족을 느낀다고 보았다. 성취욕구가 높은 사람은 대리만족이 높은 상대를, 지배적인 사람은 의존적 성격의 소유자를, 외향적인 사람은 내향적 특성을 가진 이성에게 끌리며 상호 보완하는 특성으로 인해 결혼에 성공할 확률이 높아진다.

### (3) 교환 이론

배우자 선택은 일종의 교환과정으로 설명할 수 있다. 투자하는 비용보다는 더 많은 이득을 얻으려는 경제적 원칙이 배우자 선택과정에도 적용된다고 보는 이론이다. 따라서 비용을 최소화하고 보상을 극대화함으로써 최대의 이익을 얻고자 하므로 자신에게 가장 많은 보상을 주는 사람을 배우자로 선택한다. 여성의 외모와 남성의 경제적 능력이 교환가치를 갖기도 하며, 여성의 직무 유능성과 남성의 성품이 교환되기도 한다. 교환 이론에서의 교환 가치는 객관성을 추구하지만, 극히 심리적이고 주관적 요인이 개입된 판단에 의해 그 등가가 매겨지기도 한다.

### (4) 결혼 전 배우자관계형성 이론

Lewis(1973)는 한 단계가 완성되어야 다음 단계가 발생하고, 각 단계를 충실히 완수할 때 행복한 결혼이 지속될 수 있다는 배우자 선택의 심리적 발달과정을 다음 6단계로 설명하고 있다.

- 1단계: 유사성 - 상대방의 사회적 배경, 가치관, 성격 등이 유사한 함을 자각하는 단계
- 2단계: 라포 - 상대방에 대해서 긍정적 평가를 하고 호감과 친밀감을 느끼는 단계
- 3단계: 자기개방 - 상대방에 대한 신뢰감이 증진되면서 서로 자유롭고 솔직한 자기표현을 할 수 있는 단계
- 4단계: 역할탐색 - 밀접한 관계 속에서 자신의 역할을 구축하고 상대방의 역할에 대한 기대를 형성하는 단계
- 5단계: 역할조화 - 서로에 대한 역할 기대와 역할 수행을 조정하여 상호 보완적 조화를 이루어가는 단계
- 6단계: 상호결정 - 서로의 역할을 수용하여 확정하고 한 쌍의 동반자로서의 정체성과 일체감을 느끼는 단계

### (5) 여과망 이론

배우자 선택의 과정을 일련의 여과과정으로 보는 심리학적 접근방법이다. Kerckhoff와 Davis(1962)는 동질성 이론과 보완욕구 이론을 결합하여 배우자 선택의 역동적 특성을 제시하였다. 배우자를 선택하는 과정은 개인에 따라서 다르겠지만 일반적으로 다음의 요소들이 고려되며 순차적으로 활용된다. Udry(1971)는 두 사람의 관계에서 시작하여 결혼에 이르기까지 여섯 개의 여과망을 거치면서 대상이 좁혀져 배우자를 선택한다고 하였다.

### ① 근접성 여과망

학교나 직장 등 지리적으로 가까운 사람을 선택한다. 아무리 좋은 짝이라도 외국에 있거나 자신이 생활하는 공간과 먼 경우에는 만날 수 있는 확률이 적다. 물론 오늘날처럼 인터넷이나 통신망 그리고 여행문화가 활성화되고 있는 시대에서는 걸맞지 않는 말로 보일 수 있지만, 실제 배우자를 선택할 때는 전반적으로 내 생활 주변에서 찾게 되는 경우가 많다. 근접성의 여과망을 통하여 가능한 모든 대상 가운데 지리적으로 가깝고 만날 기회와 상호작용의 가능성이 많은 사람으로 그 대상이 제한된다.

### ② 매력 여과망

잠재적 데이트 상대로 좁혀진 대상자 중에서 상호 매력을 느끼며 호감을 갖는 사람으로 그 대상이 다시 좁혀진다. 신장, 체중, 연령, 용모 등의 신체적 매력이나 능력, 상대방이 갖고 있는 정서적 매력에 등이 중요하게 작용한다.

### ③ 사회적 배경 여과망

동질성의 원칙에 입각하여 유사한 사회적 배경을 갖는 커플로 범위가 축소된다. 나와 취미와 관심 분야가 같은 사람에게는 자연히 호감을 느끼며 상대에 대해서 더 많이 알고 싶은 욕구가 생긴다. 인종, 종교, 교육수준, 직업 등의 사회경제적 배경이 비슷한 수준에 있는 사람끼리 서로를 더 알아가기 시작한다.

### ④ 의견 합치 여과망

유사성이 더욱 심화된 단계이다. 자신과 취미와 취향 그리고 좋아하는 것이 같아 친밀감을 느낀 후에 진정한 정서적·심리적·정신적 소통을 할 수 있는지에 대한 평가와 평생 자신과 동일한 가치의식과 태도를 갖고 있는 사람인지를 탐색하고 평가한다. 정치·사회적 견해 등에 대한 의견 일치 및 가정의 중요성에 대한 의견이 일치될 때 커플로서의 유대감이 더 강해진다. 또한 금전의 중요성, 여성의 지위와 역할, 인생관과 가치관 등의 동질성이 유사한 커플만이 의견 합치 여과망을 통과하여 다음으로 이행된다.

### ⑤ 보완성 여과망

보완성은 연애의 과정에서 배우자로 전환하기 위한 충분조건이다. 나와 똑같은 사람에게서 친밀감과 호의를 느끼지만 사람의 무의식적으로 내가 가지지 못한 부족한 특성을 보완하거나 내가 꿈꾸어온 유형이 되는 데 도움이 될 수 있는 사람을 찾는다(정옥분 외, 2005 재인용). 한편이 갖고 있지 못한 특성을 다른 한편이 갖고 있을 경우에 결혼 가능성은 더욱 증가된다. 특히 자신의 부족한 점이나 결점 등을 상대편이 보완할 가능성이 있을 때는 더욱 그러하다.

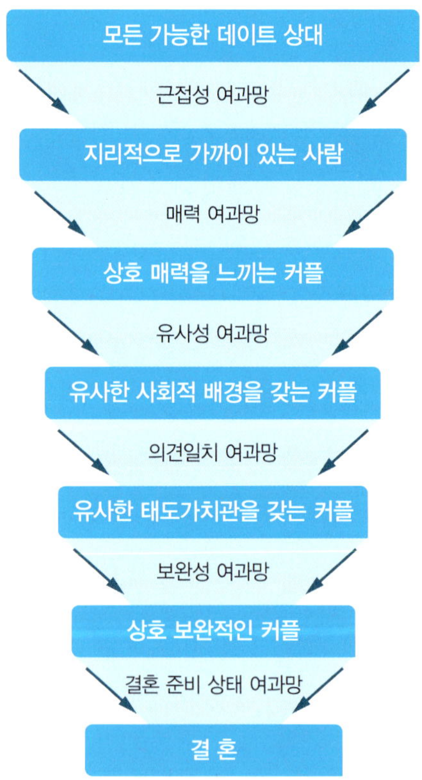


[그림 4-1] 여과망 이론에 따른 배우자 선택 과정

#### ⑥ 결혼 준비 상태 여과망

마지막 여과망을 통과해야지만 결혼에 이를 수 있다. 학교는 졸업했는지, 경제적으로 독립할 준비가 되었는지, 결혼하기에 적절한 연령이 됐는지, 건강한지, 남성의 경우 병역을 필했는지, 정서적으로도 원가족으로부터 분리가 가능한지 등의 여부가 마지막 여과망이 된다. 이 여과망을 통과하면 만족스러운 배우자 선택이 이루어진다.

## 4. 결혼

### 1) 결혼의 기능

#### (1) 성인으로서 사회적 지위 획득

청년은 결혼과 함께 성인이 된다. 예전부터 아무리 나이가 많아도 결혼을 하고 자녀를 가져야 어른으로서 인정을 받았다. 반면 나이가 어려도 결혼을 하면 아무도 쉽게 반말을 하지 못했다. 그만큼 사회적으로 결혼은 가정의 책임을 지는 위치로서 한 사회구성원으로서의 권리와 책임을 동시에 주어지는 행위이다. 따라서 결혼은 본격적으로 사회적 미성년자에서 사회적 성년자로 인정받는 행위이다.

#### (2) 정서적 안정성 유지

대가족시대에 결혼은 어떤 의미에서는 노동력의 결합이었고 자녀 생산에 따른 후손을 보존하는 의미가 강했다. 하지만 현대에 와서 핵가족제도 아래서의 결혼은 정서적 안정성을 유지하는 기능에 더 많은 초점을 두고 있다. 다시 말해서 경제적으로 안정된 생활을 하는 결혼보다는 부부의 삶의 질을 담보할 수 있는 결혼의 질에 있어 핵심인 애정과 정서적 욕구 충족이 더 강하게 부각되고 있다는 것이다.

#### (3) 법률적 보호

결혼을 통해서 이루는 가정은 법적 보호를 받는다. 부부는 상호 신의의 의무를 가지고, 가정은 경제·사회·문화적으로 법률적 보호를 받는다. 예를 들어서 결혼생활을 하다가 경제적으로 어려워지면 가정은 기초생활보장법에 의해서 보호를 받고 가정에 속한 아동도 도움을 받을 수 있다. 이와 같이 우리의 복지제도는 가족의 수월성을 보장하는 데 일차적 목표를 둔다. 즉 개인보다는 가정중심의 복지지원이 일반적이라는 말이다.

#### (4) 자녀 출산-개인적 충족감 성취

결혼은 남녀 간의 합법적이고 지속적이며 안정된 성적 관계를 맺도록 해주고 이를 통해서 자녀를 갖는다. 자녀의 출산은 결혼한 부부에게는 자신의 후대를 잇는 성취감과 충족감을 주며, 아울러 자녀의 양육을 통해서 새로운 인간에 대한 애정과 기쁨을 경험한다.

#### (5) 노동력 재생산-사회적 기여

전통적으로 결혼은 노동력의 확대라는 의미를 받아들였다. 오늘날에는 그 의미가 많이 퇴색했지만 여전히 결혼은 부부가 새로운 마음가짐과 태도로 사회에 합류하여 생산과 경제활동에 몰입함으로써 새로운 의미의 재생산적 활동이 되는 한편, 자녀를 낳아서 기르고 성장하여 다시 경제적 활동에 참여함으로써 지속적 노동력의 재생산을 가져온다.

### 2) 결혼 생활

앞에서 설명한 바와 같이 결혼생활을 하는 데 있어서 배우자가 나와 비슷한 것이 좋은가, 아니면 나와는 다른 성격이나 취향을 갖고 있는 것이 좋은가라는 물음은 결혼생활, 즉 부부관계에 관련된 가장 보편적 형태의 물음이다.

보완(complementarity)은 내가 가지고 있지 못한 속성을 배우자로부터 구하는 것이다. 예를 들면 자신이 사교성이 부족한 사람이라면 외향적이고 다른 사람과 붙임성이 좋은 사람을 선택하는 것을 보완이라고 할 수 있다. 한편 유사(similarity)는 자신과 비슷한 속성을 가진 사람 중에서 상대를 찾는 것인데, 학력이 높은 사람이 고학력자를 구하는 경우를 말할 수 있겠다. 보완과 유사라는 개념 중 어느 쪽이 성공적 결혼생활에 도움이 되는지는 쉽게 답하기 어렵다. 그럼에도 불구하고 여전히 이 두 개념은 실제 결혼생활에서 중요하다(김계현, 2001 참고). 특히 보완적 매력(욕구)은 결혼생활에 있어 긍정과 부정적 요인을 모두 제공한다. 예를 들면 어린 시절 아버지의 여성스럽고 자상한 느낌이 싫지는 않았지만 배우자는 남성답고 말수가 적은 남성을 선택하기를 원했던 젊은 여성이 있다고 하자. 이 여성이 결혼할 때가 되어서 무뚝뚝하고 말수가 없는 남성을 만나서 그 매력에 반해서 결혼을 했다. 하지만 시간이 지날수록 여성이 갖고 있던 남성에 대한 보완적 매력은 가정에서 너무 말이 없어서 답답하고 속으로 무슨 생각을 하는지도 모른다는 불만으로 변했다. 때로 보완적 매력은 가장 혐오스러운 요소로 탈바꿈할 수도 있다.

결국 결혼은 환상이지만 결혼한 이후의 생활은 현실이다. 즉 결혼생활은 혼자에서 두 사람의 따로 또 함께하는 생활인 것이다. 서로 보완성을 가지는 부부관계에 있어서 다름이 서로 인정되고 긍정적 요소로 작용하면 원만하고 바람직한 결혼생활이 될 수 있지만, 부정적으로 인식되면 혼자 사는 것보다 더 힘들고 고통스러울 수도 있다. 따라서 좋은 결혼생활을 시작하고 유지하고 발전시키기 위해서는 부부가 서로 다른 성격, 취향, 생활방식이 흥미롭게 다가와야 하며, 같은 태도와 마음 그리고 취미 등을 공유할 수 있어야 한다. 다시 말해서 다름은 인정하고 서로 같은 행동과 성향 등은 권태감을 갖지 않도록 지속적으로 함께 발전시켜야 한다.

# V 청년과 또래집단

## 1. 또래집단의 개요

### 1) 또래집단의 의미

또래집단(peer group)이란 비슷한 연령 또는 비슷한 성숙단계에 있는 사람들을 뜻하며, 청년기의 또래집단이란 청년들과 함께 하는 친구들로서 유사한 배경과 관심 및 문화를 갖고 모인 비슷한 연령의 집단을 말한다. 또래집단에서 peer(또래)라는 말은 라틴어 par(동일한, 같은)에서 온 것이다. 또래집단, 친구집단, 동년배집단 등의 용어로 사용되기도 한다.

청년기 또래집단은 아동기, 청소년기와 다소 차이를 보일 수 있다. 청년은 연령이 증가함에 따라서 아동보다 좀 더 구조화되고 통합된 또래집단을 형성하며, 또래와 점차 수평적이고 평등한 상호작용이 증가한다. 청년에게 부모와 함께 또래집단이 자신들의 삶에 많은 영향을 끼친다(허혜경, 김혜수, 2010 참고). 특히 청소년과는 달리 청년에게 또래집단은 동일한 연령뿐만 아니라 사회적 관계로부터 맺은 비슷한 연령들과의 관계도 발달과정에서 매우 중요한 요인이 된다.

### 2) 또래집단의 특성

청년기 또래집단은 청소년기 또래집단에서 얻는 친밀감과 소속 또는 유대감을 넘어서 새로운 사회적 관계에서 자신의 위치와 지위를 가늠할 수 있는 중요한 근거가 된다. 청년은 또래집단에서 자기의 지위나 사회집단의 조직 수준을 평가하기 시작한다. 나아가 집단정체성의 뜻을 알고 자신의 사회적 지위를 향상시키고 싶어 한다. 청년이 또래집단에 잘 통합되면 정서적 지지 및 사회적 학습에 도움을 얻고 이것은 자아존중감에 영향을 미칠 가능성이 크다(허혜경, 김혜수, 2010).

## 2. 또래와 우정

### 1) 친구집단의 기능

청년기가 되면 또래집단은 단순히 함께 노는 상대에 머무는 것이 아니라 심리적으로 지지할 수 있고 곤란한 상황에서 서로 의지할 수 있어야 한다고 생각한다. 청년기의 친구관계의 기능은 다음과 같다(장휘숙, 1999 참고).

#### (1) 심리적 지원과 안정감 제공

우정은 애착을 기반으로 하는 친구관계에서 경험하는 친밀감이다. 청년은 친구관계에서 자신을 노출하고 타인과 가깝고 신뢰할 수 있는 관계를 맺음으로써 심리적 지지와 안정감을 얻는다. 이미 상당 부분 부모로부터 정서적으로 독립한 청년은 친구를 애착의 대상으로 삼아서 친구와 동질감을 느끼며 갈등의 상황을 조정하고 해결하는 방법도 배운다.

#### (2) 동료의식

친구관계는 청년에게 시간을 함께 할애하고 공동의 활동을 하는 친구를 갖게 한다. 친구와 함께 놀이시간을 함께 보낼 뿐만 아니라 서로 시간과 자원 그리고 도움을 제공한다.

#### (3) 자아지지

친구관계는 지지, 격려 피드백을 제공함으로써 청년이 스스로 유능하고 매력적이며 가치 있는 사람이라고 느끼도록 돕는다. 청년은 친구로부터 자신의 능력과 가치를 평가받으며 자신을 표현하는 방법과 기술을 습득함으로써 자아지지를 획득하고 자아존중감을 발달시킨다.

#### (4) 모델링과 행동표준의 근원

청년은 친구의 행동을 비교하거나 관찰하고 때로는 모방하기도 하며, 이를 자신의 행동에 대한 준거로 삼기도 한다. 친구집단은 청년의 의사결정에 영향을 주기도 한다. 특히 청년기에 부모와의 갈등관계에 있을 때 청소년기보다는 자아의 개념이 확고한 청년에게 친구집단의 직접적 영향력은 감소할 수 있지만 친구들의 조언이나 친구의 행동 여부 등의 간접적 영향력은 증가할 수 있다.

#### (5) 정보교환

친구집단은 서로 흥미 있거나 유용한 정보를 교환하는 역할을 한다. 특히 청년은 문화나 이성교제, 게임, 취업정보 등을 친구집단을 통하여 교환한다. 이외에도 친구집단은 청년이 서로 비교함으로써 자신의 위치를 파악할 수 있다.

### 2) 친구집단의 압력과 동조행동

청년기는 청소년기에 비해서 친구집단의 압력에 비교적 많은 영향을 받지는 않지만, 친구집단은 자신의 사회활동의 준거가 되므로 관계의 확장 측면에서 내적 압력이 되며 동조행동을 한다.

동조행동은 다른 사람의 압력 때문에 그들의 태도나 행동을 채택하는 것을 말한다. 이러한 동조행동에 대한 또래의 압력은 청년기에도 강하다. 또래의 압력은 청년의 생활에서 빼놓을 수 없는 주제이다. 그 힘은 청년의 모든 행동과 태도, 즉 옷의 선택, 음악, 언어, 가치관을 비롯해서 심지어 다른 친구를 사귀는 것에까지 나타난다.

하지만 앞서 말한 것처럼 친구에 대한 동조행동은 청소년 후기부터 감소하기 시작한다. 친구의 압력에 대한 동조행동은 긍정적일 수도 있고 부정적일 수도 있다. 청소년기에는 많은 경우 부정적 동조행동(예를 들어 속어나 비어사용, 기물파괴, 타인 조롱 등)에 참여하지만, 청년기로 들어서면 그 횟수는 줄어들고 사회적 관계를 잘 맺을 수 있는 친사회적 행동 등을 많이 한다.

청소년기와는 사뭇 달리 청년기에는 모든 사람이 다른 친구의 의견에 따르지는 않는다. 친구집단 내에서 높은 지위에 있거나 자신감 있는 청년은 또래집단의 영향을 덜 받는다. 특히 자아존중감이 높거나 정체감이 확고하면 동조행동을 덜하고 더욱 자율적이 된다(정옥분, 2008 참고).

## 3. 청년과 사회집단

### 1) 청년에게 사회집단의 의미

사회집단이란 2인 이상의 사람이 모여 어느 정도의 공동체의식이나 소속감을 가지고 지속적으로 상호작용을 하는 집단을 말한다. 이러한 사회집단은 구성원들에게 소속감을 주고 자아실현과 사회화 기능을 한다. 이러한 사회집단은 Cooley가 분류한 1차 집단과 2차 집단으로 구분한다. 1차 집단은 상호 얼굴을 보는 대면적이고 전 인격적 만남이며 친밀한 인간관계로 자연적으로 형성되고 소규모 인원으로 구성된다. 예를 들어서 가족, 놀이집단, 친구 등이 여기에 속한다. 2차 집단은 1차 집단에 비해서 규모가 큰 경우가 많으며 공식적이고 형식적 인간관계를 주로 바탕으로 한다. 특정의 목표를 달성하기 위해 인위적으로 형성되며 쉽게 바꿀 수 있다. 학교, 회사, 노동조합 등이 여기에 속한다. 최근에는 인터넷 환경 속에서 컴퓨터를 매개로 한 의사소통을 통해 인격적 만남을 하고 상호 친밀감을 형성하는 인터넷 커뮤니티를 3차 집단이라고 부르기도 한다.

청년에게 1차 집단 이상으로 중요한 사회집단이 바로 2차 집단이다. 어떻게 보면 청년기는 1차 집단에서 나와 활발히 2차 집단에 소속하고 스스로 꾸려나가기 시작하는 단계이다. 한편 최근에는 각종 소셜 미디어를 통한 3차 집단에서의 사회적 관계도 무시할 수 없으며 오늘날 청년에게는 매우 익숙하고 새로운 사회적 집단으로 등장하고 있다. 이러한 3차 집단은 청년에게 혼자 있어서 편한 느낌과 함께 자신이 소외되고 있지 않다는 확인을 주며, 아울러 자기가 편안한 공간에서 안전하게 인간관계를 맺고 집단을 형성할 수 있는 기회를 제공한다. 또한 다양한 정보와 정서의 교류로 새롭고 창의적 아이디어를 산출하는 중요한 통로가 되기도 한다.

### 2) 청년과 사회적 우정

청년기의 우정은 사회적 관계에서 다른 모습으로 발달한다. 즉 청소년기에 가졌던 또래 친구와의 정서적·행동적 특성과 취향의 적합성에 따라서 형성된 우정관계가 사회에서는 다른 모습을 보인다. 즉 배경과 미래의 나의 생활과 가정까지 고려하여 친구관계를 형성할 수 있을지 평가한다. 친구를 얻기 위한 또래집단 안에서 청년은 청소년기보다는 더 확고한 자기의 지위나 소속된 사회집단의 속성들을 평가한다. 때로는 사회적 우정을 통해서 자신의 지위를 향상시키고 싶다는 감정을 가지며 그 속에서 광범위한 정체성을 찾으려 노력한다. 이러한 청년기의 사회적 집단에서의 우정 찾기는 이후 성인기에도 계속되는 하나의 디딤돌의 역할을 한다. 때에 따라서는 자신이 가진 내적 욕구를 잠시 유보하고 사회적 역할과 지위의 모색을 위해서 친구를 선별하고 관계를 맺기도 한다.

# 5

# 청년발달과 심리사회복지적 지원

생애발달 단계와 심리사회복지적 지원 방향

심리적 지원

사회적 지원

복지적 지원

# I 생애발달 단계와 심리사회복지적 지원 방향

## 1. 인간발달의 단계와 우리나라의 인구구조

인간발달의 기본은 여러 제한으로부터 해방과 자유의 일생을 통한 획득의 과정이다. 그렇지만 인간의 발달은 태어나서부터 유아기, 아동기, 사춘기로서의 청소년기를 지나서 청년기, 성인기, 노년(고령)기로의 드라마틱한 전 과정의 성장과정으로 말할 수 있다.

2013년 7월 현재 세계인구는 71억 6천만 명, 우리나라 인구는 7천 3백만 명(남한4천 9백만 명, 북한 2천 4백만 명)으로 세계인구의 순위로는 26위, 남북한 통합인구는 19위에 이른다. 2050년에는 세계인구가 91억 5천만 명에 이를 것으로 전망된다.

[ 표 5-1 ] 세계 및 우리나라의 인구 전망

(단위: 백만 명, %)

| 순위 | 1950년 | | | 2009년 | | | 2050년 | | |
|---|---|---|---|---|---|---|---|---|---|
| | 국가명 | 인구 | 누적비 | 국가명 | 인구 | 누적비 | 국가명 | 인구 | 누적비 |
| | 세계 | 2,529 | | 세계 | 6,829 | | 세계 | 9,150 | |
| 1 | 중국 | 545 | 21.5 | 중국 | 1,346 | 19.7 | 인도 | 1,614 | 17.6 |
| 2 | 인도 | 372 | 36.2 | 인도 | 1,198 | 37.2 | 중국 | 1,417 | 33.1 |
| 3 | 미국 | 158 | 42.5 | 미국 | 315 | 41.9 | 미국 | 404 | 37.4 |
| 4 | 러시아 | 103 | 46.5 | 인도네시아 | 230 | 45.2 | 파키스탄 | 335 | 41.2 |
| 5 | 일본 | 83 | 49.8 | 브라질 | 194 | 48.1 | 나이지리아 | 289 | 44.4 |
| | 한국(24) | 19 | | 한국(26) | 49 | | 한국(46) | 42 | |

자료: 통계청, 2013

아울러 2005~2010년 세계인구의 연평균 인구성장률은 1.18%이며, 선진국은 0.34%인 반면 개발도상국은 1.37%이다. 우리나라의 연평균 인구성장률은 0.30%로 선진국 평균 수준보다 낮으며, 북한도 0.39%로 저성장 상태에 있다.

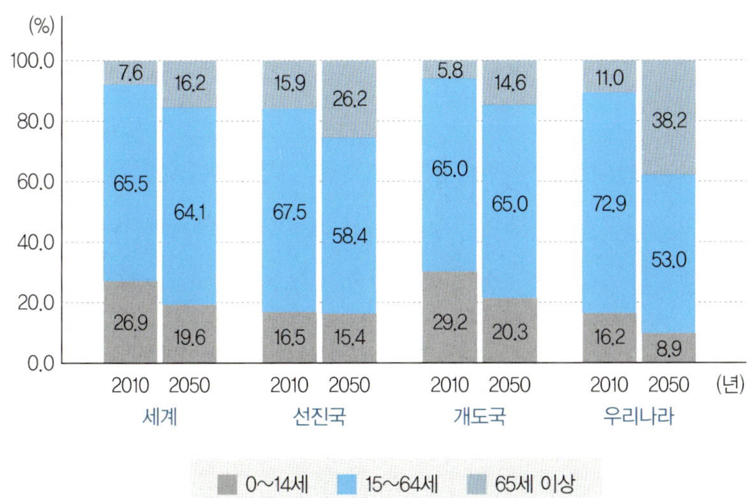


[ 그림 5-1 ] 인구구조의 변화(2010년, 2050년)

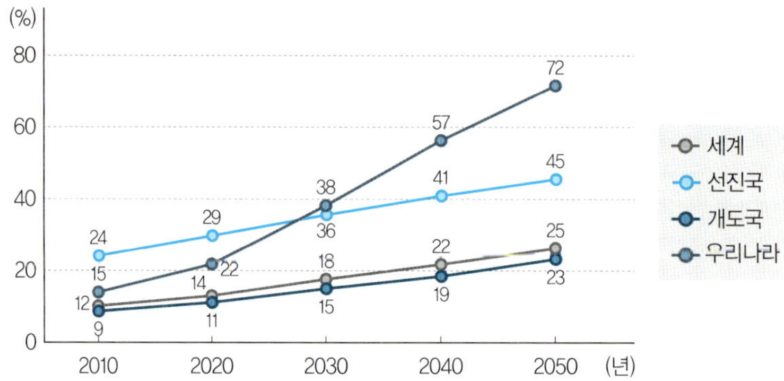


※ 노년부양비: 15~64세 인구 100명당 65세 이상 인구 비율

[ 그림 5-2 ] **노년부양비 변화 비교**

특히 2010년 세계인구의 노년부양비는 12%이며, 2050년에는 25%로 높아질 전망이다. 또한 2010년 우리나라의 노년부양비는 15.1%로 선진국(24%)보다 낮으나 2030년 이후 선진국보다 높아질 전망이다.

한편 세계의 합계출산율은 2005~2010년 연평균 2.56명으로 1970~ 1975년의 합계출산율 4.32명보다 1.76명이 감소하고, 우리나라의 합계출산율은 2005~2010년 중 1.13명이며, 이는 유럽(1.50명)이나 선진국(1.64명)보다 낮은 수준이다(통계청, 2011).

오늘날 우리나라의 연령계층별 인구를 보면, 그림 5-3에서 보듯이 1970년대 피라미드형에서 2010년도는 항아리형 그리고 2050년도에는 역피라미드형까지 전망되듯이 가파르게 고령화가 진행되고 저출산 현상이 동시에 일어나고 있다.

인간의 발달은 태어나면서부터 죽을 때까지 계속된다. 인구구조에서 보듯이 사회적 관점에서 보면 그동안 주목했던 영유아기와 아동기의 발달 못지않게 노년기의 변화와 발달과업에 더욱 관심을 가져야 한다. 이와 마찬가지로 성인기로 이행하는 주요한 단계인 청년기(청소년기를 포함)의 발달은 생애 전환점의 발달시점과 과정이라는 점에서 또한 주요하게 부각되어야 한다. 이러한 것들이 향후 발달과정에서 의미 있게 받아들이고 고찰해야 할 측면이라 볼 수 있다. 그리

[그림 5-3] **세계 및 우리나라 인구 피라미드**

자료: UN 'World Population Prospects' the 2008 Revision, 통계청 '장래인구추계결과'

고 각 시기는 여러 심리·사회적 발달과제에 직면하고 그것을 해결하면서 한 단계 올라선다. 생애를 통해서 이러한 단계는 전 과정에서 계속된다. 이것을 인간발달의 단계라고 부른다.

## 2. 심리·사회·복지적 지원방향

### 1) 기본 개요

그동안 많은 사회심리학자가 청소년기 이후의 발달단계와 과업에 대해서는 등한시 해왔다. 그 이유는 생리·신체적 발달과정과 관련이 있다. 인간은 평균적으로 28~35세에 제1노화기가 진행된다. 이때부터 신체의 기능이 저하되고 면역력이 떨어지면서 본격적인 노화가 시작된다. 따라서 청소년기 이후 청년기부터 발달에는 큰 의미가 없는 것으로 보았다. 이러한 신체적 노화는 심리·정신적 노화와도 연관되어 있다고 판단되었기 때문에 미래지향적 의미가 강한 발달단계에 포함시키지 않았다.

그러나 고령화의 급속한 진행과 함께 인간수명이 점차 연장되고 건강한 삶이 증가됨에 따라 청년기를 비롯한 그 이후의 생애에도 관심을 가져야 할 것이다.

청년기 이후의 발달은 주로 심리사회 및 영적 발달에 초점을 맞추어야 한다. 인간수명이 길어지는 데 따른 고독과 삶에 대한 회의 및 성찰은 더욱 중요한 관심사가 될 것이다. 따라서 사회적 지원도 청년에 명확한 자아정체성 및 영적 발달과정을 통해 청년기 이후 바람직하고 행복한 생애를 도모할 수 있는 기반 마련에 집중해야 한다.

### 2) 청년기 문제와 도전

청년을 사회적 세력으로 인정한 것은 그리 오래되지 않았다. 생리와 심리적으로 청년을 규정하는 용어와 특징 그리고 청소년과 청년에 대한 기성세대의 불만은 인류의 역사와 함께 해왔다고 해도 지나친 말이 아니다. 전대미문의 세계

대전을 두 차례나 겪으면서 젊은이들의 역할에 대한 사회적 관심은 그 이전과는 비교될 수 없을 정도로 커졌고, 그후 세계 경제공황의 극복과 자본주의 경제 발전에 의해 사회가 풍요로워지고 그 과실이 청년에게 초점을 맞추는 계기가 되었다. 이후 1950년대 이래 미국을 중심으로 기성세대의 고압적이고 권위적이며 형식적 성향에 대한 저항정신이 생성되고, 이와 맞물려 대중문화의 열풍이 일어나며 또한 반문화 운동(anti-cultural movement) 등이 생기면서 청년은 주요한 사회의 한 세력으로 등장한다. 더욱이 자본주의와 민주주의 그리고 대중교육의 발전은 청년이 사회적 힘을 갖는 데 결정적 역할을 하였으며, 자본주의는 지속적 자가발전을 위해서도 청년을 주요한 사회의 구성원으로 인정할 수밖에 없는 상황이 되었다.

그러나 여전히 청년은 사회에서 다양한 문제를 일으키는 근원으로 여긴다. 물론 기성세대의 관점이기는 하지만 부분적으로는 사실이다. 왜냐하면 청년은 미래지향적이며 개혁적인 성향을 갖는다. 여기에는 청년문화의 탓만이 있는 것은 아니다. 변화하는 사회구조 속에서 살아남으려는 몸부림이다. 최근의 청년실업 등이 구체적 사례라고 볼 수 있다. 점차 청년은 불확실한 미래를 조망하며 살아간다. 또한 그로 인해 심각한 두려움도 갖고 있다. 이러한 청년기에 다가오는 새로운 도전과 문제를 살펴봄으로써 청년에 대한 지원방향을 설정하는 데 기본적 함의를 찾아본다.

#### (1) 초혼연령의 변화 및 제2의 가족혁명

아동에서 성인으로서의 전환과정은 인생의 어느 시기보다도 심리사회적 긴장과 고통 그리고 갈등을 경험하는 시기이다. 청소년은 신체성장과 함께 일어나는 성적인 욕구를 성인이 될 때까지 통제 또는 유보시켜야 한다. 어느 사회든지 사회적 규범으로 혼인관계에 의한 성 관계 이외의 것은 금지하고 있으며, 청소년기에 결혼을 하는 것은 청소년이 경제적으로 독립할 수 없고 완전한 사회화가 이루어지지 않았다는 면에서 제약받고 있다. 이러한 현상은 청년기까지 이어지고 있다.

2012년 발표한 '2011 혼인·이혼 통계'에 따르면 지난해 기준 평균 초혼연령은 남성 31.9세, 여성 29.1세로 역대 최고치를 기록했다(통계청). 전년보다는 각각 0.1세, 0.2세 상승했다. 최근 30년간 초혼 연령을 분석해 보면, 남성은 30년 전에 비해 5.5세, 20년 전에 비해 4.0세, 10년 전에 비해 2.4세 증가했고, 여성은 각각 6.1세, 4.3세, 2.3세 증가해 남녀 모두 평균 초혼연령이 지속적으로 상승했다. 이와 연동되어 초혼연령의 상승은 학력이 높아져 경제활동 참가의 진입 시점이 늦어지고 경기둔화에 따른 청년층의 구직난 등이 영향을 미치고 있다고 본다. 이와 같은 초혼연령의 상승은 사회적인 문제뿐만 아니라 생리·심리적 안정감을 형성해야 하는 결정적 시기를 놓침으로써 여러 개인적 문제를 일으킬 수 있다. 청년기에 성적 일탈행동과 무기력과 좌절감 등은 이러한 요인에서 비롯될 수 있다.

또한 혼인연령이 늦어지는 현상은 고령화의 원인과 함께 제2의 가족혁명이라고 부르는 1인가구의 증가를 가져오며 청년의 결혼관과 생활양태도 급격히 변화시키고 있다. 1인 가구 현황 및 특성을 보면 국내 1인 가구(통계청 2010년 11월 기준)는 414만 2,000가구로 2000년(222만 4000가구)보다 86.2% 늘었다. 전체가구 중 1인 가구 비율은 이 기간에 15.5%에서 23.9%로 높아졌다. 통계청의 장래가구 추계 결과 올해 1인 가구는 453만 9,000가구로 전체 가구의 25.3%에 달할 것으로 추정됐다. 즉 혼자 사는 1인 가구가 지난 10년간 배 가까이 급증하면서 네 집 중 한 집은 나홀로 가구인 것으로 나타났다.

#### (2) 교육기간의 연장

경제사회의 발전은 청년에게 더 많은 교육기간을 요구하고 있다. 산업화 이후 보편적으로 체계화되어 진행되는 청년에 대한 교육기간은 고도의 숙련기술과 태도를 요구하는 후기 산업사회와 지식정보사회로 전환되면서 더 많은 기술과 지식, 훈련에 시간을 필요로 하고 있다. 따라서 예전의 농경시대에 비해서는 물론 이전의 산업사회에 비해서 장기화되고 있다. 이러한 상황은 청년에게 이중적 어려움을 주고 있다. 하나는 첫 직업 진입이 늦어짐에 따라 생산활동을 할 수 있는 시간이 줄어들고, 다른 하나는 장기간 교육에 따른 경제적 부담과 함께 심리

사회적 소모감이 증가할 수 있다는 것이다.

한편, 교육기간의 연장과 함께 청년은 이직과 전직이 자주 일어나는 산업형태에 진입함에 따라서 이전처럼 평생 또는 생애직업에서 벗어나 경제와 일에 대한 안정감이 줄고 있다.

### (3) 손상되는 영성과 윤리

부모가 청년에게 사회적인 윤리, 가치 그리고 기준 등을 가르치는 일이 더욱 어려워졌다. 이미 변하는 문화에 의해서 이러한 가치는 침식당하고 있다. 기성세대는 시민정신, 개인의 책임, 자기통제 등 전통적 덕목들이 손상되는 데 대해 걱정을 많이 한다. 그러나 어느 누구도 청년에게 사회가 원하는 가치들을 어떻게 가르쳐야 하는지 알지 못한다.

아동기에 가졌던 도덕적 틀은 초기 청소년기에 흐트러지기 시작한다. 이 시기의 청소년은 그들 자신이 생각하고 있는 새로운 구조로 도덕적 틀을 대체한다. 낡아빠진 기둥은 이제 청소년의 판단에 따라 쓰러지든가 다시 일어서든가 하는 운명에 놓인다. 그들은 이제는 자신의 세계에 의지하여 판단한다.

사회가 개방화되고 정보가 거의 실시간으로 공유되면서 얻는 장점도 많지만 부정과 부패 또는 반사회적 현상들이 선정적인 모습으로 계속 공개되면서 기성세대는 물론 청소년과 기성세대에 중간에 위치한 청년의 가치마저 혼란스럽게 만들고 있다.

정치사회적으로 청년은 때로 냉소적이 되고 공허함을 느낀다. 그들이 기성세대가 되는 연령이 되었을 때는 자칫 삶의 기준과 목표를 상실한 삶으로 가득 차게 될지도 모른다.

한편, 종교가 사회적 중심에서 멀어짐에 따라 청년에게 미치는 영향이 줄고 있다. 종교 활동으로 대체할 수 있는 여러 심신과 정신에 평안함과 위로를 줄 수 있는 영역이 늘어나고 종교가 사회적 욕구에 앞장서서 부응하지 못하다는 비판에서 자유롭지 못함에 따라 종교의 위기와 함께 청년의 정신적 방황과 고갈 현상이 나타날 수 있다.

### (4) 경제적 압력의 증가

청년은 청소년기부터 맞벌이부부와 한 가지 이상의 직업을 가진 부모에 의해서 가정에서의 보살핌을 많이 받지 못하고 성장했다. 또한 오늘날 청년은 일에 대한 시간을 많이 할애하는 것에 비해서 안정된 직업을 갖지 못하는 현실에 직면해있다.

한편 저출산·고령화가 급속히 진전됨에 따라 청년에게도 그들이 성인이 되는 미래사회에 갖는 경제적 부담이 증가하고 있다. 지금의 성인보다 더 많은 사회경제적 부담을 해야 하며 이는 개인에게 더 큰 생산성과 효율성을 요구함으로써 사회적으로뿐만 아니라 청년에게도 잠재적이며 매우 현실적인 압박으로 다가오고 있다.

### (5) 다양한 가족형태의 등장

우리 사회도 점차 이혼율이 증가하고 있으며 이로 인해 결손가정 비율이 높아졌다. 한편 재혼가정의 형태가 가족생활의 새로운 정서적 압력을 가져온다.

이미 핵가족이 보편적 가족형태로 자리잡고 있지만 이러한 가족형태는 이제 이혼가정, 결손가정, 한부모가정, 재결합가정 등 복잡한 여러 형태의 가족으로 또한 변화되고 있다. 가족구조의 변화가 부모에게 더 많은 선택과 자아 성장과 발전의 기회를 제공하는 면이 있는 반면에 많은 부모가 배우자에 의해서 유기되는 감정을 느끼고 나아가 심각한 불안과 우울한 감정을 가진다. 여기에 더하여 가정에서 자녀가 필요로 하는 안정감과 안락감을 침식당한다. 문제는 이렇게 다양한 선택적 가족형태가 청년에게도 많은 영향을 미친다는 것이다.

더욱이 새터민과 다문화가정 등은 또 다른 모습으로 청년문화에 영향을 주고 있다. 이러한 현상은 청년에게 세계시민으로서 다양한 문화현상을 포용할 수 있는 기회를 줄 수 있다. 그런 반면 청년에게 다름을 쉽게 받아들이지 못하는 전통적 사회관습을 깨고 새로운 환경을 만들어 나가야 하는 도전과제도 함께 제시하고 있다.

# II 심리적 지원

## 1. 청년과 스트레스

### 1) 스트레스의 정의

스트레스(stress)는 한 개인이 처한 상황이 자신에게 위협적이거나 해롭거나 부딪치지 않으면 안 되는 도전적인 것으로 평가 또는 판단됨에 따라 그 상황에 대해서 생리적, 정서적, 인지적 또는 행동적인 반응을 나타내는 과정이다(이수식 외, 1994; 이재창, 임용자, 1998 재인용). 이러한 스트레스를 일으키는 상황적 요인으로는 큰 재앙이나 위기뿐만 아니라 일상 생활의 작은 사건 또는 변화 등의 긍정적·부정적 사건 모두를 포함한다(이재창, 임용자, 1998). 생활에서 적당한 스트레스, 즉 자신 스스로 감당할 수 있는 정도의 스트레스는 삶의 도전과 활력을 줄 수 있지만 일정 범위가 넘으면 우울과 무기력, 대인기피증 등의 정신건강의 문제가 되며 심하게는 자살까지 이를 수 있다. 이러한 스트레스는 외부로부터 오는 것도 있지만 자신의 완벽한 태도와 성공지향적 성향 등 내부 요인으로 비롯되기도 한다.

### 2) 청년과 내적 스트레스 요인

결핍이나 욕구좌절, 갈등과 불안 등은 스트레스를 유발하는 강력한 내적 요인이다. 사람들은 누구나 이러한 스트레스 요인을 갖고 있다. 인간이기 때문에 어쩔 수 없이 노출될 수밖에 없는 스트레스이기도 하지만 대부분 이러한 스트레스 요인이 다른 내외적 환경에 부딪칠 때 부정적 결과를 초래한다.

#### (1) 결핍

결핍(deprivation)은 개인의 욕구를 만족시킬 수단이 박탈되거나 없는 상태이다. 음식이나 물에 대한 생리적 욕구에서부터 사회정의의 추상적 욕구이고 심리적 욕구까지 그 욕구가 충족되지 않으면 스트레스를 받는 것은 불가피하다(이재창·임용자, 1998). 특히 청년에게 일하려는 욕구는 있는데 기회가 박탈되거나 구조적으로 가질 수 없는 상황은 경제·사회적 안정의 욕구를 충족하지 못해 스트레스가 쌓일 수밖에 없다. 사실 이러한 결핍은 객관적 사실이나 사람들은 다른 사람과 상황과 비교하여 주관적으로 평가하며 그 결과로 만족과 불만족을 느낀다. 이것을 상대적 결핍(relative deprivation)이라 한다. 상대적 비교를 통하여 주관적으로 더 불행을 느낄 수 있고 반대로 자신의 처지보다 못한 사람도 있다는 것을 알아 스트레스가 스스로 완화될 수도 있다(조대경 외, 1984).

### (2) 욕구좌절

욕구좌절(frustration)은 하나의 목표를 성취하려는 과정에서 어떤 장애가 있어 제지당했을 때 일어난다. 예를 들면 자기가 좋아하던 여성과 결혼을 못하게 된 경우 욕구좌절에 빠진다. 이처럼 목표를 성취하지 못할 때 나타나는 행동반응이 분노(anger)와 무기력(powerlessness)이다. 분노는 공격성을 일으킬 수 있으며 무기력은 우울증으로 발전할 수 있다(최정훈, 1993).

### (3) 갈등

갈등(conflict)은 두 가지 욕구나 기회 또는 목표에 부딪쳤을 때 상충되거나 공존할 수 없는 욕구나 기회 중 하나를 선택해야 하는 경우에 처한 심리상태이다. 이러한 갈등 상황은 두 가지 긍정적 목표 중 하나를 선택해야 하는 접근-접근 갈등(approach-approach conflict), 회피하고 싶은 두 개의 부정적 목표 중 하나를 선택해야 하는 회피-회피 갈등(avoidance-avoidance conflict), 하나의 목표에 긍정적 요소와 부정적 요소를 동시에 갖고 있는 경우에 처하는 접근-회피 갈등(approach-avoidance conflict)으로 나누어진다. 재미있고 유익한 강좌가 있는데 학점이 짜다고 소문난 경우 선택을 할 것인가 말 것인가 하는 상황은 접근-회피 갈등의 한 예이다.

그리고 각각 접근-회피 갈등으로 보이는 두 개의 목표 중 하나를 선택해야 하는 경우인 이중접근-회피 갈등(double approach-avoidance)도 가장 흔한 경우이다. 이 갈등에 처하면 어떤 선택을 하든지 선택 후에도 단점이 있어 잘한 결정인지에 대한 고민이 계속되고 스트레스를 받는다. 예를 들면, 배우자감으로 직장이 있는 여성과 그렇지 않은 여성 중 누구를 선택해야 할까 고민하는 남성의 경우이다. 직장이 있는 여성은 경제적으로 도움이 되고 자기 일이 있어 좋아 보이는 반면, 남성 자신이 집안일을 많이 해야 하므로 퇴근 후에 편히 쉬기 어렵고, 반면 직장이 없는 여성은 집에서 내조를 잘할 것으로 여겨지나 경제적 여유가 없을 것 같아 걱정이 되는 경우이다(이재창, 임용자, 1998 참고).

#### (4) 불안

불안(anxiety)은 나쁜 일이나 괴로운 일이 곧 일어날 것 같은 예감이 드는 기분 좋지 않은 상태를 말한다. 이 상태가 악화되면 불안장애가 생긴다. 불안장애는 더욱 높은 수준의 불안을 주로 호소하는 정신장애이다. 어떤 의미에서 불안은 인간이 가진 기본 속성이다. 불안은 인간에게 새로운 환경을 개척하는 에너지를 주는 원동력이기도 하다. 누구나 일정 정도의 불안은 늘 갖고 있다. 그런데 때에 따라서 이러한 불안으로 인해 정신과 신체에 좋지 않은 영향을 가져올 수 있다. 불안은 긴장 상태를 초래하고 그에 따른 도를 넘는 경우에 따라 기질적 장애를 유발한다.

### 3) 청년과 외적 스트레스

오늘날 대부분의 청년에게 외적 요인이 강한 스트레스는 당연히 청년기 발달과업에서 요구되는 요소를 성취하지 못하는 것이다. 대표적인 예가 취업과 경제적 문제 그리고 원만한 대인관계의 어려움과 배우자의 선택과정 등이다.

하지만 실제 대다수의 청년은 일상생활에서 심각한 스트레스를 경험하지 않는다. 다만 청소년기를 거치면서 한 사람이 다양한 사건이나 변화를 경험하는 것이다. 그들 중 일부가 스트레스로 받아들일 수 있다. 이러한 잠재적 스트레스 요인(stressor)을 구별하는 방법은 다음과 같다(Hausesr & Bowlds, 1990; Rice et al., 1993). 이 유형은 규범적 사건, 비규범적 사건, 이상적인 고민 등이 있다.

#### (1) 규범적 사건

모든 청소년이 경험하는 사건이다. 예를 들면 사춘기 발달과정을 겪거나 학령기에 접하는 학교의 변화, 또래집단의 압력 등이다. 이러한 사건들은 모두가 직면하는 것이지만 비교적 예측 가능한 시기에 발생한다. 이 사건 자체가 스트레스가 되기도 하지만 오히려 이것을 스트레스로 받아들일지는 이어지는 일련의 요인에 따라 달라진다.

#### (2) 비규범적 사건

청소년 개개인과 관련되어 언제나 발생할 수 있다는 점에서 규범적 사건과 다르다. 비규범적 사건으로는 질병, 상처, 친구관계의 종결, 부모의 불화나 이혼 등과 관련한 어려움 등이 포함된다.

#### (3) 일상적 고민

작은 사건이나 그것이 쌓이고 쌓여 규범적 내지는 비규범적 사건으로 인한 스트레스 요인과 연결되는 경우에 큰 영향을 미치기도 한다.

이러한 스트레스를 유발하는 일상적 요인은 사건의 수, 사건이 발생한 타이밍 그리고 사건이 동시에 발생했는지 등에 따라서 달라진다(Rice, 1993).

### 4) 스트레스 대처방법

#### (1) 바람직한 적응

스트레스는 양면성을 갖고 있다. 문제는 이러한 스트레스에 어떻게 대처하느냐에 따라서 정신건강에 좋을 수도 있고 나쁠 수도 있다. 일생을 통해서 사람들은 불가피하게 다양한 스트레스 사건에 부딪친다. 사랑하는 사람의 죽음, 질병,

실직, 결혼 등 긍정이든 부정이든 상당한 스트레스를 안고 산다. 이러한 스트레스에 적응하는 능력은 개인의 성격과 태도에 따라 다르지만 자신과 주변 환경에 대해 할 수 있는 수준을 넘는 스트레스는 정신건강의 문제로 진행되기 전에 전문적 도움을 받아야 한다. 물론 그 이전에 자신이 스트레스를 통제할 수 있는 내외적 자원을 동원하는 것도 적극적 스트레스 대처법이다. 이와 같은 방법에는 방어기제가 있다. 예를 들어서 합리화, 투사, 부정 등의 자아방어기제를 사용하여 스트레스 상황에서 벗어나는 것도 하나의 방법이 될 수 있다. 하지만 진정한 문제해결 과정이 아닌 일시적으로 마음이 편하고자 하는 방편이기 때문에 그리 바람직한 방법은 아니다. 결국 바람직한 스트레스 적응은 좀 더 자발적이고 창의적이며 적극적인 생활태도를 갖는 것과 아울러 바람직한 인간관계를 통해서 자신을 정확히 파악하고, 자신과 타인의 욕구에 민감하며 지속적 성장의 과정으로 긍정적으로 인식하는 일일 것이다.

### (2) 인지행동 치료

인지행동 치료는 개인이 경험하는 사건이나 상황은 그 자체가 아닌, 그것을 해석하는 방식에 달려있다고 가정한다. 즉 인간은 현상이 아닌 현상에 대한 자신의 생각 때문에 불안해진다. 인지행동 치료가인 Ellis는 이 말에 영감을 받아서 인지행동 치료의 핵심인 ABC 모델을 개발하였다. 즉 우리는 어떤 사건을 경험하고(A) 그것을 해석하며(B) 그 해석에 따라서 반응을 느낀다(C). 따라서 엘리스는 인간은 사건에 대한 생각이나 의견을 바꿈으로써 감정을 바꿀 수 있다고 주장했다(서영조 역, 2012).

인지행동 치료는 심한 경우 전문가의 도움을 받아야 하지만, 자동적이고 왜곡된 자신의 생각을 찾아내어 인지와 행동을 수정하는 점에서 자신 스스로 잘못된 사고에 대한 논박적 생각과 관련 자료 등에 도움을 받아 개선할 수도 있다. 즉 인식의 전환, 자신을 얽매이고 있는 생각을 바꾸는 과정과 행동이 인지행동 치료의 기본 개념이기 때문이다. 일상생활에서 인지적 왜곡을 없애려면 지나치게 남의 눈치를 보지 말고, 스스로 '전혀', '반드시' 등의 용어가 들어가는 생각을 버리고, 완벽하게 하지 말고, 다른 사람에게 자신의 생각이 옳은지 그른지 물어서 확인하고 내가 왜곡된 생각에 빠져서 고통을 받고 있다는 것을 알리는 것도 한 방법이다. 이런 면에서 때로는 인지행동 치료가 개인보다는 집단에 속해서 치료할 때 더욱 효과적일 수 있다.

## ABCDE 이론

이 이론은 비합리적 신념을 합리적인 신념과 적응적 정서로 바꿀 수 있는 것인가를 설명한다.

- A: 개인에게 정서적 혼란을 일으키는 사건. 시험에 떨어졌다든지, 실직, 상사의 꾸지람 등. 인간의 정서를 유발하는 사건을 말한다.
- B: 어떤 사건이나 행위등과 같은 환경적 자극에 대해 개인이 갖게 되는 태도 또는 사고방식. 여기에는 합리적 신념과 비합리적 신념이 있다.
- C: 선행사건에 접했을 때 비합리적 태도 또는 사고방식을 가지고 그 사건을 해석함으로써 느끼는 정서적 결과. 대개의 경우 지나친 불안, 두려움, 비판, 죄책감, 원망 등 비합리적 정서나 감정을 느낀다.
- D: 자신이 갖고 있는 비합리적 신념이나 사고에 대해 도전해보고 과연 그 생각이 사리에 맞는 것인지를 다시 탐색하도록 전문가가 촉구하는 것이다.
- E: 클라이언트가 가진 비합리적 신념을 철저하게 논박함으로써 합리적 신념으로 대치한 다음에 느끼게 되는 자기수용적 태도와 긍정적 감정의 결과이다.

## 2. 청년과 상담

### 1) 상담

상담(counseling)은 정상인이 생활 과업에서 겪는 태도상의 문제나 심리적 갈등을 도와주고 지원하는 학습과정이다. 상담은 심리치료(psycho-therapy)와 비슷한 구조를 가지는데, 상담이 정상적인 사람(normal person)을 대상으로 한다면 심리치료는 비정상적인 사람(abnormal person)을 상대로 한다는 차이가 있다. 이러한 상담은 사회심리적·정신적 지지와 지원을 하는 데 매우 효과적이다.

### 2) 청년의 문제

청년기는 발달과정에 따른 내·외적 갈등으로 인한 심리적 문제와 함께 이로 인해 사회 갈등을 일으킬 수 있다. 대부분의 청년은 이러한 갈등과 어려움을 자신의 내적 강화와 비공식적 자원을 활용하여 풀어나가고, 일부분은 시간의 경과에 따라 해소되기도 한다.

하지만 스스로 감당하기 어려운 문제에 직면할 수 있다. 일반적으로 청년을 괴롭히는 문제는 다음과 같다. 첫째, 자아정체감이다. 청소년기를 성공적으로 이끌지 못한 청년은 새삼 자아정체감 혼란에 빠진다. 이는 마음의 근육을 부실하게 만들어 작은 문제에도 감당하지 못하는 결과를 초래한다. 둘째, 미래에 대한 불안이다. 누구나 갖고 있지만 청년기가 갖는 삶의 결정적 변곡점이라는 시기 때문에 취업, 결혼 등의 현실적 문제를 가진다. 셋째, 성적 갈등이다. 이미 성적으로 성숙한 청년기는 성적 욕망과 욕구 등을 성인으로서 처리해야 하는 도전에 직면한다. 넷째, 사회와의 갈등이다. 이미 사회의 구성원으로서 인식하고 있는 청년에게 사회의 부조리와 불합리성 등에 대해서 어떻게 반응할까 하는 문제에 직면한다. 그렇다고 청소년처럼 무턱대고 일탈적 행위나 반항으로 일관할 수 없는 어정쩡한 처지가 더욱 고민스럽게 만든다.

### 3) 상담의 효과

상담이 청년계층에게만 효과가 있는 것은 아니지만 다음의 측면에서 청년이 가진 문제를 해결하고 감소하는 데 도움이 되며 심리적 안정과 지지를 줄 수 있다.

#### (1) 문제해결 및 해결능력 부여

상담의 기본 목표는 현재 당면한 문제를 해결하거나 심리적 고통을 덜어주는 데 있다. 또한 이를 토대로 스스로 문제를 해결할 수 있는 힘을 길러주는 학습의 의미도 있다. 청년에게 상담은 당장의 문제해결뿐만 아니라 생애과정에서 지속적으로 일어날 수 있는 문제를 합리적이고 자신의 특성과 상황에 맞게 경감하고 해결할 수 있는 길을 가르칠 수 있다. 즉 성장의 기회가 된다는 것이다.

#### (2) 환경을 변화시키는 의식 고양

청년이 가진 문제 중 적지 않는 것들이 개인의 내적 문제가 아닌 자신을 둘러싼 사회 환경에서 비롯되는 문제이다. 가정에서 부모와의 부정적 관계를 비롯해서 직업선택의 기회 박탈, 빈부의 격차, 인간 기본권의 침해 등 스스로 해결하기 어려운 문제에 부딪칠 때가 많다. 이런 경우 당면하고 있는 문제를 바라보는 생각의 틀을 바꾸어 해당 청년에게 정서적 지지와 안정을 주는 것이 일차적이겠지만, 나아가 교육과 옹호의 기능을 갖고 사회를 긍정적으로 발전시키는 데 필요한 의식과 태도를 찾는 데에도 관심을 두어야 한다.

#### (3) 상담을 통한 삶의 긍정적 동기 부여 및 방향 설정

상담과정에서 상담자는 다양한 경험과 기술을 가지기 때문에 상담을 받는 청년에게 충분한 모델링이 될 수 있다. 또한 이와 함께 상호 간의 신뢰가 상담과정에서 형성되면 상담자를 통해서 다양한 간접적 삶의 경험과 문제를 파악할 수 있다. 이를 처리하고 대응하는 과정을 통해서 인격적으로 성장하는 방법을 찾아냄으로써 청년 스스로 삶에 대한 동기부여가 되고 바람직한 방향을 설정하는 데 도움을 줄 수 있다.

## 3. 청년과 약물중독

### 1) 약물중독의 개념

청년기는 청소년기 못지않게 약물을 남용할 가능성이 큰 시기이다. 청소년기에 충분한 긍정적 자아정체감이 확립되어 있지 않거나 사회 진출에 대한 불안이 커질수록 약물중독에 빠질 개연성은 클 수밖에 없다. 더구나 불확실한 미래와 진로 결정 및 직업선택의 어려움, 배우자의 선택과 결혼 등으로 이어지는 사회적 과업에 부담이 크면 클수록 약물에 의존함으로써 현실을 도피하거나 일시적으로 괴로움을 달래는 도피처로 약물을 사용하여 약물중독(addiction)으로 이어지는 사태까지 이어진다. 이러한 약물의 접근과 중독은 청년기의 일시적 현상으로만 그치는 것이 아니라, 중독·습관성으로 인해 평생에 걸쳐 영향을 미칠 수 있으므로 청년들의 약물중독은 다른 심리나 정서적 병리 현상보다 장기로 이어진다는 점에서 치명적인 피해를 가져올 수 있다.

이러한 청년의 약물사용은 사용 정도와 심각성에 따라 오용(misuse), 남용(abuse), 의존(dependence), 중독(addiction)으로 나뉘며, 이 중 청년에게 가장 큰 피해를 주는 정도의 약물 사용을 바로 약물중독이라 일컫는다.

#### (1) 약물오용

약물오용(drug misuse)은 의학적 목적으로 사용하나 의사의 처방에 따르지 않고 임의로 사용하거나 처방된 약을 제대로 또는 지시대로 사용하지 않는 것을 말한다.

#### (2) 약물남용

약물남용(drug abuse)은 의학적 상식, 법규, 사회적 관습으로부터 일탈하여 쾌락을 추구하기 위하여 약물을 사용하거나 과잉으로 사용하는 행위를 말한다. 따라서 법적 규제의 대상이 되는 마약류를 사용하는 것과 법적 규제의 대상에 포함되어 있지 않은 약물이라도 환각 목적으로 사용할 경우 남용에 해당된다.

#### (3) 약물의존

약물의존(drug dependence)은 마약류의 약물을 지속적·주기적으로 사용하여 정신적·신체적 변화를 일으켜 약물 사용을 중단하거나 조절하는 것을 어렵게 하는 상태를 말한다.

#### (4) 약물중독

약물중독(drug misuse)은 약물 사용에 대한 강박적 집착, 일단 사용하기 시작하면 끝장을 보고야 마는 조절 불능, 해로운 결과가 있으리라는 것을 알면서도 강박적으로 사용하는 상태라 말할 수 있다(Haugaard, 2001).

### 2) 유해약물의 종류 및 증상

청소년기와 청년기의 약물중독은 성장과정에 있는 청소년이나 청년에게 신체적으로나 정신으로 악영향을 미치는 것뿐만이 아니라, 성인이 되어서도 사회문제를 야기할 수 있으므로 그 피해는 매우 크다.

이러한 유해약물에 대해서 「청소년보호법」에서는 청소년 유해약물을 ① 주세법의 규정에 의한 주류, ② 담배사업법의 규정에 의한 담배, ③ 마약류관리에 관한 법률의 규정에 의한 마약류, ④ 유해화학물질관리법의 규정에 의한 환각물질, ⑤ 기타 중추신경에 작용하여 습관성, 중독성, 내성 등을 유발하여 인체에 유해한 약물 등 청소년의 사용을 제한하지 아니하면 청소년의 심신을 심각하게 훼손할 우려가 있는 약물로서, 대통령령이 정하는 기준에 따라 관계기관의 의견을 들어 청소년보호위원회가 심의, 결정하고 여성가족부장관이 고시한 것으로 지정하고 있다.

유해약물의 종류와 그 특성에 대해 자세히 살펴보면 다음 표 5-2와 같다.

[ 표 5-2 ] 청년들이 사용하는 약물의 종류와 특성

| 구분 | 종류 | 약리학적 분류 | 법적 분류 | 투여 방법 | 신체적 증상 및 행동 | 의존성 | |
|---|---|---|---|---|---|---|---|
| | | | | | | 심리적의존성(습관성) | 신체적의존성(중독성) |
| 마약 | Opium(아편)<br>Heroin<br>Morphine<br>Codeine<br>Methadine<br>Demerol | 중추신경 억제제 | 마약류관리에 관한 법률 | 경구, 주사, 코흡입 | 중추신경 억제로 인한 행복감과 도취감, 신체조정력 상실, 동공 축소, 눈물, 콧물, 오한, 발한, 식욕 감퇴, 졸림. 수면, 멍청함, 체중 감소 | 심리적 의존 | 신체적 의존 |
| | Cocain | 중추신경 흥분제 | 마약류 관리에 관한 법률 | 주사, 코흡입 | 흥분, 동공 확대, 불안, 초조, 손 떨림, 미약한 환각 | | |
| 환각제 | LSD, DMT, DET, STP, LBJ<br>Mescaline<br>Psilocybin<br>Phencyclidine | 중추신경 흥분제/억제제 | 마약류 관리에 관한 법률 | 경구, 주사 | 용량과 개인에 따라 다양함<br>불안, 초조, 도취감, 감정 억제, 동공 확대, 착각, 망상, 환각, 지각, 강화, 직각 왜곡, 오심, 구토, 예측 불허의 행동, 공황 또는 공포성 정신병적 반응 | 심리적 의존 | – |
| | 대마,<br>Marijuana<br>Hashish | 중추신경 흥분제/억제제 | 마약류 관리에 관한 법률 | 경구, 주사 | 투여방법에 따라 효능 다양<br>안구 충혈, 구강 건조, 말이 많아짐, 웃음, 도취감, 약한 환각, 시간과 공간의 왜곡, 과장된 지각 | | |
| 흥분제(각성제) | Amphetamines<br>Benzedrine<br>Dexedrine<br>Methedrine<br>필로폰 | 중추신경 흥분제 | 마약류 관리에 관한 법률 | 경구, 주사 | 동공 확대, 식욕 상실, 흥분, 잠이 많아짐, 손 떨림, 흥분성, 코·입술·구강의 건조, 호흡 곤란, 과로, 피로, 불면증, 다량 정맥주사 시 망상, 적개심, 공격 행위, 환각, 공황증, 편집증 | 심리적 의존 | – |

(계속)

| 구분 | 종류 | 약리학적 분류 | 법적 분류 | 투여 방법 | 신체적 증상 및 행동 | 의존성 | |
|---|---|---|---|---|---|---|---|
| | | | | | | 심리적의존성 (습관성) | 신체적의존성 (중독성) |
| 진정 수면제 | Barbiturates<br>phenobarbitar<br>Amytal<br>Seconal<br>Tuinal | 중추신경 억제제 | 마약류 관리에 관한 법률 | 경구, 주사 | 동공 축소, 취한 행동, 말더듬, 사고 산만, 억제, 졸림, 멍청함, 과량 사용 시 무의식, 혼수, 호흡마비로 사망 | 심리적 의존 | 신체적 의존 |
| 신경 안정제 | Valium<br>Librium<br>Ativan<br>Quaalude | 중추신경 억제제 | 마약류 관리에 관한 법률 | 경구 | 중추신경 억제제와 유사함<br>평온, 즐거움과 안정감, 발한, 감정 억제, 정신적 침체, 배뇨장애, 노여움, 긴장, 불안, 정신적 흥분, 언어장애 | 심리적 의존 | 신체적 의존 |
| 흡입제, 본드, 가스 | Toluene<br>Hexane<br>Acetone<br>Gasoline<br>Thinner | 중추신경 억제제 | 유해화학물질 관리법 | 흡입 | 술과 유사함<br>동공 축소, 혼수, 언어장애, 현기증, 도취감, 시각과 청각 왜곡, 환각작용이 있다고도 함, 콧물, 눈물, 침, 근조절장애, 취한 행동, 성냄, 흥분, 졸림, 무의식 | 심리적 의존 | – |
| 술 | Wine<br>Beer<br>Whiskies | 중추신경 억제제 | 청소년 보호법/ 미성년자 보호법 | 경구 | 음주량과 개인의 정서적 상태에 따라 효과가 다름<br>위통, 위염, 오심, 구토, 이뇨, 영양장애, 각종 질환, 불안, 긴장, 공포, 호전성 | 심리적 의존 | 신체적 의존 |

자료: 문화관광부, 2000 수정 보완

### (1) 술

알코올(alcohol)은 청소년이 가장 손쉽게 접근할 수 있는 유해약물로서 중추신경 억제제로 분류된다. 또한 중추신경을 억제함으로써 뇌의 기능을 둔화시키고 신체 기관에 해를 미친다.

청소년이 알코올을 과다섭취하는 경우 알코올이 뇌에 도달하여 신체 감각들을 둔화시키고 뇌세포를 손상시키며 기억능력 저하 및 판단장애를 불러일으켜 학업 및 사회생활에 큰 지장을 불러일으킬 우려가 있다.

### (2) 담배

담배는 대표적 중추신경 흥분제이다. 청소년만이 아닌 모든 성인에게까지 해로운 약물로서 담배 연기 속에 약 4,000여 종의 독성 화학물질이 들어 있는 보편적 유해약물이다. 담배 속의 유해성분으로 알려진 니코틴은 복합적 효과를 가지고 있어 화학물질로서 아편과 거의 같은 수준의 습관성 중독을 일으킨다.

담배 속의 독성물질은 직접 폐 속에 흡수되어 폐포벽의 신축성을 저하시키고 만성 폐쇄성 폐질환을 불러일으키기도 한다. 이 밖에도 폐암, 혈전증, 구강암, 간접흡연으로 인한 제3자의 질환발생 등으로 본인뿐만 아니라 주위 사람의 건강에도 큰 피해를 주는 유해한 약물이라 할 수 있다.

### (3) 각성제

각성제는 페닐에틸아민을 토대로 한 암페타민류의 흥분제로 1932년 의료계에 소개되어 비만증, 우울증, 피로, 과잉행동장애 등의 치료에 사용되었다(문화체육부, 1996). 이러한 암페타민의 남용 혹은 중독에 이르면 우울증, 불면, 악몽 등의 금단증상이 생기고, 심한 경우 심리적 불안과 자살 상념 등을 일으킬 수도 있다.

### (4) 환각제

환각제에는 대마초(마리화나), LSD, PCP가 가장 일반적으로 알려져 있으며, 중추신경계의 흥분제로 혹은 억제제로도 사용할 수 있는 약물이기에 오·남용의 우려가 큰 약물 중 하나이다. 환각제는 지각, 감각, 사고, 자기 인식, 감정 등에 영향을 미치기 때문에 남용을 하는 경우 시간에 대한 감각의 변화, 망상, 환상 등을 유발시켜 각종 청소년 범죄를 유발시키는 요인이 되기도 한다.

#### (5) 흡입제

흡입제는 청소년이 대표적으로 사용하는 환각물질로서흔한 종류로는 본드, 부탄가스, 신나 등이 있다. 흡입제는 뇌 조직에 빠르게 영향을 미치고 내성이 있어 한번 사용하게 되면 계속 같은 수준의 재미를 느끼기 위해 사용하므로 중독에 이르게 된다.

본드나 가스와 같은 휘발성 흡입제는 청소년이 흡입을 하는 경우 뇌에 직접적인 영향을 주어 기억력 감퇴, 학습능력 저하, 정서적 불안, 콩팥 기능의 손상 등을 가져오기도 한다.

#### (6) 마약

마약(narcotics)은 아편과 아편에서 얻어진 모르핀, 코데인, 헤로인 등이 있고 모르핀과 유사한 작용을 하는 순수 합성물질인 메사돈으로 나눈다. 아편, 모르핀, 헤로인 등은 모두 진통완화 작용을 하는 약물로서 이를 환각 목적으로 사용하는 경우 행복감, 불안, 공포, 몽롱, 집중력 상실 등의 증상이 나타나면서 지속적 사용으로 인해 중독현상이 발생되고, 뇌와 간에 심한 손상을 불러일으켜 심한 경우 사망에까지 이르기도 한다.

### 3) 약물중독에 따른 지원

청년에게 유해한 약물 중 대표적인 것이 술과 담배이다. 이들은 소위 통로약물(gateway drug)로 불리며 다른 향정신성 약물을 하는 이전 단계에서 거치는 약물이라고 한다. 술과 담배는 합법적 약물이다. 그리고 청년도 합법적으로 마시고 피울 수 있다.

### (1) 약물에 관대한 문화 개선

일반적으로 '남자가 사회생활 등을 하다가 술을 먹으면 본인의 평소 모습과 다를 수 있다'라며 술에 취해서 일탈 행동을 하는 사람에 대해서 이해하려 한다. 자신이나 타인에게 해를 끼치는 태도나 행동을 한 사람보다는 그 사람이 마신 술에 원인을 돌리려는 경향이 강하다. 이것은 우리 사회가 아직도 술이나 약물에 대해서 관대하거나 일부 사람들 행태로 보기 때문이다. 매스컴이나 사회 전반에 성인의 술자리가 공공연히 나타나고 술에 취하는 행동을 마치 낭만적 상황으로 미치는 현상은 여전히 남아 있다. 이를 통해서 청소년이 음주하는 모습을 멋진 남성의 표상으로 자칫 내면화하여 자신도 모르는 사이에 바람직하지 못한 음주행위와 습관이 형성될 수 있다. 이울러 불법약물을 확산시키는 불법약물 제조업자나 밀매업자에게 더 강력한 처벌이 이루어져야 하며, 약물의 폐해와 약물이 미치는 심각성 및 부정적 영향을 지속적으로 교육하고 계도해야 한다.

비록 의약분업의 과정을 통하여 약물남용에 관한 문제가 해소되었다고 볼 수 있지만 여전히 우리의 의식 속에는 아직도 제사 후에 청소년에게도 음복이라는 이름으로 공공연히 술을 접하게 하는 등 약물의 기초 통로가 되는 술과 담배를 일반 기호식품의 하나로 이해하는 경향이 강하다. 약물에 대해 이러한 허용적이고 관대한 문화가 개선되지 않는다면 아무리 엄한 처벌도 그 효용성은 줄어들 수밖에 없을 것이다.

### (2) 약물 피해의 심각성 인식

우리가 일반적으로 상상하는 것보다 약물은 생활 깊숙이 자리잡고 있다. 약물로 인한 피해는 약물중독을 한 당사자를 피폐시키는 것이 일차적인 문제지만 나아가 가족과 주변 사람에게 간접적 피해를 확산시킬 수 있다는 점이다.

또한 합법적 약물남용과 중독에 대한 안일한 사고가 더 강력하고 불법적 약물중독 현상으로 이어진다. 약물은 속성상 내성이 생겨서 더 강한 약물을 요구한다. 예를 들면 술에 대한 허용적 태도는 알코올 의존과 중독에 이르게 해서 이 중

적지 않은 경우가 마약 등의 약물을 접한다. 따라서 약물 피해에 대한 심각한 인식은 개인이나 가족 그리고 사회가 다시 한 번 경각심을 가져야 한다.

#### (3) 약물중독 예방교육 및 활동의 활성화

약물은 한번 손대면 쉽게 빠져나오지 못하는 특성이 있다. 또한 청소년기부터 약물을 접했다면 대부분의 약물이 갖고 있는 중독성으로 인해 청년기와 성인기에도 지속적으로 약물을 복용하고 흡입할 가능성이 높다. 따라서 청소년과 청년들에게 약물의존과 중독에 대한 도덕적 관점의 교육에 더하여 약물이 주는 정신과 신체건강의 피폐성, 정상 생활의 곤란함 등을 강조한 예방적 형태의 교육이 이루어져야 한다. 그리고 이러한 교육에 청소년과 청년이 쉽게 접근할 수 있도록 그들의 특성에 맞는 프로그램을 개발하고 확산시키려는 노력이 필요하다.

#### (4) 약물중독 치료 서비스 체계의 구축

약물중독은 생리(bio)-심리(psy)-사회(social)적 질병이므로 회복을 위해서는 그동안 익숙한 약물에 중독되었던 삶 전체를 변화하는 일이다. 또한 약물중독은 만성적이고 진행적이며 재발이 매우 쉽게 일어나는 병이기 때문에 단순히 약물의 사용 중지만으로 충분하지 않고 치료와 재활과정에 다양한 서비스 등이 체계적이고 통합적으로 운영되어야 한다. 이를 위해서는 중간의 집(half-way house), 자조집단(self-help group), 재활시설, 각종 사회적 지지 서비스 개발 등 다양한 프로그램의 제공되어야 한다. 아울러 병원, 학교, 복지관, 상담실, 경찰 등 관련기관과의 유기적 협조 체계가 구축되어야 한다(홍봉선, 남미애, 2007 참고).

#### (5) 청년들의 문화공간 확충

사실 우리나라 청년은 개인적 여가활동과 취미활동을 하고 있지만 마땅히 그들의 문화를 방출할 수 있는 공간이 부족하다. 물론 교육과 사회활동의 부담으로 인해 청소년 못지않게 시간이 부족할 수도 있지만 청년이 적은 시간이라도 편하고 긍정적으로 자기의 마음을 재충전하고 회복할 수 있는 건전한 공간과 프로그램이 부족하다. 유희시설 등을 통해서 청년은 스트레스를 발산하고 여가를 즐길 수 있지만 이러한 공간은 약물의 유혹에 취약한 약점이 있다. 따라서 청년이 생산적 놀이활동을 할 수 있도록 편리하게 활용할 수 있는 스포츠시설이나 토론 공간 등 대안문화공간의 마련이 필요하다.

## III 사회적 지원

### 1. 자아에 대한 재인식 – 삶에 대한 재조명

철학적 사고는 청년이 갖춰야 할 부분 중의 하나이다. 최근 인문과학의 중요성이 강조되고 있지만 취업난과 불투명한 미래에 시달리는 청년에게는 허상 같은 말이 될 수 있다. 그럼에도 불구하고 청년에 대한 사회적 지원의 강력한 초점은 청년 스스로 자신과 사회에 대해서 발전적인 사고를 할 수 있는 내재적 힘을 기르는 데 두어야 한다. 이러한 관심과 지원은 당장 효과가 나는 것이 아니다. 하지만 기초과학 없이는 우리 삶의 편리를 주는 응용과학의 발전에 한계를 가져오는 것처럼 경제적 부만 축적하는 사회가 행복을 보장하지는 못한다. 이와 같은 관점에서 청년이 자신과 생명에 대한 재인식을 통하여 삶의 본질적 방향을 설정하도록 돕는 것을 바탕으로 사회적 지원의 다양한 프로그램들이 제시되어야 한다. 이런 맥락의 하나로 자아에 대한 재인식을 예시로 제시한다.

나(je)는 고유하게 심리적인 종별화를 형성하고, 자아(moi)는 고유하게 심리적인 유기적 조직화를 형성한다. 나는 인간이 종(種)으로서 갖는 질(質)이다. 심리적 종별화는 생물학적 종별화와 똑같은 유형이 아니다. 왜냐하면 여기서 규정은 규정 가능한 것과 동등하거나 똑같은 역량을 지니기 때문이다.

나와 상관관계가 있는 자아는 어떤 외연으로 이해되어야 한다. 즉 자아는 고유하게 심리적 유기체를 지칭하고 이 유기체가 지니는 특이점은 나의 내포에 귀속하는 상이한 인식능력들을 통해 대변된다. 그래서 근본적 심리 상관관계는 '나는 자아를 생각한다' 라는 정식을 통해서 표현된다.

죽음은 나와 자아 속에 새겨져 있다. 죽음은 피할 수 없다. 그럼에도 불구하고 모든 죽음은 우연하고 난폭하며 또 언제나 밖으로부터 온다. 반면 전혀 다른 형태의 죽음이 있다. 자아를 분열시키는 죽음의 본능이다. 죽음의 두 가지 얼굴을 혼동하고 그래서 마친 죽음본능이 엔트로피의 증가로 기우는 어떤 경향이나 생명 없는 물질 상태로 돌아가는 어떤 회귀로 환원되는 것처럼 생각하는 것은 잘못된 믿음일 것이다. 모든 죽음은 이중적이다. 먼저 죽음은 커다란 차이의 말소에 의해서 일어나고 이런 말소는 외적인 죽음을 통해 밖의 차원에서 표상화 된다. 그렇지만 죽음은 다른 한편 작은 차이의 말소에 의해서 일어나고 이런 말소는 내적인 죽음을 통해 함축된다. Freud가 제시한 죽음의 본능, 즉 인간은 자기식대로 죽기를 원한다. 그러나 현실에서 나타나는 죽음은 내적 의지와는 관계없는 외부적이고 우연한 폭력적인 특성을 보여준다. 죽음은 안으로부터 의지되지만 언제가 결국은 바깥에서 오고 수동적이고 우연한 어떤 다른 형태를 통해서 온다.

자살은 모습을 감추고 있는 그 두 얼굴을 일치시키려는 시도이다. 그렇지만 두 가장자리는 맞물리지 않고 각각의 죽음은 계속해서 이중적이다. 한편 죽음은 탈분화이고 이 탈분화를 통해 나와 자아의 분화는 이 둘을 균일화하는 어떤 전체적 체계 안에서 상쇄된다. 다른 한편 죽음은 개체화이자 개체의 항변이다. 다만 이것은 나와 자아의 한계들, 심지어 보편적 나와 자아의 한계들 안에서는 결코 인정될 수 없을 따름이다.

이처럼 죽음과 자아와의 관계를 상정하는 까닭은 이렇다. 인간은 영생할 수 없다. 인간은 끊임없이 변화한다. 사실 인간이 생애에 과정에서 할 수 있는 일은 거의 없다. Bertrand Russel의 냉소적인 말로 "하나님은 완전한 것만, 즉 더 나아질 것만 창조했으므로 인간의 종은 불변 것이다. 역병은 죄에 대한 벌이므로 회개나 해야지 병과 맞서 싸우려 해봤자 아무 소용이 없다" 고 표현한 것처럼 인간은 늘 한계를 갖는다. 즉 죽음마저도 자신의 의지로 할 수 없다는 말이다.

그렇지만 여기서 인간의 삶을 전제해서 보았을 때 죽음이 삶의 끝일 수도 있지만 하나의 새로운 과정이 시작일 수도 있다. 자아가 파멸되고 변화를 떠나 소멸되는 기점이지만 다른 한편 통합적 자아가 드러날 수 있다. 이것은 앞서 Russel이 말한 하나님은 완전한 것만 창조한 그 세계로 들어가는 문일 수 있다. 그러나 이것을 삶의 관점에서 본다면 거짓이다. 죽음은 삶과 상반되는 것이기 때문이다. 우리가 간혹 영생을 말할 때 지금의 삶이 영속된다는 의미로 받아들인다. 허망하다. 한 사람(The One), 즉 신을 향해 가는 여정을 잘못 이해하고 있는 것이다. 죽음 뒤에 나오는 영생은 지금 현재의 삶이 지속되는 형태가 아니라 새로운 세계이다.

핵심은 그 세계에 '자아'가 존재할 수 있느냐 하는 것이다. 인간의 관심은 여기서 극대화된다. 현재의 자아가 없는 세계의 영속성이 어떤 의미가 있느냐고 항변할 수 있다. 함정에 빠지는 생각이라고 본다. 왜냐하면 인간은 지금 살아있는 자아는 외연의 모습이든 내면이든 끊임없이 변화한다. 하나의 종으로서, 독특한 개체로서의 기능을 죽는 날까지 하지만 개체의 독특성도 변화한다. 다시 말해서 오늘의 '나'와 어제의 '나'는 전혀 다르다는 것이다. 그런데 왜 사람들은 어제와 오늘이 변함이 없다고 착각할까? 그것은 시간이 갖는 연속성을 이해하기 때문이다. 또한 공간의 안정감 또는 안도감에 대해서 확인하려는 시도이다. 예를 들어 사람들은 간혹 시간과 공간이 일치하지 않을 때 자신을 거울 앞에 세운다. 갑자기 자신이 다른 사람이 되어 있는 느낌을 받는다.

지금 말하는 인간변화가 주는 의미는 긍정적이다. 사람이 변화하지 않는다면 그것은 하나의 생애가 아니다. 이미 발달의 의미에서도 찾을 수 있다. 그렇다면 죽음과 또 다른 환경에서 변형될 수밖에 없는 자아를 하나의 '완전한 형태'로 만들어가야 한다. 역설적이지만 죽음을 대비해서 새로운 자아를 만드는 노력은 현재를 예측 가능한 변화로 이끌며 삶의 통합하고 새로운 영적 세계를 스스로 이해하는 하나의 실마리가 될 수 있다.

## 2. 교육과 훈련의 강화 및 청년정책의 독자성 마련

최근 청년 일자리 창출에 대한 관심이 사회적으로 높아지고 있다. 이와 관련해서 일자리를 만드는 일 못지않게 구직과 구인의 불일치(miss matching) 해결에도 주목해야 한다. 양질의 일자리를 만든다고 해서 구직난이 해결될지는 의문이다. 직업의 세계와 구직자의 욕구가 다양해질수록 구인과 구직 간의 불일치는 더욱 심화될 것이다. 따라서 프랑스의 평생교육훈련 시스템과 같이 우리도 생애교육훈련체계를 연구하고 확대해야 한다. 청년의 특성과 자질 문화적 배경과 연령 등에 따라 범주화하여 다른 방법으로 교육과 훈련을 해야 한다. 아울러 사회에 진입하려는 청년뿐만 아니라 재취업을 원하는 청년에게도 지속적으로 고용을 유지할 수 있는 기술개발과 훈련이 이루어져야 하며, 이와 함께 청년이 처한 문화와 사회적 상황을 개선하고 향상하는 데까지도 교육과 훈련에 목표를 두어야 한다.

한편 청년에 대한 사회적 지원은 단순히 일자리 증가에 머물러서는 안 된다. 좀 더 포괄적이고 장기적이며 안정적인 관점에서 청년정책이 추진되어야 한다. 즉 문화와 주거, 경제, 정치 등 다방면에서 청년에 대한 지원과 그들이 할 수 있는 역할을 모색하는 정책이 되어야 한다. 최근 일부 지방자치단체에서 청년 스스로 정책을 개발할 수 있도록 여러 가지 모색을 하고 있지만 이를 위해서는 우선 정책 대상으로서 청년에 대한 연령 범위가 설정되고 공식화되어야 한다. 청소년정책처럼 관련 분야에 따라 정책 대상의 연령이 다른 것도 의미가 있지만 청년은 청소년보다는 안정화된 연령기인 동시에 청소년과 성인의 중간 입장에서 매우 모호한 정치·경제·사회적 위치를 갖는 존재라고 볼 때 더욱 합의된 연령규정이 마련되어야 한다.

이를 토대로 생애주기에 있어서 청년을 위한 사회정책이 독자적으로 마련되어야 한다. 물론 연령계층을 대상으로 한 정책은 연속성이 있어야 하며 청소년정책과 중복될 수도 있지만, 우선 청소년기를 벗어난 청년층을 대상으로 하는 분명한 내용과 방향의 수립을 통하여 점진적으로 청년정책의 틀을 마련하는 것이 매우 중요한 사회적 지지 방안이 될 것이다.

## 3. 청년을 위한 좋은 사회

좋은 사회는 소속된 구성원들이 인간으로서 자아를 실현하도록 해주는 사회이다. 소위 Maslow가 말한 의식주의 욕구 충족을 비롯해서 안전하게 살고자 하는 욕구, 다른 사람과 좋은 관계를 맺고 편안히 살고자 하는 욕구, 사랑하고 존중받는 욕구 그리고 자아를 실현할 수 있는 욕구를 충족시키는 사회이다. 다시 말해서 나와 다른 사람의 행복한 삶이 보장될 수 있는 사회를 말한다. 그리고 자본주의 사회 일부가 강조하듯이 인간은 이익만 추구하는 존재가 아니다. 인간은 다른 사람을 위해서 봉사하거나 자신의 흥미롭고 의미 있다고 느끼는 일에 대해서 더 많은 도전의식을 느끼고 금전적 이익과는 상관없이 적극적으로 참여하기도 한다. 그래서 사람들은 다른 사람을 위해 적극적으로 봉사하거나 아니면 블로그나 인터넷에 자신이 아는 정보를 올려서 다른 사람이 도움을 받도록 하는데 많은 시간과 노력을 쏟는다. 얼핏 자신에게 비생산적 일로 보이는 행동을 하면서 새로운 삶과 생활의 의미를 Aristoteles가 예견했듯이 인간은 자신에게 의미 있는 것, 숙련되어 할 수 있는 것, 참여할 수 있는 것 그리고 재미를 주는 것 등 고차원적 욕구를 충족시킬 방법을 찾는다.

좋은 사회는 시민에게 그런 욕구를 충족할 기회를 만들어주고 참여할 수 있는 기회를 준다. 이런 점에서 Aristoteles는 좋은 삶을 추구하는 데 최고로 좋은 구조는 민주주의라고 생각했다. 민주사회는 사람들이 모여서 클럽, 협회, 네트워크, 공동체 등을 만들고 그것들을 통해서 사람들은 철학을 행하고 공동선(共同善)을 향해 나아갈 수 있기 때문이다. 그리고 그렇게 모두가 생각하고 모두가 참여해서 찾아내는 해결책은 소수만이 참여하는 해결책보다 훨씬 나을 것이다(서영조 역, 2012 참고). 이처럼 사회는 청년에게 고도의 삶의 의미를 찾는 일을 할 수 있는 터전을 만들어야 한다. 그리고 자유롭게 청년들이 참여함으로써 전반적인 사회발전을 촉진시켜야 한다.

# IV 복지적 지원

## 1. 청년복지와 교육

### 1) 교육의 의미

교육은 청년에게도 자아실현의 중요한 도구이며 사회적 측면에서는 사회발전의 중요한 기제이다. 특히 우리와 같이 대학 진학률이 80%가 넘는 나라뿐만 아니라 세계 각국에서 제기되는 교육에 대한 열정은 교육의 중요성을 대변하고 있다. 더욱이 전통적으로 학교교육(제도교육)은 개인에게는 사회적 계층 상승의 합리적이고 중요한 수단이며, 교육을 통해서 사회는 안정되고 경제와 사회발전을 이루었다. 이처럼 교육의 중요성은 아무리 강조해도 지나치지 않지만, 교육의 갖는 사회문제 또한 실증적으로 지적되어 왔다. 과열된 교육열과 입시위주의 학교교육 등이 가장 시급한 교육문제로 바라보고 있다. 또한 복지적 측면에서 본다면 교육격차, 즉 계층과 지역 간의 교육 불평등이 존재한다는 사실이다.

교육 불평등은 교육기회의 불평등의 의미로 사용된다. 그러나 교육조건의 격차, 교육결과의 격차를 의미하기도 한다. 교육기회의 불평등은 사회경제적 요인에 의하여 교육을 받을 수 있는 기회가 불평등한 경우를 말한다(김신일, 1994).

### 2) 청년과 교육

교육복지라는 말이 있다. 교육복지는 인간의 삶의 질 향상과 사회구성원으로서의 의미를 자각하면서 자아를 실현하는 보람된 삶을 살아가는 데 목적이 있다(윤철수 외, 2006; 장혁표, 1996). 즉 교육복지의 목표는 국민에게 생애주기에 걸쳐 공평한 교육기회와 질을 제공함으로써 교육의 형평성을 제고하는 것이다. 따라서 다양한 차원의 교육 불평등을 해소시킴으로써 교육이 추구하는 인간적 삶을 유지시키는 것을 이념으로 한다. 특히 자본주의 사회에서 교육은 사회적 통합을 이루는 가장 기본 제도라는 인식에서 출발한다. 교육과 복지는 상호 밀접한 관계를 가지고 있어서 복지는 교육의 목적인 동시에 수단이라 규정할 수 있다. 그러므로 상호 보완적 관계인 이 두 가지 개념의 합성어인 '교육복지'는 학교에서 학생의 교육목적을 달성하기 위하여 국가가 기본적으로 제공해야 하는 복지 서비스를 뜻하기도 한다(윤철수 외, 2006). 이러한 교육복지는 주로 아동과 청소년 대상으로 학교와 교육적 서비스를 보완하고 지원하는 방향에서 이루어진다. 이와 연결해서 청년의 교육과 관련한 복지지원도 고려되어야 한다.

청년의 교육의 장은 대학이다. 우리나라 청년 중 상당수는 대학에 재학 중이며 많은 청년이 대학을 졸업하고 직장을 구한다. 이처럼 대학은 청소년기와는 달리 졸업 후 직접적으로 자신의 생업이나 생활현장에서 활용할 수 있는 지식과 기술을 습득하는 곳이다. 물론 오늘날 대학이 보편적 민주시민으로서의 가치를 교육하는 곳이기도 하지만, 핵심사항은 여전히 미래직업과의 연결고리라는 사실이다. 다시 말해서 대학생이 졸업과 동시에 문을 두드리게 되는 취업시장은 치열한 경쟁세계이다. 청년은 어떻게 보면 태어나서 처음으로 냉혹한 현실에 직면한다. 더욱이 오늘날 대학교육과 취업현장인 기업과의 상호 이해와 욕구가 일치하지 않는 부분이 많은 현실에서는 더욱 그러하다. 이와 같은 취업현장에서는 우수한 인재에 대해서는 여러 기업이 탐을 내지만 경쟁력이 없는 사람에 대해서는 눈길조차 주지 않는다. 이러한 냉혹함에서 청년은 끊임없는 변신과 발전을 추구해야 한다. 하지만 이는 단순히 청년 개인의 문제만은 아니다. 마치 사설학원이나 개인학습을 통해서도 가능한 컴퓨터 활용이나 어학 능력 등의 기술을 취업률이라는 미명아래 대학교육에서 제도적으로 가르치는 것이 옳은지에 대한 정책적 반성부터 시작해서 실제 청년이 사회에 나가서 부딪치는 문제와 해결방법에 대한 실효성 있는 도움이 대학 내 또는 사회에서 지원해야 한다. 청년에게 교육과 관련한 복지적 지원은 궁극적으로 청년 개개인이 전문기술과 올바른 가치관을 가지고 사회에 임하는 능력과 동기, 자세를 키우는 데 교육을 보완하거나 다른 교육적 지원을 추구하는 일이 될 것이다.

### 3) 청년을 위한 복지

#### (1) 인성교육의 강화

많은 기업에서 대학을 졸업한 청년에게 전문적이고 특화된 지식을 요구하는 시대가 되었다. 그런데 실제로 적지 않는 기업 등에서는 전문인력은 경력직으로 채용하기도 한다. 따라서 이 못지않게 중요한 부분이 자신이 담당한 업무(일)에 대한 열정과 책임감 그리고 효율적 수행 능력 등이다. 이와 함께 일의 현장에서 만나는 상사와 동료직원과의 협동심과 원활한 인간관계를 주요한 요소로 말한다. 청년이 일하는 현장에서 앞서 근무한 사람들은 기업이 원하는 능력과 청년이 대학 등을 통해서 갖춘 기술과 역량 간에 불일치가 심하다고 말한다. 그 중 적지 않은 부분이 인성과 관련된 것이다.

일반적으로 인성교육은 어릴 때부터 가정에서부터 시작되어 일상생활에서 함양할 수 있는 것이라고 생각해서 대학이나 사회에서 인성교육을 강조는 많이 하지만 실제로 관련된 프로그램과 구체적 방안은 늘 생소하다.

특히 점차 고등학교와 같이 학원화된다는 비판을 받고 있으며, 취업을 위한 기술과 능력 습득에 여념이 없는 청년에게 인성교육은 조금은 배부른 말이 될 수 있겠다. 그러나 좀 더 깊이 생각한다면 청년기가 인성의 토대를 쌓는 마지막 기회일지도 모른다. 따라서 대학이나 대학 밖에서 청년도 인성교육을 받아야 하며 지속적 사회화과정을 거쳐야 한다. 왜냐하면 인성은 직업이 하나의 경제적 수단이 아닌 자신의 생애 전 과정에 걸쳐서 의미 있고 자기를 실현하며 지속적으로 안정된 생활을 할 수 있는 가장 중요한 역량이기 때문이다.

#### (2) 복지·윤리·환경교육 프로그램 개발 및 제공

청년의 적극적 교육 참여와 아울러 다양한 교육형태가 정규교과 외에 구성되고 제시되어야 한다. 청년에게 생활현실을 반영한 인권, 환경, 미디어 교육과 더불어 복지교육도 강조되어야 한다. 이들 교육형태는 굳이 제도권에서 이루어질 필요는 없다고 본다. 학교 현장이나 학교 밖에서 청년이 새롭게 변화하는 사회를 체험하고 학습하여 사회활동에 참가하는 내용으로 구성될 수 있다. 특별히 학교 안팎의 청년에게 다양한 경로의 교육프로그램의 하나로 윤리와 환경 그리고 복지 등 교육의 중요성이 강조되어야 한다. 이와 같은 교육내용은 청년에게 사회현실과 문제에 대한 지적인 관심과 이해 그리고 더불어 자신이 살고 있는 지역사회 문제에 대한 의식을 심화하는 일이다. 그 이유는 이와 같은 교육은 직업기술 배양 이상으로 미래를 사는 청년에게 중요한 도전인 동시에 그들과 사회의 행복을 위한 방향이기 때문이다.

### (3) 학교 사회복지

학교 사회복지는 학교를 중심으로 한 사회복지 활동을 말한다. 주로 아동이나 청소년을 대상으로 교육현장과 지역사회에서 시행 중이다. 학교교육을 통해 교육 본래의 목적이 충분히 달성되려면 교육의 목적과 합치하면서 교육활동과 병행 또는 지원하는 다양한 사회제도와 노력이 필요하다. 학교 사회복지는 그러한 제도 중 하나이다. 즉 학교 사회복지는 학교라는 교육기관에서 전문적 능력과 자격을 갖춘 사회복지사가 제공하는 사회적 서비스를 말한다(성민선 외, 2004).

이와 같은 학교 사회복지는 주로 학교와 관련한 요보호아동과 청소년을 대상으로 복지서비스를 실천하는 작업이다. 학교 사회복지를 담당하는 학교 사회복지사는 학생문제를 상담하거나 학부모를 상담하고, 교사에 대해서 자문하며, 위기개입과 학교 내 학생들의 생활과 활동 및 서비스 지도를 포함한다. 현재 학교 사회복지는 학교 내 또는 복지관을 중심으로 학교 밖에서 이루어지고 있으며 지역사회 서비스와 통합되어 운영하기도 한다.

청년에게도 학교를 중심으로 사회복지프로그램의 제공이 필요하다. 치열한 입시경쟁으로 인해 대학에 진학한 청년 중 상당수가 심리적 갈등과 대인관계 등 적응의 어려움을 겪고 있다. 또한 전공에 대한 회의를 갖고 있으며 효율적인 학교생활 방법 등에 대한 곤란에 부딪치는 경우가 많다. 이러한 청년을 위해서도 대학 상담센터를 비롯한 학교복지에 대한 관심을 지속적으로 이루어져야 한다.

## 2. 청년복지와 노동

### 1) 청년에게 노동의 의미

인간은 노동하지 않고서는 살아갈 수 없다. 현대사회에서 노동은 단순히 소득 보장을 위한 수단의 기능만 하지 않는다. 직업으로서의 노동은 개인적 지위나 사회적 신분의 징표가 된다.

귀족제 사회가 아닌 자본주의 사회에서는 부모로부터 물려받은 재산이나 상류층 가정의 배경 요인으로 고착된 상위 계층에 그러한 자원이 없는 계층의 청년이 지위를 얻기 위해서는 교육과 경험, 이에 따르는 직업요소가 중요한 변수가 된다. 이에 중요한 개념으로 사회이동(social mobility)이란 한 개인이나 집단이 하나의 사회계층에서 또 다른 사회계층으로 옮겨가는 것을 뜻한다. 사회이동은 사회적 위계상의 변화, 즉 계급 및 계급구조에서의 위치의 변화를 가리킨다. 사회이동은 위계적 서열을 갖는 모든 계층 요인의 축에서 가능하겠지만 지금까지의 연구는 주로 직업의 이동 또는 직업위신상의 변화를 중심으로 다루어졌다. 한 개인이 계층의 위계에서 차지한 위치를 평가함에 있어서 직업적 지위가 가장 중요하다고 볼 수 있다(홍두승, 구해근, 1995).

흔히 현대사회는 개방 사회로 계층이동이 항상 가능한 자유사회라고 말한다. 그러나 신분사회에서 있었던 법과 제도적인 규제가 없다 하더라도 자본주의 사회가 갖는 정치경제사회의 메커니즘은 교묘히 사회이동을 제한하고 있다. 여전히 빈곤 등으로 인해 사회구조와 기능적 제약을 받는 계층이 많다.

### 2) 청년과 노동

청소년을 포함한 청년 실업률이 해마다 급증하고 있다. 학교교육에서 직업세계로의 합리적 이행은 교육 핵심 쟁점이 되고 있다. 그런데 한편에서는 '프리터(15~35세의 남녀 중 아르바이트나 파트타임으로 생활을 유지하는 사람)' 라는 용어가 생겨나듯이 청소년 가운데 취직 희망자가 감소하고 있다. 또한 취업을 한다 해도 직장과 노동에 대한 충성심이 결여되어 있다고 어른들은 지적하는 반면, 현실적으로는 노동환경도 열악하다. 비정규직 노동자를 원하거나 아예 청소년과 청년층을 취업대상에서 제외하는 경우도 있다.

이처럼 이율배반적으로 보이는 현상이 발생하는 이유가 무엇일까? 대학 진학률은 높아지고 취업에 대한 관심도 증가하지만, 고용주 입장에서는 양질의 노동력이 줄어든다고 말하고, 취업자 입장에서는 노동을 제공할 수 있는 기회가 없고 환경도 악화되어 있다고 한다.

청년은 자신에게 적합한 직업이 무엇인지 잘 모른다. 자신의 적성과 소질이 무엇인지, 어떠한 직업이 있는지, 자신이 원하는 직업을 갖기 위해서 준비해야 할 것은 무엇인지도 잘 모른다. 어쩌면 대학 진학률이 증가하는 이유는 초·중·고등학교를 통해서 충분히 직업준비가 이루어지지 않았다는 것을 반증한다.

그동안 우리는 노동은 인간생활에 있어서 소득과 삶의 의미를 구현하기 위한 절대적 요소로 전제했지, 노동인력과 환경의 변화에는 둔감했다. 노동시장에서 노동환경의 변화는 적극적으로 이루어졌을 수도 있지만, 미래 노동시장을 이끌어 갈 청소년이 준비해야 할 노동조건과 기술에 대한 깊이 있는 고민이 그리 많지 않았다. 청년 스스로도 따라가기 어려운 사회 환경의 변화 속에서 노동의 가치와 의미 그리고 노동력의 수준 등이 어느 정도가 되어야 하는지 가르치지 않았고, 그들의 미래가 어떻게 전개될지 이해시키지 않았다. 그런 와중에서 청년은 혼란스럽고 미래 노동인력으로서의 불안감은 가중되고 있다. 여기에 더하여 청년이 노동체험을 할 수 있는 아르바이트 등에서도 비정규직 임금 이상의 소득 또는 사회적 경험을 배우는 데 한계가 있어 청년의 좌절은 심화되는지 모른다.

결국 청년에게 노동은 부모처럼 지속적으로 짊어져야 하는 삶의 부담이 될 수도 있다.

## 3) 청년노동을 위한 복지과제

### (1) 진로개발

진로는 청년에게도 직업적 성취와 이를 통한 자아실현으로서의 의미가 크다. 이에 따른 청년 진로개발은 청년을 위한 복지가 지향하는 자립복지의 핵심적인 요소로서 그 함의가 무척 크다. 청년 진로개발을 통해서 한 청년이 생애 전반을 영위할갈 수 있는 능력을 개발하여 자신의 적성에 적합한 더욱 나은 기회를 얻을 수 있도록 발달과업을 성취할 수 있다. 또한 이것은 개인적으로 보았을 때는 앞서 언급한 사회이동(social mobility)과 사회적 지위를 획득할 수 있는 중요한 기반이 되며, 사회적으로는 국가 인력개발과 직결되는 부분이다. 이러한 청년 진로개발은 인적자원 개발, 즉 인력개발과 불가분의 관계를 가진다. 진로선택과 직업을 통해 소득획득과 사회계층 이동을 목적으로 한 것이 개인 영역이라면, 인력개발은 개인영역을 포함하여 좀 더 포괄적인 사회적 수준에서 언급되어야 한다. 교육과 훈련 등 인력개발에 따른 인간자본의 축적이 경제적 생산성을 증진시키고 노동의 수익을 가져온다는 것에 대한 인과관계가 불분명하다(배무기, 1997) 할지라도 자본주의 사회에서 별다른 대안이 없으며, 복지에서 더욱 중요한 것은 인력개발이 단순히 노동의 수익이나 소득증진만을 목표로 하지 않는다는 것이다. 인력개발은 특히 청년복지에서 개발적 복지의 측면으로 청년의 현실적 성장과 성숙을 건강하게 유도할 수 있다. 피상적 수준에서 청년의 건강성을 강조하는 것이 아닌 청년의 현재 삶과 미래 진로와 관련된 의사결정 과정을 통해서 자신의 생애와 사회의 메커니즘(mechanism)에서 삶의 의미를 추구할 수 있어 한층 적극적이고 생산적으로 청년의 건전한 성장을 이끌 수 있다. 결국 이러한 방향은 청년이 가진 부정적 요소를 자연스럽게 제거함으로써 사회의 생산성을 향상하는 데 간접적이지만 매우 장기적이며 잠재적 기반으로 자리잡을 수 있을 것이다.

### (2) 자립지원

자립은 청년에게도 매우 중요한 개념이다. 한 인격체로서 자신의 삶을 자유롭게 통제할 수 있는 자립의 선결조건은 경제적 자립이다. 그렇지만 가정과 학교제도 교육만으로 자립여건이 충분히 마련되지 않는 것이 현실이다. 또한 빈곤 등의 문제나 생활시설에서 거주했던 청소년 이후 청년의 자립조건은 더욱 열악하다. 이들에게는 자립지원이 필요하다. 그런데 자립지원은 청년을 하나의 노동력으로 보아 직업훈련을 실시하거나 노동의 수급측면에서 이루어지기보다는 청년의 위치에서 그들의 사례 관리적 수준에서 추진되어야 할 것이다. 자칫 청년이 갖고 있는 시기적 특성, 즉 청년은 이미 성인이며 무한한 가능성을 갖고 스스로 선택할 수 있는 존재라는 측면에 접근해서는 청년을 위한 자립지원은 쉽게 이루어질 수 없다. 특히 대학을 진학하지 못하고 적절한 취업훈련도 받지 못한 청년과 또한 대학을 졸업했어도 자신의 원하는 기능과 지식을 습득해서 현실에 적용할 수 있는 역량이 부족한 청년을 대상으로 교육훈련과 고용알선 및 창업 등의 단계적 프로그램이 제공되어야 한다. 이처럼 취약계층 청년을 위한 자립지원은 현재 그들이 청년으로서 정상적 성장을 이룰 수 있도록 돕는 복지지원과 고용이 연계되어 작동됨으로써 그들 스스로 복지지원의 무게에서 고용으로 옮길 수 있는 세심한 서비스가 요구된다.

### (3) 국제 노동시장에 대한 이해 확충

비록 진로문제에 수동적인 청소년이 많다고는 해도, 오늘날 청소년은 이전의 청소년에 비해 훨씬 국제적 감각을 갖추고 있다. 일상생활에서 외국어와 외국문화를 상시 접하기 때문에 국제적 시야는 넓어졌다 하겠다. 이처럼 청년문화와 예술 등의 생활공간에는 국제적 물결이 거세게 밀려오지만, 이러한 국제적 시각과 잠재 역량을 해외 경제나 시장에 취업으로 연결하는 것은 미약한 현실이다. 각종 국제기구에 청년이 취업할 수 있도록 언어적 역량을 높이는 한편, 외국문화와 국제 정세에 민감할 수 있는 능력을 키워주고 지속적으로 동기를 부여해야 한다. 이를 통해서 국제 노동인력으로서 새로운 노동시장에의 진입함으로써 포괄적인 청년개발의 한 부문을 담당해야 한다.

### 4) 청년실업과 복지지원

#### (1) 청년실업의 이유

##### ① 직무 및 교육의 불일치

대학을 졸업한 고학력자가 증가함에 따라 이들의 눈높이에 맞는 직장이 마땅치 않다. 한편으로는 노동시장이 갖고 있는 학력별, 성별, 기업체별 격차로 인해 노동시장의 진입장벽과 분절화가 해소되지 않고 노동시장의 진입을 촉진하는 유인장치가 발달하지 않은 상황이라는 견해도 있다.

##### ② 대학중심의 획일적 진로

고등학교에서 직접 진로선택 과정을 통해서 직업을 선택하는 경로가 제한되어 있고 오히려 대학진학-취업으로 연결되는 고리의 획일화로 다양한 진로선택과 결정이 어렵다. 심지어 대학교육도 사회변화에 따른 전공의 탄력적 운영보다는 백화점식 학과와 전공의 증설로 인해 진로결정에 구조적 한계를 내재하고 있다.

##### ③ 일자리의 양극화

사회발전에 따라서 고부가가치적인 일과 부가가치가 낮은 일 간의 격차가 심하게 벌어지고 있다. 다시 말해서 고부가가치의 일은 제한적인데 비해서 저부가가치를 창출하는 일자리는 늘어나고 있다. 이러한 일자리의 양극화는 일자리의 질 저하로 이어지고 시간제 일이나 비정규직을 양산하는 데 간접적 요인이 되기도 한다.

#### (2) 청년실업에 대한 지원방안

##### ① 좋은 일자리의 창출

국제노동기구(ILO)에 따르면 좋은 일자리(decent job)란 자유, 공평, 안전, 인간의 존엄성이란 조건에서 남성과 여성 모두 사회적 기준에 맞는 생산적 노동을 획득할 수 있는 기회를 제공하는 일자리를 말한다. 이와 같은 좋은 일자리를 만드는 일은 모두의 꿈이기도 하다. 이러한 좋은 일자리 창출을 위해서는 정부의 적극적인 노력과 함께 기업의 협조 또한 직업을 갖는 당사자인 청년의 의식변화가 필요하다. 무한경쟁시대에는 끊임없이 직업이 생겨난다. 그 직업과 직종을 좋은 일자리로 만들기 위해서는 함께 일하면서 정당한 대가를 받을 수 있는 공동체와 연대의식이 요구된다.

#### ② 직업훈련 강화

청년실업의 원인으로 가장 많이 지적되는 것 중의 하나가 바로 인력수급의 불일치 문제이다. 학력 수준의 급격한 상승에도 불구하고 기업이 원하는 인력수요와 노동시장에서 공급되는 인력 간에 불균형이 생겨 결국 실업이 발생한다는 것이다. 이는 실업자 구제라는 사후적 시각보다는 직업훈련과 연수를 통한 실업예방이라는 사전적 시각으로의 전환이 불가피함을 의미한다. 이런 인식에 따라 유럽 각국은 1990년대 초·중반 이후 청년 구직자를 대상으로 직업훈련과 직장체험 프로그램을 강화하고 있다. 영국과 덴마크, 네덜란드 등에서 행하는 이러한 프로그램들은 청년 구직자의 직업능력 배양, 영구 근로기회 확대에 중점을 둔 적극적 노동시장정책이라는 점에서 주목할 만하다. 단계적이고 체계적 취업지원 서비스를 제공하는 이 프로그램들은 고용가능성 향상이라는 중장기적인 목표에 초점을 두고, 단순한 교육 및 훈련의 확대가 아니라 단계적인 과정, 즉 직업훈련·직장체험·일자리 제공이라는 일련의 과정을 통하여 청년이 직업을 구하는 데 도움을 주고 있다(지광수 외, 2009 참고).

# 3. 청년과 문화

## 1) 문화의 개념

문화(文化, culture)는 한 사회에서 구성원에 의해 공유되는 지식, 신념, 행위의 총체를 말한다. 한 사회가 갖고 있는 생활양식이나 상징체계를 의미한다. 즉 인간이 스스로 만들어내는 생활양식과 그에 따른 산물을 문화라 할 수 있다. 사회 전반의 기술, 예술, 삶의 양식 등 광범위한 것을 문화로 정의하지만 협의의 의미에서 문화는 음악, 미술, 문학, 연극, 영화와 같은 예술 등을 총칭하기도 한다. 특히 현대사회에서 문화는 예전에 비해서 더욱 강력히 상품으로서의 요소를 갖고 있다.

이러한 문화의 속성은 보통 5가지로 구분한다.

첫째, 공유성이다. 한 사회의 구성원에게 공통적 경향으로 나타나는 행동 및 사고방식을 말한다. 이러한 특성은 같은 문화를 가진 사람에게 원활한 사회생활을 위한 공통의 장을 제공한다.

둘째, 학습성이다. 문화는 타고나는 것이 아니라 후천적으로 학습된다는 것이다. 따라서 인간이 어떻게 행동하고 생각하는지는 성장과정에서 그가 어떤 문화 속에서 생활하며 그 문화를 학습하느냐에 달려 있다.

셋째, 축적성이다. 문화는 서로 발달하고 상호작용하며 진보한다. 이러한 과정을 거쳐서 과거에서 현재로 문화는 발전한다. 인간은 한 세대에서 이루어진 경험과 지식을 다음 세대로 전하고 또한 이러한 세대 간의 문화 전수는 축적된다.

넷째, 통합성이다. 지식, 예술, 도덕 등의 문화적 요소는 각각 독립적으로 존재하는 것이 아니라 각각이 모여서 통합적 체계를 이루고 있다. 따라서 유기체처럼 하나의 사회에서 문화를 구성하고 있는 각 요소들은 어느 한 요소(부분)에 변동이 생기면 연쇄적으로 영향을 받는다.

다섯째, 변동성이다. 문화는 정체되거나 고정불변한 것이 아니다. 축적된 문화는 계속해서 변화 발전한다. 인간의 역사는 바로 문화 변동과 변혁의 역사이다. 예를 들어 이전에는 손 편지를 사용했지만 몇 십 년 사이에 우리는 이미 메일(e-mail)에 더 익숙하다.

### 2) 청년문화

사실 요즈음은 청년문화(youth culture)라는 말보다 청소년문화라는 용어에 더 익숙할지 모른다. 하지만 청소년문화는 청년문화의 범주 안에서 분화되고 발전해왔다.

청년문화는 문화의 하위개념이다. 이러한 청년문화를 보는 시각은 다양하다. 청년문화는 성인문화에 비해서 미숙한 문화이며, 비행문화이고, 저항문화로 정의하기도 한다(한국청소년개발원, 2005). 청년문화는 아주 새로운 문화처럼 보이지만 실은 전적으로 새로운 것은 아니며 또한 청년문화라고 해서 젊은 사람에게만 국한되는 것은 아니다. 또 청년문화라는 하나의 명칭으로 불릴 수 있을 만큼 그렇게 동질성을 갖고 있는 문화도 아니다. 다만 근래에 청년문화는 주로 1950년대와 1960년대 기존의 기성문화를 비웃고 고급문화나 예술의 전통적 형태를 거부하는 것 또는 급진적 가치관을 담은 저항적 문화의 성격을 띠고 있다.

어떤 면에서 이 새로운 문화의 모든 내용은 이전에 있었던 고급 문화적 전위예술에 이어 내려오는 문화내용이다. 단지 새롭게 보이는 청년문화는 이전의 고급문화 형태가 더 하위의 취향문화로 하향 확산(擴散)된 것이다. 그 내용은 마약 등 불법적 형태의 문화, 장식품, 록음악, 민속음악, 대중영화, 황색신문, 멀티미디어 예술, 새로운 패션의 등장과 같은 것을 포함하고 있다. 그런데 이러한 문화들은 다른 종류의 새로운 문화 양상, 예를 들면 새로운 가족생활 양식이나 공동생활 형태 같은 것들과 합쳐서 상호 보완되어 새로운 문화를 만든다(강현두 역, 1998).

청년문화는 여전히 긍정적이든 부정적이든 비주류문화로 분류되지만, 최근에는 소비하면서 동시에 생산을 하는 새로운 양태의 문화적 코드를 일군다. 또한 UCC를 비롯하여 트위터 등을 활용하는 청년문화를 보면 때로는 청소년문화를 이끌고 성인문화에 자극을 주는 촉진적 성격의 문화로서 비춰지기도 한다.

### 3) 청년문화의 정체성

비록 오늘날 청년문화가 이전 시대의 문화와 매우 다른 모습을 갖고 빠르게 변화하고 있다 하더라도 그 뿌리는 기성세대 문화로부터 이어온다. 단지 기성세대 문화를 그대로 답습할 수밖에 없는 사회구조를 가진 이전 세대보다는 훨씬 더 자유롭고 능동적인 사고와 행동을 할 수 있는 여건이 다르다는 것이 현재 청년문화가 갖고 있는 특징이다. 이런 면에서 청년문화는 매우 독창적이고 예측 불가능한 것으로 이해하고 있다.

문화의 항상성과 연속성은 지속된다. 늘 보여온 문화적 양태와 지향점을 오늘날 청년문화는 숨기고 있다가 극적으로 표출하기 때문에 문화적 단절처럼 보일 뿐이다.

한 가지 문제점은 청소년문화를 포함하는 청년문화의 정체성이 다양성으로 나타나기는 하지만, 극단적으로 경제적 격차에 따른 소비와 연결된다는 점이다. 이것은 자본주의 사회에서 나타날 수밖에 없는 한계영역일 수 있지만, 결국 빈부의 격차에 따라서 문화적 격차도 심화될 수밖에 없는 구조를 보인다. 따라서 세대 간의 문화격차보다 더 심각하게 보이는 것은 청년세대 내에서 갖는 서로의 위치와 상황에 따른 문화적 격차이다. 이것은 소수의 문화적 창조자들이 다수의 평범한 인재를 먹여 살릴 수 있다는 구호와는 다른 측면이다. 예전처럼 문화가 하나의 여유인 시대가 아닌 청년 삶의 중요한 부분으로 자리잡고 있는 현실에서 청년 간의 문화적 격차는 그들의 현재 삶의 질을 좌우할 수 있는 요소일 뿐만 아니라 생애 전체의 생활과 삶의 모습을 결정지을 수 있기 때문이다.

이런 측면에서 청년의 문화정체성은 청년문화가 무엇이고 어디를 지향해야 하는지에 대한 포괄적 논의와 함께 더 많은 청년이 공유할 수 있는 공통점은 어디인가에도 초점을 맞추는 것이 중요하다.

### 4) 청년문화와 복지

#### (1) 문화복지

청년문화는 본질적으로 상층문화지향적이 아닌 하층문화적 속성과 연계되어 있다. 이것은 청년문화의 시작이 상류계급에 대한 저항과 반발에서 비롯되었기 때문이다. 따라서 청년문화는 대중지향적 문화에 큰 영향을 주었다. 따라서 고급문화와는 거리가 멀다. 분명히 고급문화(순수문화 포함)와 대중문화의 차이가 있지만 현대사회에 그 격차는 매우 좁다고 할 수 있다.

특히 현대사회에서 청년층에 대한 창조성과 유연성을 요구할 때 그들의 문화적 속성에 대한 이해를 전제로 해야 한다. 청년과 연결되는 핵심 복지 주제는 일과 인적자원 개발이다. 이런 관점에서 본다면 청년문화는 개발의 효율적이고 실질적 전략체계가 될 수 있다. 과거와 달리 문화는 더 이상 소비 대상이 아니라 새로운 생산을 위한 목적활동이며, 어떤 의미에서는 생산활동 그 자체로 우리는 이렇게 문화가 상품인 시대에 살고 있다. 또한 미래사회의 진전과 더불어 생활에 여유가 생기면서 문화에 대한 사람들의 관심은 더 집중될 것이고 이와 함께 문화가 경제의 주역으로 떠오를 것이며, 문화를 잘 만들고 그 만들어진 문화를 잘 향유하고 사는 사람들이 주역인 시대로 진행될 것이다.

과거에는 이런 문화가 상류계층의 계급적 특권을 반영하여 계급적 경계를 짓는 한 수단으로 사용되었다면, 이제 문화는 모든 사람이 '읽고 관찰하고 그것을 토대로 생각함으로써' 자신이 필요로 하고 알고 싶은 최선의 것을 채워주는 역할을 한다. 즉 현대사회에서의 문화는 인간 사고와 표현의 정수를 알기 위한 수단인 동시에 지식체계인 것이다. 그러므로 오늘날 또는 앞으로의 문화는 단순히 삶의 한 부분으로서 현재의 불편한 상황을 치료하는 기능(예를 들어 스트레스 해소를 위한 한 방편으로서의 문화생활과 같은)에서 머무르지 않고, 자신의 삶에서 최선의 것을 찾아가도록 하며 삶의 방식 자체를 안내하는 역할을 할 것이다. 그러므로 현대사회에서는 문화를 잘 형성하고 잘 향유하는 사람이 자신의 삶 또한 주도적으로 이끌며, 그러한 민족이 세계를 주도하게 된다. 따라서 청년문화를 위한 문화복지의 지원은 청년개발이 하나의 미래지향적 능력 개발과 그들의 현재와 미래의 삶을 행복을 조망한다면 직접적 능력 개발과 함께 다양하고 포괄적 문화 환경을 의도적으로 지원하고 제공해야 한다는 것이다. 그것은 물리적 환경에서부터 비롯해서 청년 개개인들에게 문화적 향유를 지원하는 일까지 포함될 것이다.

결국 문화는 곧 복지의 일환이 될 수 있으며 이는 또한 청년들의 성장과 개발을 지속하고 역량을 성취할 수 있는 강력한 기제가 될 수 있다.

#### (2) 문화활동 지원

청년의 문화활동 지원 정책은 문화의 다양성을 부담 없이 접하며 그를 통해서 새로운 문화적 창조의 기회를 제공하는 데 초점을 맞추어야 한다. 청년의 문화는 수동적 형태에 머무르지 않는다. 따라서 정책적으로 청년이 문화활동을 하는 데 있어 경제적인 부족함을 느끼지 못하도록 도움을 줄 필요가 있다. 대부분의 청년은 음악회나 뮤지컬과 같은 고급스러운 문화활동을 즐길 경제적 여유가 많지 않다. 간혹 공연에서 청년을 위하여 뒤쪽의 값싼 자리를 '청년석'이라 하여 싼 가격으로 제공하기도 한다. 그러나 이러한 뒷자리는 감상의 느낌이 다르며, 그 공연이 주는 생생한 현장의 감동을 전달받기에 어려움이 있다. 그러므로 청년도 생생한 느낌을 공감할 수 있는 자리를 차지하면서도 값싸게 이용할 수 있는 지원방안이 있어야 할 것이다. 더욱이 빈곤 등 소외계층의 청소년과 청년에게 고급 문화 공연물을 접할 수 있는 기회는 거의 없다.

이와 같은 문화적 기회를 다양성 못지않게 청년 스스로 개발한 문화에 대해서 좀 더 긍정적 관점에서 물질과 제도적으로 지원해야 할 필요성이 있다. 청년문화는 대중적이고 집단적 특성도 갖는다. 이것은 한 사회를 이끄는 에너지가 될 수 있다. 이미 우리 사회에서는 월드컵 축구대회 응원문화를 통해서 한 단면을 발견한 적이 있다. 청년문화는 기성세대의 입장에서 보면 늘 불안하고 체제 반항적이다. 그러나 청년문화는 과거가 아닌 미래사회의 문화이다. 따라서 청년과 문화적 소통을 할 수 있는 방식을 찾는 일은 문화정책에서 간과해서는 안 될 일이다.

### (3) 청년을 위한 문화교육

문화의 보편성을 공유해야 하는 시대에서 살고 있다면, 청년기에 문화 전반에 관한 교육은 중요한 일이다. 오늘날 청년은 시간적·물질적 여유가 없다. 노숙인들에게 인문학 강좌가 강조되듯이 가장 문화적 감수성이 예민한 청년기를 지나 문화적 창의성을 구현할 수 있는 힘과 기회를 갖고 있는 청년에게 문화교육은 좁게는 예술적 소양을 일깨우는 촉매가 될 뿐만 아니라 자신이 원하는 생애설계를 할 수 있는 정신적 여유를 가져다줄 수 있다.

청년을 위한 문화교육은 지적교육의 범주를 넘어서 체험을 통해서 이루어져야 한다. 또한 일상에서의 경험을 통해서 가능한 것이어야 한다. 이것은 성인이 되어서 관련 분야를 접근할 수 있는 중요한 동기부여가 되는 동시에 스스로 새로운 문화요소를 창출하는 힘이 된다. 이와 함께 가치관 교육도 동시에 진행되어야 할 것이다. 청년에게 다가오는 시대에서 아동과 가정 그리고 기성세대인 성인과 더불어 살아가야 하는 방향을 설정해야 한다. 이를 토대로 청년 스스로 새로운 가치관과 삶의 양식을 갖고 사회에서 역할과 책임을 다할 수 있도록 해야 한다. 이와 같은 청년문화는 청년 스스로를 더 성숙하고 주체적으로 성인으로서의 권리와 책임을 연결하는 중요한 수단인 동시에 목표가 될 것이다.

# 6

# 청년의 미래와 전망

## 1. 청년의 미래

생로병사(生老病死)는 인간의 피할 수 없는 숙명이다. 인간은 태어나서 성장하고 병들어 죽는다. 이러한 생애과정에서 신체와 정신 그리고 경제와 사회적 정점에 서 있는 시기가 바로 청년기이다. 청년의 미래는 곧 장년이 되고 노인이 된다는 것이다. 그런데 그것이 전부일까? 우리의 삶은 주어진 시간과 공간 속에서 의미와 보람을 찾는다. 따라서 청년의 미래가 늙고 죽는 것은 많은 시사를 준다. 우리가 늘 청년으로 살 수 있다면 희망이 있다. 과연 행복할까?

유명한 Woody Allen 감독의 영화 중 '미드나잇 인 파리' 가 있다. 영화에서 소설가인 주인공은 1920년대로 회귀하고 싶어 한다. 그 꿈같은 현실은 눈앞에 다가와 그는 Hemingway, Picasso 등 당대의 예술가의 삶의 현장에서 함께 교류한다. 그런데 그곳에서 만난 여인은 1890년대를 동경한다. 이 끊임없는 역사의 회귀와 왜곡에서 결국 주인공은 현실로 돌아온다. 과거는 동경의 대상을 될 수 있지만 내 삶의 깊은 의미와 느낌을 가질 수 없다. 그렇다고 미래가 무한한 것이라면 그 또한 삶을 풍요롭게 하기보다는 무의미하고 공허하게 만들 수 있다. 최인

호의 소설 '공자' 에는 이러한 구절이 나온다.

"죽음이 인생의 끝이 아닐 것인가. 만약 죽음이란 것이 없다면 인간은 얼마나 행복하겠는가? 그렇지 않습니다. 만약 죽음이 없을 것 같으면 행복한 사람은 옛날 사람이지 지금의 전하는 아닐 것입니다. 왜냐하면 지금 전하가 다스리는 이 땅은 옛날 상구(爽鳩)씨의 땅이었습니다. 그후 계칙의 땅이 되고 곧이어 봉백릉의 땅이 되었다가 다시 포호의 땅이 되었으며, 그 훨씬 뒤에 와서야 전하의 조상 땅이 되었던 것입니다. 그러므로 인간에게 만약 죽음이 없다면 그것은 상구씨의 행복이지 전하의 행복은 아닌 것입니다. 왜냐하면 지금도 이곳은 상구씨의 땅일 것이기 때문입니다."

청년의 미래는 바로 현재이다. 청년의 미래는 현재의 연속에서 조망된다는 것이다. 너무 명백한 사실임에도 불구하고 우리는 간혹 이 사실을 잊고 산다. 청년은 미래 때문에 현재의 삶이 유보되어서는 안 된다. 오늘날 많은 청년이 취업과 경제적 어려움에 고통받고 있다. 이들에게 사회는 여전히 더 많은 스펙과 능력을 쌓으면 장밋빛 미래가 보장될 수 있을 것이라는 매우 불투명한 확신을 심어준다. 미래사회 청년의 행복은 현재 행복과 맞닿아 있다.

따라서 청년의 미래를 논의할 때 청년의 현재는 중요한 기준점과 잣대가 된다.

## 2. 청년과 사회의 전망

몇 년 전 '정의란 무엇인가' 라는 책이 뜻하지 않게 큰 반향을 일으킨 적이 있다. 소설책도 아니고 시사를 다룬 서적도 아닌 조금은 딱딱한 인문학 주제를 강의한 내용이 대중적 인기를 얻은 것은 이례적이었다. 어떤 사람은 우리 사회가 갖고 있는 부정의와 불평등에 대한 성찰을 재조명하는 역설적 사회현상으로 보기도 한다.

청년에게 정의와 평등 그리고 자유는 하나의 이상인 동시에 청소년과 다른 구현가능하다고 여기며 그를 위해 행동하고 싶어 하는 현실적 조건이다. 하지만 현실세계에서의 평등이란 환상에 가깝다. 그 어휘는 기회균등으로 대체한다. 그러나 이러한 기회균등의 허상은 특수한 장애나 환경적 제약에 부딪치면 그 적용의 의미가 약화된다. 장애청소년에게 기회균등은 무엇을 의미하는가? 주유소에서 아르바이트를 할 기회를 장애청소년과 일반청소년에게 동일하게 부여하는 것이 기회의 균등이 될 수 있는가? 능력의 불평등을 어떻게 보완할 것인가? 근본적으로 그러한 불평등을 전환할 수 있을 것인가? 그것은 불가능하다. 그렇지만 기회의 균등에는 능력의 불평등을 고려하는 요소가 전제되어야 한다. 예를 들어 장애청소년에게 주유소에서 일을 시킬 때 일반청소년보다 적은 양의 일을 요구하고 동일한 임금을 제공하는 것이다. 문제는 이러한 불평등한 요소를 모두 다 계량화하여 비교하기는 불가능하다는 것이다. 더욱 문제가 되는 것은 우리가 일반적으로 갖는 사회적 의무가 평등문제를 고려하면서도 효율성에 대한 사회적 요구도 외면할 수 없다는 것이다. 이 효율성의 요구는 상당한 함의를 갖는다. 평등의 문제에 직면한 개인을 볼 때 능력의 평등성에 대한 지원은 개인의 가능한 능력과 자원을 축소하거나 도태시킬 수 있다. 과연, 일하기 싫어하는 가치와 삶의 태도를 갖고 행동하며 그렇게 능력을 보이는 사람에게 평등의 개념을 적용해야 하는가? 또 다른 문제는 사회적으로 볼 때 효율성은 궁극적으로 다른 사람의 기회와 능력을 앗아가거나 약화시키는 결과를 초래한다. 사실 평등과 효율성 문제를 풀어가기는 그리 녹록하지 않다. 청년의 평등과 관련하여 Rawls가 언급하고 있는 차등의 원칙은 의미가 있다. 또 하나 Druy와 Jamrozik(1985)가 보는 청년에 대한 시각과 정책반응에는 함의가 있다.

표 6-1에서 보는 바와 같이 특히 다섯 번째와 여섯 번째의 시각은 청년복지에 새로운 시각을 제시한다. 앞으로도 지속적으로 청년의 문제가 사회정책의 중요한 과제로 등장할 것이다. 청년문제의 많은 부분이 극단적 현상으로 나타나지 않는 것은 아직도 가정의 기본 기능으로 작동하기 때문이다. 이것은 여전히 가정이 청소년뿐만 아니라 청년까지 감싸야 하는 과도한 책임감을 안기지만, 이 문제는 따로 하더라도 청년과 관련한 다양한 문제(청년실업, 혼인문제 등)를 가정

[ 표 6-1 ] 청년에 대한 시각과 정책반응

| 시각 | 정책반응 |
| --- | --- |
| 1. 청년들은 공통 관심사와 사회에 대한 공통의 요구를 소유하고 있는 집단이다. | 청년을 대상으로 한 일괄적인 정책개발, 예를 들어 소득보장, 주택, 의료, 교육 및 기타 서비스 등 |
| 2. 청년은 아동에서 성인으로 전환하는 핵심적 과정에 있다. | 사회통제와 아울러 성인으로서의 기능을 전수받도록 하는 프로그램개발 |
| 3. 청년은 문제와 자기갈등이 심한 집단이다. | 사회기술 및 상담 등의 지원사업 |
| 4. 청년의 저항적 정신은 때로 사회적 안정에 위협을 준다. | 친사회화 정책과 직업훈련 및 진로발달 계획 |
| 5. 청년은 불리한 위치에 있는 집단이다. | 경쟁력 강화 훈련, 특수직업훈련을 통해 취업 가능성을 높이는 등의 치료적 프로그램 |
| 6. 청년은 긍정적인 사회적 변동의 수단이다. | 청년으로 하여금 자신에게 직접적으로 영향을 주는 분야는 물론 사회전반에 영향을 줄 수 있는 부분에 참여하고 창의적 역량을 함양할 수 있는 기회 마련 |

※ 김형식(1993)에서 인용하여 재구성함.

에서 담당할 역할은 상당할 것이다. 따라서 앞으로도 우리 사회는 청년과 관련하여 여전히 가정의 기능을 지원 또는 강화시키며 교육과 노동시장의 관계를 중심으로 한 정책이 강구되어야 할 것이다. 이것은 또한 청년으로 하여금 아동기에서 성인기로 이전하는 과정을 용납하며, 이러한 과정을 순탄하게 경과할 수 있도록 청년이 설 수 있는 사회적 공간(social space)을 허락하여야 할 것이다. 청소년기를 거쳐서도 여전히 갖가지 형태로 제기되는 청년문제를 사회 문제적 차원에서 강조하기보다는 생애 '과정상의 요구'로 이해하여 사회가 이러한 요구에 대한 반응하는 관점에서 여러 시책이 강구되어야 할 것이다. '청년이 설 수 있는 사회적 공간'이란 개념은 청년을 둘러싼 대부분의 시책이 문제해결적 또는 청년의 주변화(marginalization)라는 개념과 대칭된다. 즉 청년에 대한 사회의 부정적 인식을 통한 통제에서 적극적인(positive) 관여로 이어져야 한다. 이것은 청년에 대한 긍정적인 시각으로부터 시작될 수 있다(김형식,1993 참고).

## 3. 청년이 도전받는 새로운 과제

정진홍 교수가 오래 전에 쓴 '무엇이 우리의 청소년을 황폐화시키는가?' 라는 글은 청소년에 대한 어른들의 시각이지만 청년에게도 여전히 유효한 듯하다.

"청소년을 어른들이 사람으로 여기지 않는다. 이 사실은 어른들의 윤리적 삶에서 가장 구체적으로 드러난다. 하나의 의미체계나 가치규범을 실천하는 도덕적 덕목은 그것이 일관성을 가질 때 비로소 현실성을 갖는다. 때와 장소, 정황이나 대상에 의해 가변적인 덕목이란 윤리적 규범성을 스스로 지니지 못한다. 그것은 공동체가 공유할 수 있는 도덕적 덕목일 수 없는 것이다. 그런데도 불구하고 그러한 일관성을 유지하지 않는 삶을 살면서 그것을 도덕적 덕목으로 요청한다면, 그러한 태도는 적어도 두 가지 입장에서 묘사될 수 있다. 하나는 그 사람이 윤리적 덕목을 살 수 있을 만큼 성숙하지 않든지, 아니면 또 다른 하나는 더불어 사는 나 아닌 상대방을 사람으로 여기지 않든지 하기 때문이다. 어른의 도덕적 삶의 시현과 청소년의 관계맥락에서 본다면 그것은 후자의 입장일 거라는 판단이 가능하다. 그렇지 않다면 청소년의 현존 앞에서 벌어지는 어른 문화의 형태는 서술될 도리가 없다. 퇴폐와 향락, 사치와 부정, 기만과 권모, 환상적 기대, 반지성적 광기는 어른문화의 본질일 수는 있어도 청소년문화의 본질은 결코 아니다. 그런데 그런 문화를 그대로 노출하는 것은 옆에 있는 사람들을 사람으로 여기지 않기 때문이다. 사실상 청소년에 대한 비인간화는 어른문화의 도덕적 실패를 변호하는 알리바이로 청소년을 거론할 때 그 극에 이른다. 불가해한 현상이지만 어른문화의 위기는 그것이 스스로 의식되는 계기에서 언제나 청소년문화의 일그러진 문제로 제기한다. 적어도 논리적으로 서술한다면 청소년 삶의 세계란 어른문화가 빚어낸 것이다. 그렇게 때문에 만약 청소년문화에 문제가 있다면 그것은 어른문화 자체에 대한 문제의 제기가 우선해야 하고, 그것에 종결할 수 있어야 한다. 청소년문화가 현존하는 생태적 환경이 어른문화이기 때문이다. 그럼에도 불구하고 어른문화의 위기에서 그 위기의 책임이 기묘한 의식의 과정을 통해 청소년문제로 투사되면서 어른문화는 그 위기관리의 의무를 수행하는 것으로 자기를 정당화한다. 청소년문제에 대한 관심은 시대의 양심으로 자처하고, 어떤 현실적인 비리적 행태에도 불구하고 어른들에게 윤리적 덕목의 실천자라고 하는 고상한 표지를 지닌다. 바로 이 과정에서 청소년은 철저하게 희생양이 된다. 어른의 문화를 위한 제물이 되는 것이다. 이미 청소년은 인간일 수 없다. 그러나 청소년은 인간이다. 더구나 청소년은 가능성의 덩어리이기도 하다. 인간이 당연히 그렇듯이 그 미성숙에도 불구하고 주어진 생태적 환경의 필연만을 살지 않는다. 살아있는 생명으로서 인간은 비인간화가 제도화된 구조 속에서도 인간이기 때문에 청소년은 그것을 넘어서려는 역동성을 지닌다. 다행히도 어른이 마련할 수 있었던 것은 그 생태적 환경일 뿐 인간의 존엄 자체를 근원적으로 훼손할 수는 없다. 그것이 바로 인간의 인간에 대한 한계이고, 동시에 인간이 인간일 수 있는 가능성이기도 하다. 좀 더 구체적으로 언급한다면 어른은 청소년의 꿈을 훼손할 수는 있지만 그 꿈의 현실성을 닫아버리지는 못한다. 자유를 억압할 수는 있어도 자유에의 의지를 단절할 수는 없는 것이다. 그래서 청소년은 상상력을 지닌다. 그 상상력은 생태적 환경의 경계를 넘나든다. 그것은 구체적이고 가시적인 것이 아직 아니기 때문에 이에 대한 직접적인 반응을 현실적으로 초래하지도 않는다. 그렇기 때문에 청소년의 삶의 누리는 바로 이 상상의 세계이다”(정진홍, 1990).

청년이 받는 도전은 거세다. 청소년기부터 이어온 새로운 상상력을 발현하기에는 사회의 벽은 너무 높고 견고하다. 기성세대는 변화를 싫어한다. 왜냐하면 이미 그들은 안정적 생활을 영위하기 때문이다. 기성세대로 스스로 안정성을 찾기까지 많은 시간과 노력을 들였다. 따라서 그들이 갖는 안정이 깨지는 일은 좀처럼 허락할 수 없는 상황에 직면한다. 또 새로운 도전과 변화를 통해서 한 발 더 나아갈 수 있다는 희망은 있지만 불확실한 도박을 하고 싶지 않는 것이 당연한 일일 수 있다. 따라서 청년의 변화의 목소리와 태도 그리고 기술에 대한 태생적 거부감을 가질 수 있다. 하지만 기성세대가 한편으로는 청년에게 이중적 잣대를 가지고 요구한다. 패기가 없고 상상력이 풍부하며 미숙하다는 것이다. 즉 준비되어 있지 않다는 논리이다. 많은 직장에서 고등학교나 대학교 교육에 대한 불만과 불신은 이러한 의식에서 적지 않게 나온다.

청년이 이와 같은 도전을 극복하는 여러 통로가 있겠지만 오늘날 요구하는 요소는 다음의 것일 수 있다.

### 1) 사회정의와 윤리

지금부터 십수 년 전만 해도 청소년문화는 청년문화의 아류정도로 취급되었다. 그 당시에는 청년문화의 존재 논쟁이 시작될 때니 그럴 만도 했다. 이제는 청소년에게 나름대로의 하위문화가 존재한다는 사실에 부인할 사람이 별로 없다. 그러나 대다수의 청소년문화는 청소년이 자생적으로 문화를 형성하는 과정에서 이루어졌다기보다는 엄청난 자본주의 소비문화가 자극한 요소가 더 크다. 이에 반해서 전통적으로 청년문화는 사회의 정의문제와 관련이 있다. 다시 말해서 청년은 어느 시대를 막론하고 사회변혁과 변화의 촉매제가 되었다. 이것은 청년이 갖고 있는 하나의 사회적 사명과도 같은 것이다. 청년은 기성세대의 부조리와 잘못을 비판하고 행동으로 변화를 추구하는 세력이다. 물론 잠재적으로 이와 같은 기성세대와 선의의 대립각을 세우고 새로운 것을 펼치려는 노력은 청소년과 유사하지만, 청년은 청소년보다 훨씬 더 많은 사회적 책임을 안고 있다는 점이다. 즉 청년은 대의민주주의 과정의 핵심은 투표권과 선거권, 때로는 피선거권까지 갖는 연령이다.

그런데 사회정의는 반드시 윤리를 전제로 한다. 더구나 오늘날처럼 자본주의가 가속화되고 부익부 빈익빈의 계층 간 불평등 문제가 심각히 등장하고 있는 시대에 윤리적 덕목은 매우 중요한 사회발전의 요소가 된다. 윤리를 말할 때 개인적 윤리와 도덕, 즉 자신에 대한 자기투명과 도덕적 양심도 중요하겠지만 그 보다 더 중요한 것은 타인과의 삶에서 그들에게 폐해를 주지 않고 함께 살아가는 연대자로서의 사명감을 갖는 사회윤리의식이다. 작게는 지역사회 공동체에서, 크게는 국가 나아가 인류 공동체에게 피해를 주지 않는다는 윤리 그리고 나아가 그들의 삶에 일정부분 긍정적 기여를 하겠다는 정신은 청년의 사회정의와 함께 반드시 필요로 하는 덕목이며 미래사회에 더욱 강조되는 부분일 것이다.

### 2) 청년과 인적자본 개발

적어도 자본주의 사회는 국제화의 미명 아래서 더욱 가속화될 전망이다. 끊임없이 자가발전과 혁신을 하는 자본주의의 속성은 하나의 이념을 넘어서 인간의 기본적 욕망을 잘 펼쳐놓는 기제인 것처럼 보인다. 이러한 자본주의 사회에서 미래 인력은 산업화 사회에서의 단순 또는 기술적 노동력의 범위를 넘어선다. 따라서 끊임없이 새로운 자기개발을 통한 노동의 부가가치를 창출할 수 있는 인력, 즉 하나의 인적자본이 되어야 한다. 이처럼 자본주의 사회에서 인력개발은 자신의 노동가치의 극대화를 전제로 한다. 질 높은 노동력의 배양은 사회 환경이 바람직하게 제공된다면 '일'에 대한 능동적 동기를 부여하고, 기회를 창출함으로써 다시 자신의 노동력에 대한 확신과 지속적 자기개발로 이어지는 긍정적 능력 개발의 기회를 가질 수 있다. 자본주의 사회에서 노동력은 임금으로 평가되고 보상된다. 우리는 노동력을 소유하고 그를 시간제로 제공함으로써 대등한 관계에서 사용자와 계약하여 화폐 임금으로 교환한다. 그럼에도 현실적으로 노동능력의 저하와 사회적 변화, 즉 직업능력의 요구에 적합하지 않은 노동력의 보유는 결국 스스로 노동에 대해 속박되는 결과를 맺을 수 있다. 기본적으로 인간의 노동은 자본주의 아래에서 생산수단과 노동으로부터 항상 자유로울 수 있는 조건을 포기할 수밖에 없는 처지에 이른다. 비록 노동은 상품의 판매와 마찬가지로 파는 사람과 사는 사람이 대등한 관계에 위치하여 상호 교환한다는 원칙은 자명하지만 노동력의 질적 저하와 사회적 요구에 부적절한 노동능력은 스스로 자유로운 노동력을 원하지만 그것으로부터 소외되는 결과를 맺게 된다는 것이다(노혁, 2012 참고).

평등을 외치면서도 인간의 원초적 불행 때문에 더 나은 생활조건과 배경을 갖기 위해서는 여전히 교육과 훈련을 통한 자기개발 나아가 자기상품화가 필요하다. 이제는 기회균등이 하나의 평등의 개념을 넘어서 함께 발전하는 사회적 덕목이 되어야 한다. 따라서 능력의 불평등을 고려하여 못가지고 소외된 청년에게 더 많은 지원을 하는 당위성은 사회정의의 문제일 뿐만 아니라 점차 투명하고 빠르게 연결되어 상호 영향을 주고받는 사회를 보호하고 발전시키는 필수 요소가 될 것이다.

### 3) 자립과 연대의식

청년의 시기는 자립의 기반을 마련하는 결정적인 마지막 기회일 수 있다. 청소년기에 진로선택과 결정을 통해서 자립의 기초를 다졌다면 청년기에는 현실과 부딪치면서 자립할 수 있는 역량을 점검하고 스스로 기회를 창출하도록 노력해야 하는 시기이다. 자립이 오늘날 청년에게 새롭게 부과되는 과제는 아니지만 점차 더욱 강한 생존경쟁의 시대에서 청년이 스스로 삶을 주도할 수 있도록 돕는 자립은 끊임없는 자기발전의 요구와 함께 성인의 삶에 선결조건이 되고 있다.

그런데 청년에게 새롭게 제시되는 자립은 단순히 자신과 가족의 경제적 독립과 자립에 국한되지 않는다. 이러한 경제적 자립의 토대 위에서 사회적 자립과 정신적 자립이 쌓여야 한다. 왜냐하면 미래사회는 치열한 경쟁사회인 동시에 역설적으로 상호 연대를 하지 않고는 진정한 삶의 기쁨과 보람 나아가 생활 자체를 유지할 수 없을지도 모르기 때문이다. 따라서 청년기부터 완벽한 자립의 세계를 구축하는 것과 아울러 다른 이의 자립과 공존을 통해서 긍정적 사회발전에 함께 하려는 노력이 필요하다. 동시대를 사는 사람들 나아가 후대에 살아갈 후손들 모두가 삶이 행복할 수 있다고 느낄 수 있도록 상호 아픔과 행복을 공유해야 한다. 이런 의미에서 청년의 자세는 '가진 자'와 '가지지 못한 자'의 연대, 즉 사회계층 간의 평화로운 연대에서 찾아야 한다. 다원화 사회에서 '평등'을 넘어서 '평화'의 윤리를 바탕으로 사람들 간의 연대를 통해서 '함께' 살아가는 기초를 마련해야 한다.

오늘날 사회는 정보화시대이다. 정치 · 경제 · 문화 등 사회의 모든 요소가 유기적으로 연결되어 있다. 세상이 하나의 통합된 체계이다. 그 속에서 인간다운 삶(복지의 궁극적 지향점)을 모색하는 최선의 길은 사람들 간의 연대에 있다. 관계성에 있다. 부자든 가난한 사람이든 관계없이 하나의 체계로서 자기인식을 확호히 하지 않는다면 소외의 나락으로 빠질 수밖에 없을 것이다. 이것은 생태적 윤리와 환경문제 그리고 생명의 존엄성을 훼손하는 사회의 각종 문제에서 계층과 인종을 막론하고 어느 누구도 자유로울 수 없다는 인식에서부터 출발해야 한다. 청년의 새로운 도전과제는 사람들 간의 관계성을 회복하고 상호 연대를 통해 공동체의식을 함양하는 데 장애가 되는 요소를 제거하는 개인과 사회의 실천방법이 되어야 한다. 또한 인류의 삶의 질을 결정하는 목표인 동시에 전략으로서 새롭게 해석되고 규정되어야 한다. 이러한 공동체의식은 기계론적 사고와 이기적 판단에서 벗어나 다양한 의미를 이해할 수 있는 사고로 전환하여 현상을 이해하고 본질을 존중하는 형태로 나아가야 한다.

# 부록

청년고용촉진특별법과 시행령

10년 후 유망직업

# 부록 1 청년고용촉진특별법과 시행령

## 청년고용촉진특별법

[법률 제11792호, 일부개정 2013. 05. 22. 일부 개정]

### 제1장 총칙 [개정 2009.10.9]

제1조 (목적)

이 법은 청년 미취업자에 대한 국내외 직업능력개발훈련 등의 지원을 통하여 청년고용을 촉진하고 지속적인 경제발전과 사회안정에 이바지함을 목적으로 한다.

[전문개정 2009.10.9]

제2조 (정의)

이 법에서 사용하는 용어의 뜻은 다음과 같다.

1. "청년"이란 취업을 원하는 사람으로서 대통령령으로 정하는 나이에 해당하는 사람을 말한다.
2. "중소기업체"란 「중소기업기본법」 제2조에 따른 중소기업을 말한다.

[전문개정 2009.10.9]

제3조 (국가 및 지방자치단체 등의 책무)

① 국가 및 지방자치단체는 청년고용을 촉진하기 위하여 인력수급 전망, 청년 미취업자 실태 조사, 직업 지도, 취업 알선 및 직업능력개발훈련 등을 포함한 대책을 수립·시행하여야 하고 청년 미취업자의 고용이 촉진될 수 있는 사회적·경제적 환경을 마련하도록 노력하여야 한다.

② 기업과 「공공기관의 운영에 관한 법률」에 따른 공공기관 및 「지방공기업법」에 따른 지방공기업(이하 "기업등"이라 한다)은 청년고용을 촉진하기 위한 국가 및 지방자치단체의 대책에 적극 협조하여야 한다.

③ 「초·중등교육법」 및 「고등교육법」에 따른 각급 학교(이하 "대학등"이라 한다)는 산업현장에서 요구하는 인력의 양성을 위한 교육과정 운영, 직업 지도 및 직업현장 체험 기회 제공을 위하여 노력하여야 한다.

[전문개정 2009.10.9]

제4조 (청년고용촉진특별위원회 설치 등)

① 청년고용촉진에 관한 주요 사항을 심의·평가하기 위하여 고용노동부에 청년고용촉진특별위원회(이하 "특별위원회"라 한다)를 둔다. [개정 2010.6.4 제10339호(정부조직법)] [[시행일 2010.7.5]]

② 특별위원회는 다음 각 호의 사항을 심의한다.

1. 제3조제1항에 따른 대책의 수립·시행에 관한 사항
2. 청년고용촉진을 위한 산·학·관 협력에 관한 사항
3. 제5조제1항에 따른 공공기관 및 지방공기업의 청년 미취업자 채용실적에 관한 사항
4. 그 밖에 청년 미취업자의 고용을 촉진하기 위하여 필요한 사항

③ 특별위원회의 설치·운영에 필요한 사항은 대통령령으로 정한다.

[전문개정 2009.10.9]

## 제2장 청년 미취업자에 대한 고용 확대 및 직업 지도 등 [개정 2009.10.9]

제5조 (공공기관의 청년 미취업자 고용 의무)

① 「공공기관의 운영에 관한 법률」에 따른 공공기관과 「지방공기업법」에 따른 지방공기업 중 대통령령으로 정하는 공공기관과 지방공기업의 장은 매년 각 공공기관과 지방공기업의 정원의 100분의 3 이상씩 청년 미취업자를 고용하여야 한다. 다만, 구조조정 등 불가피한 경우로서 대통령령으로 정하는 사유가 있는 경우는 제외한다. [개정 2013.5.22]

② 고용노동부장관은 제4조제2항제3호에 대한 특별위원회의 평가결과 청년 미취업자 채용 실적이 부진한 공공기관 및 지방공기업에 대하여는 청년 미취업자 고용을 확대하여 줄 것을 요청할 수 있다. [개정 2010.6.4]

③ 정부는 제1항에 따라 청년 미취업자를 고용한 공공기관과 지방공기업의 장이 경영합리화조치를 통하여 경비 절감과 생산성 향상을 위한 조치를 하도록 지도하여야 하며, 청년 미취업자의 고용 실적을 고려하여 세법에서 정하는 바에 따라 조세감면을 하거나 보조금을 지급하는 등의 지원을 할 수 있다.

④ 고용노동부장관은 제1항에 따른 고용 의무를 이행하지 아니한 공공기관과 지방공

기업의 명단을 공표하여야 한다. 〈신설 2013.5.22〉

⑤ 정부는 제1항에 따른 청년미취업자 고용실적을 「공공기관의 운영에 관한 법률」 제48조에 따른 경영실적 평가와 「지방공기업법」 제78조에 다른 경영평가에 반영하여야 한다. 〈신설 2013.5.22〉

[전문개정 2009.10.9]

[제목개정 2013.5.22]

[법률 제11792호(2013.5.22) 부칙 제22조의 규정에 의하여 이 조는 2016년 12월 31일 가지 유효함]

### 제6조 (국민생활안정 관련 공공부문에서의 청년 미취업자 고용 확대)

① 정부는 안보·국방·치안·소방·사회복지서비스 및 환경보전 등 국민생활의 안정과 불편 해소를 위하여 인력수요가 큰 공공부문에 청년 미취업자의 고용을 확대하도록 노력하여야 한다.

② 정부는 교육·보건·환경 및 문화 등의 사회서비스 분야에 청년 미취업자의 고용이 확대될 수 있도록 일자리 창출사업을 실시하도록 노력하여야 한다.

③ 정부는 제2항에 따른 사회서비스사업, 환경감시단, 산불감시단, 그 밖의 공공근로사업에 대한 예산 지원규모를 확대하고, 사업비 단가를 현실화하여 청년 미취업자의 고용을 확대하도록 노력하여야 한다.

[전문개정 2009.10.9]

### 제7조 (중소기업체의 청년 미취업자 고용 지원)

① 정부는 인건비 등 경비 과중으로 인한 중소기업체의 경영 애로를 타개하고 청년 미취업자의 고용을 촉진하기 위하여 중소기업체가 청년 미취업자를 고용하거나 직업능력개발훈련을 실시하는 경우 그 소요 비용의 전부 또는 일부를 지원할 수 있다.

② 정부는 중소기업체가 청년 미취업자의 고용을 촉진하기 위하여 시설 및 환경을 개선하는 경우 그 소요 비용의 전부 또는 일부를 지원할 수 있다.

③ 정부는 외국인근로자를 고용하고 있는 중소기업체가 외국인근로자를 청년 미취업자로 대체하거나 청년 미취업자를 추가로 고용하는 경우 보조금 또는 그 밖의 방법으로 소요 비용의 전부 또는 일부를 지원할 수 있다.

④ 제1항부터 제3항까지의 규정에 따라 정부가 중소기업체에 소요 비용의 전부 또는

일부를 지원하는 경우에도 정부는 청년 미취업자 고용 여부 외에 불필요한 보고 등 해당 중소기업체의 자율적인 경영을 저해하는 간섭을 하여서는 아니 된다.
[전문개정 2009.10.9]

### 제8조 (청년 미취업자 고용 확대 계획의 수립 등)

정부는 제5조부터 제7조까지의 규정에 따른 청년 미취업자의 고용 확대 또는 지원에 관한 계획을 따로 수립하여 공표하고 시행하여야 한다. 이 경우 계획에는 분야별 고용 계획 또는 지원방안 등이 포함되어야 한다.
[전문개정 2009.10.9]

### 제8조의2 (청년에 대한 직장체험 기회 제공)

① 정부는 청년이 직업을 선택하기 전에 기업등에서 직업을 체험할 수 있는 기회를 제공하도록 노력하여야 한다.
② 정부는 기업등이나 경제단체 또는 대학등이 제1항에 따른 직장체험 기회 제공 사업에 참여하는 경우 그 소요 비용의 전부 또는 일부를 지원할 수 있다.
[본조신설 2009.10.9]

### 제8조의3 (직업지도 프로그램의 개발·운영 및 제공)

① 정부는 청년이 적성과 능력에 맞는 직업을 선택할 수 있도록 직업상담·직업적성검사 등 다양한 직업지도 프로그램을 개발하여 「직업안정법」 제2조의2제1호에 따른 직업안정기관을 통하여 직접 운영하거나 민간에 위탁하여 운영할 수 있다. [개정 2009.10.9 제9795호(직업안정법)] [[시행일 2010.1.10]]
② 정부는 대학등이 제1항에 따른 프로그램을 운영할 수 있도록 지원할 수 있다.
[본조신설 2009.10.9]

### 제8조의4 (취업에 어려움을 겪는 청년에 대한 고용지원서비스 제공)

① 정부는 저학력, 경력 및 직업기술의 부족 등을 이유로 취업에 어려움을 겪는 청년에게 개인별 심층상담을 통한 직업경로 설계, 직장체험·직업능력개발훈련을 통한 취업의욕과 능력 증진, 취업 알선 등의 고용지원서비스를 제공하도록 노력하여야 한다.
② 정부는 제1항에 따른 고용지원서비스를 제공하는 경우 취업에 어려움을 겪는 청년의 참여를 유도하고 취업을 촉진하기 위하여 필요한 지원을 할 수 있다.

③ 제1항에 따른 취업에 어려움을 겪는 청년의 범위는 대통령령으로 정한다.
[본조신설 2009.10.9]

## 제3장 청년미취업자 등에 대한 직업능력개발훈련

### 제9조 (청년 미취업자 등에 대한 직업능력개발훈련의 기본원칙)

청년 미취업자 또는 청년 재직자에 대한 직업능력개발훈련은 다음 각 호의 원칙에 따라 실시하여야 한다.

1. 수요자의 요구를 사전에 파악하고, 적정 인원을 선발하여 훈련을 실시함으로써 실용적인 직업능력개발훈련이 되도록 할 것
2. 정부는 직업능력개발훈련 수요자가 훈련기관을 선택할 수 있도록 인프라를 구축할 것
3. 단순 기술훈련에서 탈피하여 무역·정보통신 등 신기술 분야, 환경 등 새로운 인력수요가 있는 분야 위주로 실시하여 고용구조를 고급화함으로써 이직·전직을 최소화하고, 평생 고용관계가 정립되도록 할 것
4. 직업능력개발훈련계획을 수립할 때에는 근로 취약계층·취약지역 또는 취약분야 출신자가 차별적인 대우를 받지 아니하도록 할 것
5. 정부, 기업등 및 대학등이 협력체계를 구축하여 직업능력개발훈련을 실시하되, 특화된 전문인력을 양성할 수 있도록 「초·중등교육법」에 따른 고등학교 중 특성화고등학교 및 직업훈련기관 등도 참여할 수 있도록 할 것

[전문개정 2009.10.9]

### 제10조 (기업 또는 민간 직업훈련기관의 직업능력개발훈련 지원)

정부는 기업 또는 민간 직업훈련기관이 청년 미취업자 또는 청년 재직자의 직업능력개발훈련을 실시하는 경우 소요 비용의 전부 또는 일부를 지원할 수 있다.
[전문개정 2009.10.9]

### 제11조 (중소기업체의 공동 직업능력개발훈련 지원)

정부는 중소기업체가 비슷한 업무 분야의 기술개발, 전문가의 양성 또는 재직자의 직업능력개발훈련을 위하여 공동으로 직업능력개발훈련기관을 설치·운영하는 경우 소요 비용의 전부 또는 일부를 지원할 수 있다.
[전문개정 2009.10.9]

제12조 (글로벌인재 양성사업 및 협력체계)

① 정부는 국제적 경험을 갖춘 우수한 청년 인재를 양성하고 청년의 고용을 촉진하기 위하여 해외 직장체험, 해외 봉사활동 등 다양한 인재 양성사업(이하 "글로벌인재 양성사업"이라 한다)을 하여야 한다. 이 경우 정부는 다음 각 호의 사항을 우선적으로 이행하도록 노력하여야 한다.

1. 글로벌인재 양성사업과 관련하여 다음 각 목의 자 등과 연계한 인력수급 및 취업정보 전산망 구축
   가. 기업등
   나. 대학등
   다. 「직업안정법」 제19조에 따른 국외 유료직업소개사업을 하는 자
2. 글로벌인재 양성사업에서 우수한 성과를 거둔 제1호 각 목에 해당하는 자 등에 대한 우대조치 시행
3. 글로벌인재 양성사업에 참여하는 청년의 비자 발급 지원 및 현지 정보 제공
4. 글로벌인재 양성사업에 참여한 청년의 사후관리 방안 마련

② 기업등은 글로벌인재 양성사업을 지원할 수 있는 국외 기관의 발굴 등 제1항에 따라 정부가 하는 사업에 협조하여야 한다.

③ 대학등은 다음 각 호의 사항에 관하여 제1항에 따라 정부가 하는 사업에 협조함으로써 글로벌인재를 양성하고 청년고용을 촉진하기 위하여 노력하여야 한다.

1. 글로벌인재 양성사업 대상 청년의 외국어 능력 향상 및 소양교육 강화
2. 글로벌인재 양성사업 참여자에 대한 학점인정 등 우대방안 마련

④ 정부는 제1항제1호 각 목의 어느 하나에 해당하는 자 등이 글로벌인재 양성사업을 하는 경우 소요 비용의 전부 또는 일부를 지원할 수 있다.

[전문개정 2009.10.9]

제13조 (청년 미취업자 등의 직업능력개발훈련계획 수립 등)

정부는 다음 각 호의 사항에 관한 계획을 수립·시행하여야 한다.

1. 제9조에 따른 청년 미취업자 및 청년 재직자에 대한 직업능력개발훈련
2. 제10조 및 제11조에 따른 직업능력개발훈련의 지원
3. 글로벌인재 양성사업

[전문개정 2009.10.9]

## 제4장 정부의 행정지원체계

### 제14조 (청년 미취업자의 취업실태 및 지원계획 공표)

① 정부는 매년 청년 미취업자의 취업실태를 조사하여 공표하여야 한다.

② 정부는 제3조에 따른 대책과 제8조 및 제13조에 따라 수립한 계획을 공표하여야 한다.

[전문개정 2009.10.9]

### 제15조

삭제 [2008.2.29]

### 제16조 (통합인력전산망의 설치)

정부는 청년 미취업자의 취업을 촉진하기 위하여 민간부문과 공공부문의 인력수급 및 취업정보를 연결하는 통합인력전산망을 구축하여 인적자원이 효율적으로 배분·활용되도록 하여야 한다.

[전문개정 2009.10.9]

### 제16조의2 (전문인력 양성)

고용노동부장관은 청년 미취업자의 직업지도, 취업지원 등 청년 미취업자의 고용을 촉진하기 위한 업무를 담당하는 전문인력 양성을 위하여 노력하여야 한다. [개정 2010.6.4 제10339호(정부조직법)] [[시행일 2010.7.5]]

[본조신설 2009.10.9]

### 제17조 (군 복무 중인 자에 대한 취업기회 부여)

정부는 군 복무 중인 청년의 제대 후 취업·복직 등을 위하여 필요한 행정지원체제·훈련체제 및 예산지원체제 등 인프라를 구축할 수 있다. 이 경우 전역 3개월 전부터 병영 내 취업교육, 특별휴가 등 원활한 사회복귀 또는 취업기회 부여를 위하여 필요한 조치를 할 수 있다.

[전문개정 2009.10.9]

## 제5장 보칙 [개정 2009.10.9]

### 제18조 (보고 및 검사)

① 정부는 정부가 지원하는 직업능력개발훈련을 내실 있게 실시하여 청년 미취업자

의 고용이 촉진되도록 하기 위하여 필요하다고 인정하는 경우 기업, 민간 직업훈련기관 및 중소기업체의 대표자 등에게 제10조 및 제11조에 따른 직업능력개발훈련의 계획 및 실시결과를 보고하게 할 수 있다.
② 정부는 필요하다고 인정하는 경우 관계 공무원에게 사업장 등 시설에 출입하여 업무실태 및 장부와 그 밖의 물건을 조사하게 할 수 있다.
③ 제2항에 따라 조사하는 공무원은 그 권한을 표시하는 증표를 지니고 이를 관계인에게 내보여야 한다.
[전문개정 2009.10.9]

제19조 (과태료)
① 다음 각 호의 어느 하나에 해당하는 자에게는 500만원 이하의 과태료를 부과한다.
1. 제18조제1항에 따른 보고를 하지 아니하거나 거짓으로 보고한 자
2. 제18조제2항에 따른 출입 또는 조사를 거부·방해 또는 기피한 자
② 제1항에 따른 과태료는 대통령령으로 정하는 바에 따라 고용노동부장관이 부과·징수한다. [개정 2010.6.4 제10339호(정부조직법)] [[시행일 2010.7.5]]
[전문개정 2009.10.9]

## 부칙 [2004.3.5 제7185호]

①(시행일) 이 법은 공포후 3월이 경과한 날부터 시행한다.
②(유효기간) 이 법은 2018년 12월 31일까지 효력을 가진다. [개정 2008.12.31, 2013.5.22]

## 부칙 [2008.2.29 제8858호]

이 법은 공포한 날부터 시행한다.

## 부칙 [2008.12.31 제9317호]

이 법은 공포한 날부터 시행한다.

## 부칙[2009.10.9 제9795호(직업안정법)]

제1조(시행일) 이 법은 공포 후 3개월이 경과한 날부터 시행한다.

제2조부터 제4조까지 생략

제5조(다른 법률의 개정) ① 부터 ⑥ 까지 생략

⑦ 청년고용촉진 특별법 일부를 다음과 같이 개정한다.

제8조의3제1항 중 "「직업안정법」 제4조제1호"를 "「직업안정법」 제2조의2제1호"로 한다.

제6조 생략

## 부칙[2009.10.9 제9797호]

이 법은 공포한 날부터 시행한다.

## 부칙[2010.6.4 제10339호(정부조직법)]

제1조(시행일) 이 법은 공포 후 1개월이 경과한 날부터 시행한다. 〈단서 생략〉

제2조 및 제3조 생략

제4조(다른 법률의 개정) ① 부터 〈73〉 까지 생략

〈74〉 청년고용촉진 특별법 일부를 다음과 같이 개정한다.

제4조제1항 중 "노동부"를 "고용노동부"로 한다.

제5조제2항, 제16조의2 및 제19조제2항 중 "노동부장관"을 각각 "고용노동부장관"으로 한다.

〈75〉부터 〈82〉까지 생략

제5조 생략

## 부칙[2013.5.22. 제11792호]

제1조(시행일) 이 법은 공포한 날부터 시행한다. 다만, 제5조의 개정규정은 2014년 1월 1일부터 시행한다.

제2조(유효기간) 제5조의 개정규정은 2016년 12월 31일까지 효력을 가진다.

# 청년고용촉진특별법 시행령

[대통령령 제24817호, 2013. 10. 30. 일부 개정]

### 제1조 (목적)

이 영은 「청년고용촉진 특별법」에서 위임된 사항과 그 시행에 필요한 사항을 규정함을 목적으로 한다.

[전문개정 2009.12.15]

### 제2조 (청년의 나이)

「청년고용촉진 특별법」(이하 "법"이라 한다) 제2조제1호에서 "대통령령으로 정하는 나이에 해당하는 사람"이란 15세 이상 29세 이하인 사람을 말한다. 다만, 법 제5조제1항에 따라 「공공기관의 운영에 관한 법률」에 따른 공공기관과 「지방공기업법」에 따른 지방공기업이 청년 미취업자를 고용하는 경우에는 15세 이상 34세 이하인 사람을 말한다. [개정 2013.10.30] [[시행일 2014.1.1]]

[전문개정 2009.12.15]

### 제3조 (청년고용촉진 대책의 수립)

① 고용노동부장관은 법 제3조제1항에 따라 청년고용촉진을 위한 대책을 수립·시행하여야 한다. [개정 2010.7.12 제22269호(고용노동부와 그 소속기관 직제)]

② 특별시장·광역시장·도지사 및 특별자치도지사는 법 제3조제1항에 따라 해당 지역사정을 고려하여 청년고용촉진을 위한 지역별 대책을 수립하고, 이를 수립한 경우에는 30일 이내에 고용노동부장관에게 제출하여야 한다. [개정 2010.7.12 제22269호(고용노동부와 그 소속기관 직제)]

[전문개정 2009.12.15]

### 제4조 (시행계획의 수립 등)

① 중앙행정기관의 장은 제3조제1항에 따른 대책을 이행하기 위한 자체 시행계획을 매년 1월 31일까지 수립하고, 이를 고용노동부장관에게 제출하여야 한다. [개정 2010.7.12 제22269호(고용노동부와 그 소속기관 직제)]

② 고용노동부장관은 제1항에 따라 수립된 시행계획을 검토하고, 그 이행상황을 주기적으로 점검하여야 한다. [개정 2010.7.12 제22269호(고용노동부와 그 소속기관 직제)]

[전문개정 2009.12.15]

### 제5조 (청년고용촉진특별위원회 설치 · 운영 등)

① 법 제4조제1항에 따른 청년고용촉진특별위원회(이하 "특별위원회"라 한다)는 위원장 1명을 포함한 20명 이내의 위원으로 구성한다.

② 특별위원회의 위원장은 고용노동부장관이 되고, 위원은 다음 각 호의 어느 하나에 해당하는 사람 중에서 고용노동부장관이 위촉한다. [개정 2010.7.12 제22269호(고용노동부와 그 소속기관 직제)]

1. 관련 중앙행정기관의 차관 또는 차관급 공무원
2. 사업주단체의 대표
3. 학교협의체 등 교육단체의 대표
4. 청년고용 문제에 관하여 학식과 경험이 풍부한 사람

③ 특별위원회의 회의는 재적위원 과반수의 출석으로 개의하고, 출석위원 과반수의 찬성으로 의결한다.

④ 제1항부터 제3항까지에서 규정한 사항 외에 특별위원회의 구성 · 운영에 필요한 사항은 고용노동부장관이 정한다. [개정 2010.7.12 제22269호(고용노동부와 그 소속기관 직제)]

[본조신설 2009.12.15]

### 제6조 (청년 미취업자 고용 확대 대상기관)

① 법 제5조제1항에서 "대통령령으로 정하는 공공기관과 지방공기업"이란 다음 각 호의 공공기관과 지방공기업을 말한다.

1. 「공공기관의 운영에 관한 법률」에 따른 공공기관 중 공기업과 준정부기관 및 정원이 30명 이상인 기타공공기관
2. 「지방공기업법」에 따른 지방공사 및 지방공단 중 정원이 30명 이상인 지방공사 및 지방공단

② 제1항 각 호의 어느 하나에 해당하는 기관의 장은 매년 1월 31일까지 별지 서식에 따라 청년고용 현황을 기획재정부장관 및 고용노동부장관에게 제출하여야 한다. [개정 2010.7.12 제22269호(고용노동부와 그 소속기관 직제)]

③ 고용노동부장관은 제1항에 따른 기관 중 구조조정 등 특별한 사유 없이 청년고용 비율이 낮은 기관에 대해서는 청년의 채용을 확대하도록 권고할 수 있다. [개정 2010.7.12 제22269호(고용노동부와 그 소속기관 직제)]

[전문개정 2009.12.15]

[본조개정 2009.12.15 제5조에서 이동]

### 제7조 (취업애로 청년)

법 제8조의4제1항에 따른 취업에 어려움을 겪는 청년(이하 "취업애로 청년"이라 한다)은 다음 각 호의 어느 하나에 해당하는 청년으로 한다. [개정 2010.8.25 제22356호(근로자직업능력 개발법 시행령), 2012.7.31 제24002호(청소년복지 지원법 시행령)]

1. 고등학교 졸업 이하의 학력인 실업자(「고등교육법」 제2조 각 호의 학교를 중퇴한 사람을 포함하며, 재학 중인 사람은 제외한다)
2. 「청소년복지 지원법」에 따른 특별지원 대상 청소년
3. 「근로자직업능력 개발법 시행령」 제6조제1항제3호에 따른 청소년
4. 6개월 이상 연속적으로 실업상태에 있는 사람
5. 다음 각 목의 요건에 모두 해당하며 미취업상태에 있는 사람으로서 「직업안정법」에 따른 직업안정기관의 장이 취업애로 청년으로 인정한 사람
   가. 「초·중등교육법」 및 「고등교육법」에 따른 학교에 재학하지 않는 경우
   나. 「근로자직업능력 개발법」에 따른 직업능력개발훈련시설에서 직업능력개발훈련과정을 수강하고 있지 않는 경우
   다. 상급학교 진학이나 취업을 위한 학원 등에서 수강하고 있지 않는 경우

[본조신설 2009.12.15]

### 제8조 (글로벌인재 양성사업 및 협력체계)

① 법 제12조제1항에 따른 글로벌인재 양성사업(이하 "글로벌인재 양성사업"이라 한다)을 시행하는 중앙행정기관의 장은 같은 항 제1호의 인력수급 및 취업정보 전산망(이하 "전산망"이라 한다)이 원활히 운영될 수 있도록 글로벌인재 양성사업 관련 기관과 협력하여 소관 글로벌인재 양성사업에 대한 사업계획 및 모집공고 등 관련 정보를 전산망 운영기관에 신속히 제공하도록 노력하여야 한다.

② 글로벌인재 양성사업을 시행하는 중앙행정기관의 장은 법 제12조제1항제4호에 따라 글로벌인재 양성사업에 참여한 청년의 사후관리를 강화하기 위하여 희망자에게 해외취업 지원서비스를 직접 제공하거나, 「한국산업인력공단법」에 따른 한국산업인력공단 등 해외취업 알선 관련 기관을 통하여 제공하도록 노력하여야 한다.

[본조신설 2009.12.15]

**제8조의2 (고유식별정보의 처리)**

정부(법 제8조의3제1항에 따라 정부로부터 사무를 위탁받은 자를 포함한다), 공공기관 또는 지방공기업의 장은 다음 각 호의 사무를 수행하기 위하여 불가피한 경우 「개인정보 보호법 시행령」 제19조제1호에 따른 주민등록번호가 포함된 자료를 처리할 수 있다.

1. 법 제5조에 따른 공공기관의 청년 미취업자 고용 확대에 관한 사무
2. 법 제6조에 따른 국민생활안정 관련 공공부문에서의 청년 미취업자 고용 확대에 관한 사무
3. 법 제7조에 따른 중소기업체의 청년 미취업자 고용 지원에 관한 사무
4. 법 제8조의2에 따른 청년에 대한 직장체험 기회 제공에 관한 사무
5. 법 제8조의3에 따른 직업지도 프로그램의 개발·운영 및 제공에 관한 사무
6. 법 제8조의4에 따른 취업에 어려움을 겪는 청년에 대한 고용지원서비스 제공에 관한 사무
7. 법 제10조에 따른 기업 또는 민간 직업훈련기관의 직업능력개발훈련 지원에 관한 사무
8. 법 제11조에 따른 중소기업체의 공동 직업능력개발훈련 지원에 관한 사무
9. 법 제12조 글로벌인재 양성사업 및 협력체계에 관한 사무
10. 법 제16조의2에 따른 전문인력 양성에 관한 사무
11. 법 제17조에 따른 군 복무 중인 자에 대한 취업기회 부여에 관한 사무

[본조신설 2012.1.6 제23488호(민감정보 및 고유식별정보 처리 근거 마련을 위한 과세자료의 제출 및 관리에 관한 법률 시행령 등)]

**제9조 (과태료의 부과기준)**

법 제19조제1항에 따른 과태료의 부과기준은 별표와 같다.

[전문개정 2011.3.30]

**제10조**

[삭제 2008.2.29]

**제11조**

[삭제 2008.2.29]

제12조
[삭제 2008.2.29]

제13조
[본조개정 2009.12.15 제9조로 이동]

## 부칙 [2004.6.29.]

①(시행일) 이 영은 공포한 날부터 시행한다.
②(유효기간) 이 영은 2013년 12월 31일까지 효력을 가진다. [개정 2009.12.15]

## 부칙 [2005.6.23 제18873호(여성가족부 직제)]

제1조(시행일) 이 영은 공포한 날부터 시행한다.
제2조 내지 제4조 생략
제5조(다른 법령의 개정)①내지〈30〉생략
〈31〉청년실업해소특별법시행령 일부를 다음과 같이 개정한다.
제6조제3항중 "여성부장관"을 "여성가족부장관"으로 한다.
〈32〉내지〈36〉 생략

## 부칙 [2006.6.12 제19513호(고위공무원단 인사규정)]

제1조(시행일) 이 영은 2006년 7월 1일부터 시행한다.
제2조 내지 제3조 생략
제4조(다른 법령의 개정) ① 내지 〈206〉 생략
〈207〉청년실업해소특별법시행령 일부를 다음과 같이 개정한다.
제10조제3항중 "2급 또는 3급 공무원"을 "3급 공무원 또는 고위공무원단에 속하는 일반직공무원"으로 한다.
〈208〉 내지 〈241〉 생략

## 부칙 [2008.2.29 제20734호]

이 영은 공포한 날부터 시행한다.

## 부칙 [2008.12.31 제21214호(행정안전부와 그 소속기관 직제)]

제1조(시행일) 이 영은 공포한 날부터 시행한다. 〈단서 생략〉

제2조부터 제4조까지 생략

제5조(다른 법령의 개정) ① 부터 〈146〉 까지 생략

〈147〉 청년실업해소특별법시행령 일부를 다음과 같이 개정한다.

별지 서식 중 "기획예산처장관" 을 "기획재정부장관" 으로 한다.

〈148〉 부터 〈175〉 까지 생략

## 부칙[2009.12.15 제21889호]

이 영은 공포한 날부터 시행한다.

## 부칙[2010.7.12 제22269호(고용노동부와 그 소속기관 직제)]

제1조(시행일) 이 영은 공포한 날부터 시행한다. 〈단서 생략〉

제2조(다른 법령의 개정) ① 부터 〈117〉 까지 생략

〈118〉 청년고용촉진특별법 시행령 일부를 다음과 같이 개정한다.

제3조제1항 · 제2항, 제4조제1항 · 제2항, 제5조제2항 각 호 외의 부분 · 제4항, 제6조제2항 · 제3항, 제9조제2항 및 별지 서식 중 "노동부장관" 을 각각 "고용노동부장관" 으로 한다.

〈119〉 부터 〈136〉 까지 생략

## 부칙[2010.8.25 제22356호(근로자직업능력 개발법 시행령)]

제1조(시행일) 이 영은 2010년 9월 1일부터 시행한다.

제2조 생략

제3조(다른 법령의 개정) ① 부터 ⑫ 까지 생략

⑬ 청년고용촉진 특별법 시행령 일부를 다음과 같이 개정한다.

제7조제3호 중 "「근로자직업능력 개발법 시행령」 제6조제2호에 따른 비진학 청소년" 을 "「근로자직업능력 개발법 시행령」 제6조제1항제3호에 따른 청소년" 으로 한다.

⑭ 및 ⑮ 생략

제4조 생략

## 부칙[2011.3.30 제22798호]

제1조(시행일) 이 영은 공포한 날부터 시행한다.

제2조(과태료에 관한 경과조치) ① 이 영 시행 전의 위반행위에 대하여 과태료의 부과기준을 적용할 때에는 별표의 개정규정에도 불구하고 종전의 규정에 따른다.

② 이 영 시행 전의 위반행위로 받은 과태료 부과처분은 별표의 개정규정에 따른 위반행위의 횟수 산정에 포함하지 아니한다.

## 부칙[2012.1.6 제23488호(민감정보 및 고유식별정보 처리 근거 마련을 위한 과세자료의 제출 및 관리에 관한 법률 시행령 등)]

제1조(시행일) 이 영은 공포한 날부터 시행한다. 〈단서 생략〉

제2조 생략

## 부칙[2012.7.31 제24002호(청소년복지 지원법 시행령)]

제1조(시행일) 이 영은 2012년 8월 2일부터 시행한다.

제2조부터 제4조까지 생략

제5조(다른 법령의 개정) ① 생략

② 청년고용촉진 특별법 시행령 일부를 다음과 같이 개정한다.

제7조제2호를 다음과 같이 한다.

2. 「청소년복지 지원법」에 따른 특별지원 대상 청소년

③ 및 ④ 생략

제6조 생략

## 부칙[2013.10.30 제24817호]

이 영은 2014년 1월 1일부터 시행한다.

# 부록 2 10년 후 유망직업

자료: 워크넷

## 지구온난화에 대처하는 녹색직업의 확대

| | | |
|---|---|---|
| 새롭게 부상할 미래직업 | 기후변화경찰 | 특정 지역에 유리하도록 비나 물의 흐름을 조절하는 기술이 개발되어 지역 간 기후분쟁이나 갈등을 조정 |
| | 주택에너지효율검사원 | 각 기정이나 개인의 에너지효율 정노를 섬검하여 적정 사용량 및 고효율 제품을 제안하고 효율적 에너지활용을 위한 컨설팅 제공 |
| 발전성 높은 기존 직업 | 온실가스인증심사원 | 각 기업에서 온실가스가 얼마나 배출되는가를 측정하고 청정개발체제 사업을 검토하여 인증 |
| | 신재생에너지전문가 | 온실가스를 배출하지 않는 자연 재원(풍력, 지력 등)으로부터 전기에너지를 얻음 |
| | 전기자동차개발자 | 전기자동차의 구동에 필요한 모터, 배터리, 차체, 제동장치 등을 연구 개발 |
| | LED제품개발자 | 절전효과가 크고 친환경적 LED 전기 제품을 개발 |
| | 연료전지전문가 | 연료전지시스템, 연료전지에 필요한 각종 장치를 개발하거나 연료전지의 효율성을 연구 |
| | 바이오에너지전문가 | 바이오매스나 유기성 폐기물을 에너지로 만드는 방법을 연구 |
| | 기후변화전문가 | 급변하는 기후환경에 사람들이 적응할 수 있도록 기후변화와 관련한 각종 조사를 실시하고 대응방안을 연구 |
| | 탄소배출권거래중개인 | 온실가스 감축목표량을 맞추기 위해 국가 간, 기업 간 탄소배출권 거래를 성사시킴 |
| | 폐기물에너지화연구원 | 땅에 묻거나 바다에 버리던 각종 폐기물을 고체나 액체 형태 에너지로 거듭나게 하는 방법을 연구 |

## Ubiquitous 시대를 이끄는 IT 직업의 확산

| | | |
|---|---|---|
| 새롭게 부상할 미래직업 | 마인드리더 | 생각만으로 집안의 온도, 조명, 각종 전자기기를 작동할 수 있도록 사람들의 마음을 읽는 기술을 개발 |
| | SNS보안전문가 | SNS(트위터, 페이스북 등)을 통한 정보공유 시 개인 정보 및 사생활을 보호하는 역할을 수행 |
| 발전성 높은 기존 직업 | U-City기획자 | 정보기술을 활용하여 U-City 건설을 위한 전체 방향과 콘셉트를 설정 |

| | | |
|---|---|---|
| 발전성 높은 기존 직업 | RFID시스템개발자 | 주파수를 이용하여 객체를 인식하여 각종 편의를 제공하는 RFID 제품(버스도착시간알림서비스, 고속도로하이패스, 물품재고관리시스템 등)을 개발 |
| | 증강현실엔지니어 | 스마트폰이나 PC의 모니터 등에 가상의 시각적 정보를 제공하는 증강현실 기술이 구현될 수 있도록 알고리즘 개발 |
| | 온라인마케터 | 온라인매체 이용자들의 성향을 파악하여 적절한 홍보전략과 광고 기획 |
| | 생체인식기술자 | 사람의 목소리/지문 등을 인식하는 처리시스템을 개발하거나 이를 응용한 각종 제품을 설계 |
| | 스마트그리드설계자 | 전력망에 정보기술을 접목하여 에너지효율을 최적화하는 기술을 개발 |
| | 클라우드시스템 전문가 | 인터넷 접속을 통해 데이터 저장 및 공유가 이루어지는 클라우드시스템을 설계하고 운영 |
| | 컴퓨터보안전문가 | 정보시스템, 데이터 등의 정보자산을 내·외부 위협으로부터 보호하기 위해 관련 시스템을 점검하여 문제를 해결하고 최적의 보안시스템 설계 |

## 첨단기술 관련 직업의 발전

| | | |
|---|---|---|
| 새롭게 부상할 미래직업 | 로봇감성치료전문가 | 사람과 똑같이 행동하고 느끼는 안드로이드 로봇들이 스스로 판단할 수 있는 능력을 갖춤에 따라 자기의 감정에 혼란을 경험하는 로봇을 치료 |
| | 웨어러블로봇개발자 (Wearable Robot Engineer) | 영화 '아이언맨'에서 나오는 입고 벗을 수 있는 '착용 로봇'을 개발하는 사람으로 주로 군사용 목적의 로봇 개발 |
| | 뇌기능분석전문가 | 명석한 두뇌로 탁월한 능력을 보였거나 큰 업적을 남긴 사람들의 냉동 보존된 뇌를 분석하여 뇌의 신비를 밝힘 |
| 발전성 높은 기존 직업 | 안드로이드 로봇개발자 | 각종 소프트웨어와 제어엔진이 장착되어 있으며 사람과 유사하게 생각하고 행동하며 피부까지 사람과 구분이 잘 안되는 로봇을 개발 |
| | 장애인용로봇개발자 | 장애인들이 일상생활에 어려움을 겪지 않도록 도와주는 로봇 개발 |
| | 실버로봇 서비스기획자 | 고령자의 일상생활을 지원하기 위한 실버로봇에 장착되는 각종 서비스 관련 소프트웨어 개발 |
| | 생명공학자 | 생명체의 성격을 규명하여 이를 활용한 각종 물질을 생산하거나 조작함 |

| | | |
|---|---|---|
| 발전성 높은 기존 직업 | 나노공학자 | 나노미터(10억 분의 1)의 단위로 조작을 가하는 나노기술을 활용하여 전자, 바이오, 소재 등에 적용 |
| | 항공우주공학자 | 공학적 원리와 기술을 적용하여 각종 항공기, 인공위성을 설계, 개발 |
| | 해양공학자 | 해양환경 현황을 조사, 평가하고 해양과학기술 및 해양플랜트의 개발에 관여 |

## 세계화, 글로벌화를 이끄는 직업의 확대

| | | |
|---|---|---|
| 새롭게 부상할 미래직업 | 초음속제트기조종사 | 우리나라와 미국을 두 시간 안에 운행하는 새로운 초음속 제트기(마하 4의 속도) 조종 |
| | 국제변리사 | 우리나라와 외국기업의 지적재산권이나 특허를 전문적으로 다루는 국제변리사 자격이 신설되어 국제 간 특허문제를 전문적으로 대행 |
| 발전성 높은 기존 직업 | 물류전문가 | 물류의 이동, 보관, 선적과 관련한 제반시스템을 분석, 관리하며 가장 합리적이고 경제적인 물류계획을 수립 |
| | 관세사 | 수출입 통관절차를 이행하거나 화주나 납세의무자를 대리하여 관세법상 관련된 행정업무를 처리 |
| | 국제회의전문가 | 각종 국제회의, 전시회 등을 위임받아 행사의 기획, 진행, 홍보 등을 수행 |
| | 국제의료코디네이터 | 외국인 환자 유치를 위해 광고, 홍보 등의 마케팅전략을 수립하고 우리나라 의사와 외국인 환자 사이에서 통역을 담당 |
| | 항공기조종사 | 여객과 화물을 목적지까지 수송하기 위해 운송용, 사업용 등의 각종 항공기를 조종 |

## 산업과 기술의 융합형 직업 확대

| | | |
|---|---|---|
| 새롭게 부상할 미래직업 | 융합컨설턴트 | 향후 직업세계나 기술 흐름의 변화를 숙지하고 내담자에게 현재 가진 능력에 더해야 할 역량을 컨설팅해줌 |
| 발전성 높은 기존 직업 | 생체계측의료기기개발자 (의학, 전자공학) | 의학, 공학 등의 융합지식을 바탕으로 각종 의료기기를 설계, 제작 |
| | 금융전문가 (수학, 경제학) | 수학, 경제학 등의 지식을 바탕으로 금융상품을 개발하거나 금융관련 리스크 예측 |
| | 치료전문가 (의학, 심리학) | 의학과 심리학에 대한 융합 지식을 바탕으로 사람들이 겪는 각종 신체·정서적 문제에 대한 해결책을 제시하고 치료(놀이치료, 언어치료 등) |

| | | |
|---|---|---|
| 발전성 높은 기존 직업 | 로봇공학자 (공학, 심리학) | 공학, 심리학에 대한 융합지식을 바탕으로 사람의 감정을 인지하는 로봇을 개발 |
| | 경영정보전문가 (경영학, 데이터마이닝) | 경영학, 공학에 대한 융합지식을 바탕으로 기업의 경영관리에 필요한 각종 정보들을 분석하고 최적의 시스템 솔루션을 제공, 구축 |
| | 해수담수화전문가 (자연과학, 공학) | 자연과학과 플랜트공학적 지식을 바탕으로 바닷물의 염분을 제거하여 식사나 생활용수를 개발하는 기법 연구와 플랜트 공장을 설계 |

## 일과 삶의 균형을 추구하는 직업 확대

| | | |
|---|---|---|
| 새롭게 부상할 미래직업 | 개인여가컨설턴트 | 개인에게 여가생활을 효율적으로 활용할 수 있도록 맞춤형 조언 제공 |
| | 기업컨시어지 | 기업에서 소속직원에게 각종 복지와 문화혜택을 제공하기 위해 개별 직원의 맞춤 수요에 부응할 수 있는 여행, 공연 등의 예약과 정보제공 담당 |
| 발전성 높은 기존 직업 | 보육교사 | 취학전 영유아를 대상으로 영유아의 성장발달 과정에 맞는 보육 및 교육을 담당 |
| | 베이비시터 | 부모를 대신하여 아이들을 돌봐줌 |
| | 커리어컨설턴트 | 구직자가 본인의 적성, 능력 등에 맞는 일자리를 구하거나 취업에 필요한 제반능력을 기를 수 있도록 컨설팅 제공 |
| | 전직지원전문가 | 기존 직장이나 직업에서 이전직을 희망하는 사람을 대상으로 재취업에 대한 컨설팅과 교육을 제공 |

## 삶의 질 향상을 위한 서비스직업의 분화가속

| | | |
|---|---|---|
| 새롭게 부상할 미래직업 | 복고체험기획자 | 첨단문명으로 잊었던 과거의 향수와 기억을 되살릴 수 있도록 체험기회를 제공 |
| | 가상여행기획자 | 비교적 저렴한 비용으로 세계 각국을 가상공간에서 실감나게 여행할 수 있도록 기획 |
| 발전성 높은 기존 직업 | 호텔컨시어지 | 호텔 고객에게 관광, 쇼핑, 음식 등의 정보제공은 물론 손님의 요구사항을 법적, 도덕적 테두리 안에서 모두 해결해줌 |
| | PB(Private Banker) | 고객 자산(부동산, 예금, 실물자산 등)의 수익증대를 목적으로 종합적으로 관리 |
| | 개인교육문제상담자 | 진학(입시), 학과선택, 자격취득 등 교육과 관련한 종합적 문제를 진단하고 컨설팅 제공 |
| | 감성디자이너 | 기능을 함께 고려하면서도 사람의 감성과 오감을 만족시키면서 디자인함 |

### 고령인구와 다문화 사회를 위한 직업 증가

| | | |
|---|---|---|
| 새롭게 부상할 미래직업 | 노인말벗도우미 | 노인들의 외로움을 달래주고 이야기를 전문적으로 들어주는 역할 |
| | 외국학생 유치전문가 | 학생 입학 자원의 지속적 감소 때문에 우리나라 대학에 외국의 학생들을 유치하기 위해 홍보와 기획을 담당하는 사람 |
| | 조부모-손주관계 전문가 | 고령자와 젊은 사람의 세대 간 갈등을 완화하도록 조정하는 역할을 수행 |
| 발전성 높은 기존 직업 | 의사 | 전문적 의료지식 및 기술을 활용하여 질병, 장애가 있는 사람들의 건강회복을 위해 치료 |
| | 노인상담 및 복지 전문가 | 사회적·개인적 문제를 겪고 있는 노인이나 소외계층을 대상으로 상담을 하고, 문제해결을 지원 |
| | 연금전문가 | 개인의 생애주기에 맞는 적절한 연금상품을 추천하고 설명 |

# 참고문헌

## 국내문헌

강대근(2009). 청소년의 지속가능한 삶을 위한 사회적 대화. 제6차 유네스코포럼 기조강연자료집. 유네스코한국위원회.

김선애(1997). 대학생의 자아정체감 형성과 관련변인. 상명여자대학교 석사학위논문.

고미영(2007). 사회복지실천에서의 임파워먼트 접근에 대한 구성주의적 이해와 적용. **상황과 복지** 23: 131-161.

권이종, 김용구(2003). **청소년교육개론**. 서울: 교육과학사.

권육상(2000). **인간행동과 사회환경**. 서울: 형설출판사.

김경중(2009). 한국 아동복지 30년의 정책패러다임 조망. **가정보육연구** 2(1): 1-25.

김경희(2001). **발달심리학**. 서울: 학문사.

김동배, 권중돈(2000). **인간행동이론과 사회복지실천**. 서울: 학지사.

김성이, 조학래, 노충래, 신효진(2005). **청소년복지학**. 서울: 집문당.

김양희(1992). **가족관계학**. 서울: 수학사.

김애순(2005). **청소년기 갈등과 자기이해**. 서울: 시그마프레스.

김애순(2007). **청년기 갈등과 자기이해**. 서울: 시그마프레스.

김용석, 엄명용, 노충래(2005). **사회복지실천기술의 이해**. 서울: 학지사.

김용태(2000). **가족치료 이론**. 서울: 학지사.

김유숙(1998). **가족상담**. 서울: 학지사.

김인숙(2000). 여성주의 사회복지실천의층화 정립을 위한 고찰. 한국사회복지학 41: 93-118.

김인숙(2001). 사회복지실천의 탈계: 정체성의 확립인가? 정체성의 위기인가?. 비판사회복지학회 창립학술대회 자료집.

김종서 외(1982). 평생교육의 체제와 사회교육의 실태. 연구논총, 82-7. 한국정신문화연구원.

김내련, 장휘숙(1998). 발달심리학. 서울: 박영사.

김현철(1999). 일제기 청소년 문제에 대한 연구. 연세대학교 박사학위논문.

김형식(1993). 청소년복지론. 한국청소년개발원.

노충래(2002). Impact of multi-cultural experience on identity formation among Korean American adolescents. 이화사회복지연구 1권. pp. 274-308.

노혁(2007). 청소년복지론. 서울: 교육과학사.

노혁(2010). 청소년복지론. 서울: 교육과학사.

노혁(2013). 사회복지실천론. 서울: 학지사.

독립기념관 편(2013). 한국독립운동의 역사. 독립기념관.

배무기(1997). 노동경제학. 서울: 경문사.

서병숙(1993). 결혼과 가정. 서울: 교문사.

서봉연(1988). 자아정체감의 정립과정. 이춘재 외 8인. 청년심리학. 101-136. 서울: 중앙적성출판사.

서봉연, 이순형(1983). 발달심리학: 아동발달. 서울: 중앙적성출판사.

서혜석, 송유미, 이미영(2010). 인간행동과 사회환경. 서울: 청목출판사.

송정애(2010). 가족상담의 이론과 실제. 서울: 양서원.

신정길, 이영희, 박선영, 노연숙, 박영숙 역(2010). 나를 찾아 떠나는 자기분석여행. 榎本博明(2003). 圖解で わかる はじぬての 自己分析いきの自分が見之てくる心理學. 東京: 日本實業出版社. 서울: 시그마북스.

우지용(2004). 사회과 수업개선을 위한 구성주의 함의. 사회과교육 43(3): 5-34.

유영주, 김순옥, 김경신(1996). 가족관계학. 서울: 교문사.

윤진(1993). 성인·노인심리학. 서울: 중앙적성출판사.

윤철수, 도종수, 김정진, 김미숙(2006). 사회복지개론. 서울: 학지사.

이소희, 정민자, 김경희, 박인전, 손지미, 김영란, 홍계옥, 도미향, 김민정(1998). **현대가족복지론**. 서울: 양서원.

이인정 · 최해경(2000). **인간행동과 사회환경**. 서울: 나남출판.

이재창 · 임용자(1988). **인간관계론**. 서울: 문음사.

이정균(1994). **정신의학**. 일조각.

이채식(2008). 청소년에 대한 새로운 관점: 긍정적 청소년개발. 천정웅 · 이용교 편. 적극적 관점의 청소년개발. **인간과 복지**, 29-50.

이춘재, 윤진, 오경자, 이옥경, 이재창, 심응철, 서봉연, 김충기, 이명숙(1988). **청년심리학**. 서울: 중앙적성출판사.

이현림, 송병국, 박완성, 어윤경, 김기홍(2003). **현대진로상담**. 서울: 학지사.

장인협, 오정수(2002). **아동 · 청소년복지론**. 서울: 서울대학교출판부.

정옥분(2008). **청년발달의 이해**. 서울: 학지사.

정옥분, 윤종희, 도현심(2003). **청년발달의 이론**. 서울: 양서원.

정옥분, 정순화, 홍계옥(2005). **결혼과 가족의 이해**. 서울: 시그마프레스.

정정숙(1974). **기독교사상**. 서울: 대한기독교서회.

정진홍(1990). 무엇이 우리의 청소년을 황폐화시키는가?. **한국청소년연구** 1: 62-69.

조대경, 이관용, 김기중(1984). **정신위생**. 서울: 중앙적성출판사.

조한혜정(2000). **학교를 찾는 아이, 아이를 찾는 사회**. 서울: 또하나의문화.

조흥식(2002). **가족복지학**. 서울: 학지사.

지광수, 수홍걸, 송송이(2009). 한국청년 실업에 관한 연구. **한국비즈니스리뷰** 2(3): 39-60.

천혜정(2005). 여대생의 체험을 통해 본 이성교제의 의미. **가족과 문화** 17(3): 19-48.

최옥채, 박미은, 서미경, 전석균(2005). **인간행동과 사회환경**. 서울: 양서원.

최정훈(1993). **인간행동이해**. 서울: 법문사.

허영식(1997). **사회윤리 이데올로기 의사소통**. 서울: 평민사.

허혜경, 김혜수(2010). **청년발달**. 서울: 학지사.

홍봉선(2009). 사회복지학에서 바라본 청소년복지학. 한국청소년복지학회 2009년 추계학술대회자료집. 23-60.

홍봉선, 남미애(2007). **청소년복지론**. 서울: 공동체.

## 국외문헌

Araque, J. C. (2006). *Positive Youth Development: Impact of Youth-adult Connectedness on Early Adolescents*. ProQuest.

Adams, R. (2003). *Social Work and Empowerment* (3th ed.). NY: Palgrave McMillan.

Arnett, J., & Taber, S. (1994). Adolescence terminable and interminable: when does adolescence end? *Journal of Youth and Adolescence* 23: 517-538.

Atwater, E. (1996). *Adolescence*(4th ed.). New York: Prentice-Hall.

Baer, P. E., & Bray, J. H. (1999). Adolescent individuation and alcohol usage, *Journal of Studies on Alcohol* 13: 52-62.

Berk, L. E. (2007). Development Through the Lifespan, 4th Edition. 이옥경 외 5인 역(2009). **생애발달 I: 영유아기에서 아동기까지**. 서울: 시그마프레스.

Berk, L. E. (2007). Development Through the Lifespan, 4th Edition. 이옥경 외 5인 역(2009). **생애발달 II: 청소년기에서 후기 성인기까지**. 서울: 시그마프레스.

Butrym, Z. T. (1996). *The Nature of Social Work*. London: The Macmillan Press.

Coleman, J. C. (1979). *Contemporary psychology and effective behavior*. Glenview, Illinois: Scott, Foresman and Company.

Collins, B. G. (1986). Defining Feminist Social Work. *Social Work* 31(3): 214-219.

Crain, W. C. (1980). Theories of Development. 서봉연 역(1983). **발달의 이론**. 서울: 중앙출판사.

Dominelli, L., & McLeod, E. (1994). *Feminist Social Work*. London: Macmillan Press.

Drury, S., & Jamrozik, A. (1985). Conceptual issues of relevance to Social Policy and Services for Young People, in A. Jamrozik(ed), Issue in Social Welfare Policy: Perceptions, *Concepts and Practice, SWRC Reports and Proceedings*, 54.

Eberts, R. (1995). Welfare to Work : Local Observations on a National Issue. *Employment Research*. W.E. Upjohn Institute for Employment Research.

Eda G. G. Handbook of Clinical Social Work. 문인숙 외 공역(1985). **임상사회복지학**. 서울: 집문당.

Efran, J. S., Lukens, M. D., & Lukens, R. J. (1990). *Language, structure, and change: Frameworks of meaning in psychotherapy*. New York: W.W. Norton.

Egan, G. (1994). The Skilled Helper. Brooks/Cole. 제석봉 외 역(1999). 유능한 상담자. 서울: 학지사.

Elkind, D. (1995). This That Stress : The New Family Imbalance. Harvard University. 이동원 외 역(1999). 변화하는 가족-새로운 가족유대와 불균형. 서울: 이화여자대학교 출판부.

Erickson, E. H. (1950). Childhood and Society. W. W. Norton & Company. 윤진 · 김인경 역(1992). 아동기와 사회: 인간발달 8단계이론. 서울: 중앙적성출판사.

Evans, J. (2012). Philosophy for life and Other dangerous Situations. Random House Group Ltd., 서영조 역(2013). 삶을 사랑하는 기술-철학을 권하다. 서울: 더퀘스트.

Fook, J. (1993). Radical Casework: A Theory of Practice. Allen & Unwin Pty Ltd. 김성천 외 역(2007). 급진사회복지실천. 서울 : 학지사.

Fowler, J. W. (1981). Stage of Faith. Harper & Row. 사미자 역(1987). 신앙의 발달단계. 서울: 대한예수교장로회출판국.

Garbarino, J. (1985). *Adolescent development: An ecological perspective*. Columbus, OH: Charles E. Merrill.

Gergen, K. L. (1999). *An invitation to social construction*. Thousand Oaks, CA: Sage.

Gilligan, C., & Murphy, J. M. (1979). Development from adolescence to adulthood: The philosopher and the dilemma of the fact. In D.Kuhn(Ed.), *Intellectual development beyond childhood*. San Francisco: Jossey-Bass.

Ginzberg, E. (1968). *The development of human resource*. New York: McGraw-Hill.

Goldman, R. (1964). *Religious Thinking from Childhood to Adolescence*. New York: The Seabury Press.

Goldman. R. (1965). *Readiness for Religion*. London: Routledge & Kegan Paul.

Graber, J., & Brooks-Gunn, J. (1996). Transitions and turning points: navigating the passage from childhood through adolescence. *Developmental Psychology* 32: 768-776.

Grinder, R. E. (1973). *Adolescence*. Wiley International Edition.

Hamilton, G. et al. (1997). *The National Evaluation of Welfare to Work Strategies: Evaluating Two Welfare to Work Program Approaches: Two-Year Findings on the Labor Force Attachment and Humal Capital Development Programs in Three Sites*. Washington, DC: Departments of Education and Health and Human Services.

Hall, C. S., & Lindzey, G. (1978). *Theories of personality*(3rd ed.). John Wiley & Sons.

Hauser, S., & Bowlds, M. (1990). Stress, coping and adaptation. In Feldman, S. & Elliott, G (eds.). *At the threshold: the developing adolescent*. Harvard University Press. Cambridge, MA.

Hepworth, D. H., R. H. Rooney., & J. A. Larsen (1997). Direct Social Work Practice-Theory and Skills. Thomson Learning. 허남순 외 공역(2004). 사회복지실천 이론과 기술. 서울: 나눔의집.

Hermann-Giddens, M., Slora, E., & Wasserman, R. (1997). Secondary sexual characteristics and menses in young girls seen in office practice. *Paediatrics* 99: 505-512.

Johnson, L. C., & S. J. Yanca (2004). *Social Work Practice-A Generalist Approach*(8th). Boston: Pearson.

Jones, G. (1995). *Leaving home*. Milton Keynes: Open University Press.

Kadushin, A. (1984). *Child welfare service*(2th ed.). NY: McMillan Publishing Co.

Katz, J. J. (1971). Linguistic Philosophie : The Underlying Reality of Language and Its Philosophical Import. 윤일선 역(1984). 언어철학. 서울 : 정민사.

Kohlberg, L. (ed.) (1981). *The philosophy of moral development* : Vol.1. Harper & Row. San Francisco. CA.

Kohlberg, L.(ed.) (1984). *The philosophy of moral development* : Vol.2. Harper & Row. San Francisco. CA.

Levinson, D. J., Darrow, C. N., Klein, E. B., Levinson, M. H., & Mckee, B. (1978) The Seasons of a Man's Life. N. Y.: Knopf. 김애순 역(2007). 남자가 겪는 인생의 사계절. 서울: 이화여자대학교출판부.

Loder, J. E. (1998). The Logic of the Spirit−Human Development in Theological Perspective. John Wiley & Sons. Inc. 유명복 역(2010). 신학적 관점에서 본 인간발달. 서울: CLC.

Marcia, J. E., & Friedman, M. (1970). Ego identity status in college women. *Journal of Personality* 38: 249-263.

May, R. (1963). *Man's Search for Himself*. New York: W.W. Norton & Co.

May, R. (1967). *Psychology and the Human Dilemma*. New York: W.W. Norton & Company Inc.

Owen, R., Simon, S., & Charles, F. (1964). Social Organization, the Science of Man and

Other Writings. 이문창 역(1993). 사회에 관한 새 견해, 산업자의 정치적 교리문답, 산업적 협동사회적 새 세계. 서울: 형성출판사.

Paul, E. L., Poole, A., & Jakubowyc, N. (1998). Intimacy development and romantic status: Implications for adjustment to the college transition. *Journal of College Student Development* 39: 75-86.

Pittman, K. J., & Fleming, W. E. (1991). A New Vision : Promoting Youth Development. Written transcript of live testimony by Karen J. Pittman given before *The House Select Committee on Children, Youth and Families*. Washington, DC: Center for Youth Development and Policy Research.

Rice, K., Herman, M., & Petersen, A. (1993). Coping with challenge in adolescence : a conceptual model and psycho-educational intervention. *Journal of Adolescence* 16: 235-252.

Shera, W., & Lilian, M. W. (1998). Empowerment in Social Work Practice. Wadsworth Publishing. 이경아 외 역(2001). 사회복지에서의 역량강화실천. 서울: 양서원.

Siegler, A. L. (1997). *The essential guide to the New Adolescence*. New York: Penguin Putnam Inc.

Super, D. E. (1980). A life span, life space approach to career development. *Journal of Vocational Behavior* 16: 282-298.

Thoman, N. (2005). *Social Work wity Young People in Care*. NY: Palgrave Macmillan.

Tillich, P. (1964). Theology of Culture. Oxford University Press, USA. 남정우 역(2002). 문화의 신학. 서울: 대한기독교서회.

Wilmot. W. W. (1987). Dyadic Communication, Random House. 김명혜 역(1996). 인간커뮤니케이션의 이해. 서울: 나남출판사.

Winch, P. (2007). *The Idea of a Social Science and Its Relation to Philosophy*. Routledge.

Yeffeth, G. (2003). Taking the Red Pill. BenBella Books. 이수영 · 민병직 공역(2003). 우리는 매트릭스 안에 살고 있나 : 매트릭스의 철학, 매트릭스의 과학. 서울 굿모닝미디어.

**저자 소개 | 김 선 애**

상명대학교 대학원 가정학과 석사
상명대학교 대학원 가정학과 박사
**현재** 나사렛대학교 아동학과 교수
**저서** 대학생의 자아정체감 형성과 관련변인(1989)
아동 및 청소년의 반사회적 행동연구(1994)
가정, 학교, 친구변인과 학교폭력과의 관계(2006)
가족기능의 상실과 집단따돌림의 가해 · 피해와의 관계(2006)
청소년의 직업성숙도 발달에 영향을 미치는 요인(2008)
청소년복지의 실천적 정립을 위한 고찰(2010)
생애주기 관점에서 본 아동복지와 청소년복지정책의 연계방향 연구(2011)
청소년 연구에 대한 재조명(2013)

**청년발달과 이해**

초판 1쇄 인쇄 2014년 2월 20일
초판 1쇄 발행 2014년 2월 25일

지 은 이 | 김선애
펴 낸 이 | 김기섭
책임편집 | 최창숙
펴 낸 곳 | 창지사 www.changjisa.com153-802
서울시 금천구 가산디지털1로 83 파트너스타워 1차 9층
전화 (02) 719-2211~3
팩스 (02) 701-9386
등 록 | 1977년 4월 28일 · 제1-421호



ISBN 978-89-426-0757-0 (93370)

값 16,000원